# 마이크로비트로 배우는 파이썬

파이썬, 마이크로비트로 시작하면 누구나 쉽게 배울 수 있다!

하드웨어를 동작시키며 진짜 재미있게 배우는 파이썬 입문 활용서!

앤써북
ANSWERBOOK

# 마이크로비트로 배우는 **파이썬**

하드웨어를 동작시키며 진짜 재미있게 배우는 파이썬 입문 활용서!

**초판 1쇄 발행** | 2020년 02월 25일

**지은이** | 서민우
**펴낸이** | 김병성
**펴낸곳** | 앤써북

**출판사 등록번호** | 제 382-2012-0007 호
**주소** | 경기도 고양시 일산 서구 가좌동 565번지
**전화** | 070-8877-4177
**FAX** | 031-919-9852
**도서문의** | 앤써북 http://answerbook.co.kr


**가격** | 18,800원
**ISBN** | 979-11-85553-60-3 13000

[안내]
• 책에서 설명한 사례 그림 또는 캡처 화면 일부가 모자이크 처리되어 있는데, 이는 각 콘텐츠 개발사와 창작
  자의 권리를 보호하기 위해서입니다. 책을 보시는데 약간의 불편함이 있더라도 이점 양해바랍니다.
• 이 책은 다양한 전자 부품을 활용하여 예제를 실습할 수 있습니다. 단, 전자 부품을 잘못 사용할 경우 파손 외
  2차적인 피해가 발생할 수 있으니, 실습 시 반드시 책에서 표시된 내용을 준수하여 사용해야 함을 고지합니다.

> 이 책 목차의 부록으로 제공되는 "APPENDIX-01 마이크로비트 라디오 통신", "APPENDIX-02
> 마이크로비트 프로젝트"에 관련된 내용은 PDF 파일로 무료 제공됩니다. PDF 파일 무료
> 다운로드는 4쪽을 참조합니다.

# Preface
머리말

파이썬은 미국은 물론 국내에서 현재 가장 인기 있는 프로그래밍 언어입니다. 그 배경에는 인공지능과 머신러닝이 있습니다. 이에 필자도 파이썬 책을 내게 되었습니다. 이 책은 파이썬 언어를 마이크로비트 보드 기반으로 공부할 수 있도록 구성하였습니다. 독자 여러분은 마이크로비트 상의 LED, 버튼, 가속도 센서, 나침반 센서, 라디오 통신을 다루어 보면서 파이썬 언어를 배우게 됩니다. 여러분은 이 책을 보면서 아두이노를 공부하는 것과 같은 재미를 느낄 수 있을 것입니다.

이 책은 다음과 같이 구성되었습니다.

Chapter 01에서는 파이썬에 대한 소개, 마이크로비트에 대한 소개, 마이크로비트 파이썬 환경 구성 방법 소개, 파이썬 쉘과 상호 작용하기 위한 레플(REPL) 환경 구성 방법을 소개합니다.
Chapter 02에서는 파이썬이랑 친해지기 위한 과정으로 print 함수, while문을 다루어 봅니다. 또 라면 끓이는 방법을 예로 프로그램을 짜는 방법에 대해 살펴봅니다.
Chapter 03에서는 파이썬 기초 다지기 과정으로 파이썬 언어의 여러 구성 요소를 살펴봅니다. 언어의 구성 요소로는 import, 함수, 변수, while, if, break, 목록, for-in을 살펴봅니다. 그리고 마이크로비트 라이브러리 사용법도 살펴봅니다. 또 외부에 LED 회로를 구성하여 마이크로비트의 기능을 확장해 봅니다.
Chapter 04에서는 파이썬 중급 도약하기 과정으로 목록, for-in 문, 함수 인자, 클래스에 대해 자세히 살펴봅니다. 함수의 인자로 단일 변수, 목록 변수, 객체 변수가 넘어오는 상황에 대해서 자세히 살펴봅니다.
Chapter 05에서는 파이썬 프로그래밍 과정으로 파이썬 언어를 활용한 프로그래밍 과정에 초점이 맞춰져 있습니다. 2차 목록 활용하기, 클래스 활용하기, 벽돌 깨기 애니메이션을 구현해 보면서 프로그래밍을 해 봅니다.
부록 1에서는 추가적으로 구성된 내용으로 마이크로비트 라디오 통신 라이브러리를 활용한 무선 통신 프로그래밍 방법을 익혀봅니다.
부록 2에서는 추가적으로 구성된 내용으로 마이크로비트 프로젝트를 수행해봅니다. 가상 RC카 프로젝트를 수행하면서 파이썬 언어를 정리하며, 프로그램의 일반적인 구조를 살펴봅니다. 또 완구 로봇 무선 조종 프로젝트를 수행해 봅니다.

이 책을 통해 독자 여러분이 파이썬 언어를 재미있게 공부하기를 바랍니다. 쉽게 시작하여 프로젝트를 수행할 수 있는 실력까지 갖출 수 있기를 바랍니다.

저자 서민우

# 독자 지원 센터

책을 보시면서 궁금한 사항, 활용하시는 데 필요한 모든 것을 앤써북 독자지원센터에서 도와드립니다.

**책 소스/자료받기**

이 책과 관련된 모든 소스 파일은 앤써북 카페(http://answerbook.co.kr)의 [책 소스/자료 받기]-[책 소스 파일 받기] 게시판에서 "[소스 다운로드] 마이크로비트로 배우는 파이썬" 게시글에서 다운로드 받을 수 있습니다. [카페 가입하기] 버튼을 클릭하여 회원가입 후 다운로드 받습니다.

## APPENDIX 01, APPENDIX 02 관련 PDF 파일 다운로드

이 책 목차의 "APPENDIX 01 마이크로비트 라디오 통신", "APPENDIX 02 마이크로비트 프로젝트", 에 관련된 내용은 PDF 파일로 무료 제공됩니다. PDF 파일은 앤써북 카페(http://answerbook.co.kr)의 [책 소스/자료 받기]-[책 소스 파일 받기] 게시판에서 "[PDF] 마이크로비트로 배우는 파이썬 부록 PDF" 게시글에서 다운로드 받을 수 있습니다.

**독자 문의**

책을 보시면서 궁금한 점에 대해 서로 의견을 공유하고 질의응답 내용을 확인할 수 있고, 그래도 궁금한 점이 해결되지 않으면 앤써북 카페(http://answerbook.co.kr)의 [독자 문의]–[책 내용 관련 문의] 게시판에 문의하세요. [카페 가입하기] 버튼을 클릭하여 회원가입 후 게시판의 [글쓰기] 버튼을 클릭한 후 궁금한 사항을 문의합니다. 문의한 글은 해당 저자에게 문자로 연결되어 이른 시간에 답변을 받아 볼 수 있습니다.

질문 글 작성 시 어떤 책과 관련된 질문인지 알 수 있도록 제목에 다음과 같이 "[책명]질문 내용"을 작성해주세요. 여기서는 "[마이크로비트로 배우는 파이썬]질문 내용"과 같이 작성합니다.

| 게시판 | 책 내용 관련 문의 ▽ 말머리선택 ▽ 말머리추가 □ 공지로 등록 |
| --- | --- |
| 제목 | 마이크로비트로 만들고 코딩하며 배우는 파이썬]198쪽 sleep 한칸 더 밀어넣기 코드 오류  임시 저장된 글 (1) |
| 파일첨부 | 🖼 사진 ▶ 동영상 📍 지도 📅 일정 🔗 링크 📎 파일 📊 투표 |
| 정보첨부 | 책DB | 영화DB | 드라마DB | 음악DB | 상품DB | 인물DB | 날씨DB | 지식백과DB |

# Appendix

이 책의 실습 시 사용하는 전체 부품입니다. 부품은 〈마이크로비트로 배우는 파이썬 키트〉에 모두 담겨 있습니다. 자세한 사항은 42~44쪽을 참조합니다.

❶ 필수 부품

 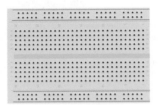 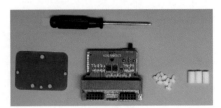

❷ 선택 부품

선택 부품([부록1] 실습자료, [부록2] 실습자료)으로 실습할 자세한 내용은 이 책에 포함되어 있지 않습니다. 선택 부품([부록1] 실습자료, [부록2] 실습자료)에 관련된 자세한 내용은 PDF 파일로 무료 제공합니다. PDF 파일 무료 다운로드는 4쪽을 참조합니다.

# Contents
목 차

## Chapter 01

# 파이썬 마이크로비트 살펴보기

# Contents
목 차

## Chapter 02

# 파이썬 이랑 친해지기

# Contents

목 차

# Contents
목 차

Chapter
03

## 파이썬 기초 다루기

# Contents
목 차

# Contents
목 차

# Contents
목 차

# Contents
목 차

Chapter
04

# 파이썬 중급 도약하기

# Contents

목 차

# Contents
목 차

# Contents

목 차

# Contents

목 차

## Chapter 05

# 파이썬 프로그래밍

# Contents
## 목 차

아래 목차와 같은 "APPENDIX 01 마이크로비트 라디오 통신", "APPENDIX 02 마이크로비트 프로젝트"에 관련된 내용은 이 책에 포함되지 않으며 PDF 파일로 무료 제공됩니다. PDF 파일의 다운로드 방법은 4쪽을 참조합니다.

## Appendix 01

# 마이크로비트 라디오 통신

## 01_ 라디오 통신 라이브러리
01-1  여럿이 라디오 통신 해보기
01-2  라디오 통신 과정 살펴보기
01-3  라디오 통신 함수 살펴보기
01-4  채널 설정하기
01-5  주소와 그룹 설정하기
01-6  망디크로비트 반딧불
01-7  목록 내의 for-in문 살펴보기

## 02_ 다중 입력 처리하기
radio.receove 함수 1

## 03_ 라디오 통신 채팅하기
03-1  input 함수 사용하기
03-2  uart.read 함수 사용하기
03-3  str 클래스 사용하기
03-4  bytes형 데이터로 통신하기
03-5  한 줄에 한 문자 이상 표시하기

# Contents
목 차

Appendix
02

# 마이크로비트 프로젝트

# Contents
목 차

# Micro:bit
# Python

이번 장에서는 파이썬 언어와 마이크로비트에 대해 알아보고, 마이크로비트를 이용한 프로젝트를 살펴보고, 이 책에서 사용할 키트를 살펴보고, 마이크로비트 개발 환경을 구성하고, 간단한 마이크로비트 프로그램을 작성해 봅니다.

Chapter **01**

# 파이썬,
# 마이크로비트 살펴보기

# 01 _ 파이썬 기본기 다루기

파이썬은 미국은 물론 국내에서 가장 인기 있는 프로그래밍 언어입니다. 그 배경에는 인공지능과 머신러닝이 있습니다. 여기서는 파이썬이 무엇인지 알아보고, 왜 파이썬이 유용한지, 또 어떤 회사들이 파이썬을 사용하는지 살펴봅니다.

## 01-1 파이썬이란 무엇인가?

파이썬은 통역 방식, 고급, 일반 목적 프로그래밍 언어입니다. 통역 방식이란 통역 역할을 하는 프로그램이 작성된 프로그램을 직접 읽고 수행하는 방식을 말합니다. 파이썬의 경우 파이썬 쉘 프로그램이 통역 역할을 하며, 여러분이 작성한 파이썬 프로그램을 읽고 수행합니다. 고급이란 컴퓨터가 직접 읽고 수행하기에 적합한 저급 프로그래밍 언어에 대비되는 말로 사람이 일반적으로 사용하는 자연어에 가깝다는 의미입니다. 고급 프로그래밍 언어는 자연어에 가깝기 때문에 이해하기 쉽고, 사용하기 쉽고, 프로그램 개발 과정을 쉽게 해줍니다. 일반 목적이란 다양한 영역에서 프로그램 작성이 가능하게 언어가 설계되었다는 의미입니다.

파이썬은 네덜란드의 프로그래머인 귀도 반 로썸(Guido van Rossum)이 만들었으며, 1991년에 발표되었습니다. 파이썬의 설계 철학은 공백문자를 많이 사용하여 코드에 대한 가독성을 높이는 것을 바탕으로 합니다.

## 01-2 파이썬은 유용한가?

### 파이썬은 쉽다

파이썬은 사용하기 쉽고, 강력하고, 다양한 영역에서 프로그램 작성이 가능합니다. 그래서 파이썬은 초보자와 전문가들에 대하여 똑같이 아주 좋은 선택이 됩니다. 파이썬의 가독성은 파이썬을 첫 번째 프로그래밍 언어로 선택하는 아주 좋은 조건이 됩니다. 파이썬은 여러분을 빠른 시간에 프로그래머처럼 생각하도록 해 줍니다. 즉, 다른 프로그래밍 언어와 달리 복잡한 문법으로 시간을 낭비하지 않게 해 줍니다. 예를 들어, 자바와 파이썬에서 "hello world" 문자열을 출력하기 위한 다음 코드를 살펴봅니다.

JAVA

```java
public class Main {
  public static void main(String[] args) {
     System.out.println("hello world");
   }
 }
```

PYTHON

```python
print('hello world')
```

파이썬을 시작하기 위한 최소의 설정은 또 다른 파이썬의 혜택입니다. 만약 여러분이 맥 컴퓨터를 사용 중이라면, 터미널 프로그램을 연 후, 다음과 같이 "python"을 입력한 후, 엔터키를 눌러봅니다.

```
● ● ●                    🖿 Desktop — Python — 80×11
                                    $ python
Python 2.7.10 (v2.7.10:15c95b7d81dc, May 23 2015, 09:33:12)
[GCC 4.2.1 (Apple Inc. build 5666) (dot 3)] on darwin
Type "help", "copyright", "credits" or "license" for more information.
>>> ▮
```

만약 파이썬이 설치되어 있다면 여러분은 파이썬의 버전을 볼 것입니다. 위 그림에서는 Python 2.7.10입니다. 그리고 파이썬 번역기(파이썬 쉘 프로그램)가 시작됩니다. 그리고 나면 여러분은 쉽게 여러분의 첫 파이썬 문장을 쓸 수 있습니다. print('Hello world!')

```
● ● ●                    🖿 Desktop — Python — 80×11
                                    $ python
Python 2.7.10 (v2.7.10:15c95b7d81dc, May 23 2015, 09:33:12)
[GCC 4.2.1 (Apple Inc. build 5666) (dot 3)] on darwin
Type "help", "copyright", "credits" or "license" for more information.
>>> print('Hello World!')
Hello World!
>>> ▮
```

이제 여러분은 여러분의 첫 파이썬 프로그램을 이처럼 쉽게 수행한 것입니다. 만약 파이썬이 설치되지 않았다면, 다운로드와 설치도 쉽습니다. 여러분의 코드를 수행하기 위한 환경을 구성하는 방법에 초점을 맞추는 대신에 여러분은 아주 빠른 시간에 실제 프로그래밍 개념을 배우는데 초점을 맞출 수 있을 것입니다. 여러분이 파이썬에 익숙해진 후, 다른 언어로 옮기려 할 경우에도, 여러분은 해당 언어를 쉽게 이해할 수 있을 것입니다.

## 파이썬은 강력하다!

파이썬이 사용하기 쉽기 때문에 그것이 기능이 약한 언어라고 생각하지 마십시오. 파이썬은 믿을 수 없을 정도로, 엄청나게 강력합니다. 그런 이유로 구글, 드롭박스, 스포티파이, 넷플릭스와 같은 회사들이 파이썬을 사용합니다. 구글은 세계 최대의 인터넷 검색 서비스 기업이며, 드롭박스는 파일을 저장하고 공유하는 클라우드 스토리지 서비스 기업이며, 스포티파이는 세계 최대 음원 스트리밍 업체입니다. 넷플릭스는 온라인 동영상 스트리밍 서비스를 제공합니다.

## Dropbox

드롭박스의 데스크 탑 용 클라이언트 프로그램은 전체가 파이썬으로 작성되었습니다. 파이썬으로 작성된 프로그램은 윈도우, 맥, 리눅스 등의 교차 플랫폼에서 호환이 됩니다. 드롭박스는 약 4억 명의 사용자를 가지고 있습니다. 윈도우, 맥, 리눅스 등과 같은 OS와 같이 묶여 배포되지 않는 것을 고려하면, 많은 사람들이 드롭박스를 다운로드하여 설치하고 있습니다. 드롭박스의 데스크탑 클라이언트 프로그램에 더하여 드롭박스의 서버 쪽 코드도 파이썬으로 작성되었습니다. 파이썬은 드롭박스 회사에서 사용되는 주요 언어입니다.

## Google

구글은 프로그램 개발에 여러 언어를 사용합니다. C++, 파이썬를 주로 사용하며, Go 언어도 있습니다. 파이썬에 대해서 구글에서는 엔지니어적인 결정이 있었습니다. "가능한 한 파이썬, 꼭 필요한 곳에서만 C++". 파이썬은 빠른 개발을 통한 전달과 유지가 필요한 부분에서 사용되었습니다. 그리고 아주 정밀한 대기시간이나 강력한 메모리 제어가 중요한 부분에 대해서는 C++을 사용했습니다.

구글처럼 스포티파이도 여러 언어를 사용합니다. 스포티파이는 자바를 많이 사용합니다. 그러나 동시에 파이썬도 사용합니다. Web API와 또, 그것들과 상호 작용하는 API 콘솔 프로그램에 대해서, 파이썬은 개발자들이 사용하기 쉬운 인터페이스로 양 쪽 프로그램을 개발하게 해줍니다. 데이터 분석, DNS 서버 복구 시스템, 지불 시스템, 라벨 콘텐츠 관리 시스템에도 파이썬을 사용합니다.

# NETFLIX

넷플릭스는 자바, 스칼라, 파이썬을 섞어 사용합니다. 넷플릭스는 개발자들에게 자율성을 주어 어떤 언어가 그들이 개발하는 프로그램에 가장 맞는지 선택하도록 해 줍니다. 넷플릭스는 어디에 파이썬을 가장 많이 사용할까요? 그들은 파이썬과 아이파이썬(IPython : 강력한 파이썬 터미널 프로그램)을 그들의 실시간 분석 그룹에서 많이 사용합니다.

여러분은 이런 회사들이 파이썬을 활용함으로써 이익을 얻는 것을 볼 수 있습니다. 파이썬은 사용하기 쉽고 빠른 소프트웨어 원형 제작과 그 제작에 대한 반복에 강점이 있기 때문입니다.

## 강력한 라이브러리

파이썬은 다양한 분야에서 앱 개발에 사용될 수 있습니다. 파이썬의 기본적인 것을 배우면서도 여러분은 원하는 거의 대부분을 만들 수 있을 것입니다. 많은 위대한 개발자들이 파이썬 라이브러리를 생성하면서 매일 파이썬 공동체에 기여를 합니다. 여러분은 이 라이브러리들을 활용하여 여러분이 원하는 프로그램을 쉽게 작성할 수 있습니다. 복잡한 이미지 처리를 하고 싶다면, Python Imaging Library가 여러분을 도울 것입니다. 게임을 만들기를 원하나요? PyGame은 파이썬 게임 엔진입니다. 만약 데이터 과학이 여러분이 해야 할 일이라면, SciPy가 여러분을 위한 라이브러리입니다. 이 외에도 다양한 라이브러리를 활용하여 여러분이 원하는 프로그램을 빠르게 만들어 낼 수 있습니다.

## 01-3 마이크로파이썬이란?

우리 책에서는 마이크로비트를 활용하여 파이썬 프로그램을 작성합니다. 마이크로비트는 마이크로 파이썬을 이용하여 제어합니다.

파이썬 프로그래밍의 마이크로비트용 버전을 '마이크로파이썬(MicroPython)'이라고 부릅니다. 마이크로 컨트롤러와 임베디드 시스템에서 동작하도록 파이썬3을 재구성한 언어입니다.

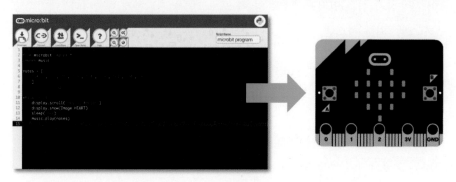

마이크로파이썬은 일반 파이썬과 아주 유사합니다. 그래서 만약 여러분이 이미 PC 기반의 파이썬 프로그램을 할 줄 안다면 마이크로파이썬 프로그램도 할 줄 아는 겁니다. 거꾸로 마이크로파이썬 문법을 안다면 여러분은 파이썬 문법을 아는 것과 같습니다.

### 파이썬과 마이크로파이썬

몇 가지 예외를 제외하고, 파이썬의 언어적 특징은 마이크로파이썬에서도 같습니다. 파이썬과 마이크로파이썬의 가장 큰 차이점은 마이크로파이썬은 제한된 하드웨어적 조건하에 동작하도록 설계되었습니다. 그것때문에 마이크로파이썬은 파이썬의 전체 표준 라이브러리를 포함하지 않습니다. 마이크로파이썬은 파이썬의 표준 라이브러리의 일부분을 포함합니다. 그러나 마이크로파이썬은 저수준 하드웨어를 접근할 수 있는 모듈을 포함합니다. 이것은 GPIO에 쉽게 접근하여 상호작용할 수 있는 라이브러리를 포함한다는 말입니다.

### 왜 마이크로파이썬인가?

파이썬은 가장 널리 사용되는 언어중 하나이며, 간결하고 배우기 쉬운 프로그래밍 언어입니다. 그래서 마이크로파이썬의 등장은 디지털 전자장치의 프로그램을 아주 쉽고 간단하게 만들었습니다. 만약 여러분들이 지금까지 디지털 전자장치에 대한 프로그램을 해본 적이 없다면 마이크로파이썬은 아주 좋은 출발점입니다. 마이크로파이썬의 목적은 디지털 전자장치 프로그램을 가능한 한 쉽게 만드는 것입니다. 그래서 누구라도 마이크로파이썬을 사용할 수 있도록 하는 것입니다. 현재, 마이크로파이썬은 취미가, 연구가, 선생님, 교육자, 심지어는 상업적인 생산품에서도 사용됩니다.

마이크로파이썬의 가장 큰 특징 중 하나는 상호 작용하는 REPL(Read-Evaluate-Print Loop:읽고 계산하고 출력하는 반복 동작)입니다. REPL을 이용하면 여러분들은 코드를 컴파일하거나 업로드할 필요 없이 명령을 직접 입력하여 실행해 볼 수 있습니다.

## 마이크로파이썬 – 지원 보드

마이크로파이썬은 마이크로비트를 포함하여 많은 다른 장치들과 보드들에서 동작합니다. 예를 들어 다음과 같은 보드들에서 마이크로파이썬이 동작합니다.

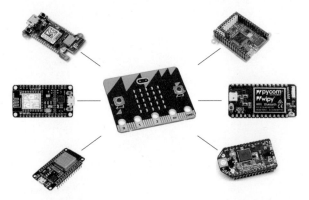

❶ 파이보드 D시리즈

▲ 라즈베리 파이 제로 모델

❷ 파이보드

▲ STM32F405RG ARM Cortex-M4

**❸ WiPy 보드**

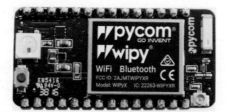

▲ ESP32 Tensilica Xtensa LX6, BLE+WiFi

**❹ WiPy 보드**

▲ TI CC3200 ARM Cortex−M4

**❺ DOIT ESP32 보드**

▲ ESP32 Tensilica Xtensa LX6, BLE+WiFi

**❻ NodeMCU 보드**

▲ ESP8266 Tensilica Xtensa L106

# 02 _ 마이크로비트 기본기 다루기

여기서는 마이크로비트가 무엇인지 이해하고, 마이크로비트를 작동시키기 위한 준비물은 무엇이 있는지 알아본 후, 마이크로비트 I/O 보드 구성을 알아봅니다.

## 02-1 마이크로비트란 무엇인가?

"우리들은 어린 아이들에게 경험이 없더라도 미술 붓을 주어 줍니다. 그것은 첨단 기술에서도 정확히 같아야 합니다." BBC Learning의 수장인 시네이드 락스(Sinead Rocks)가 말했습니다.

마이크로비트는 학생들에게 디지털 창의성을 불어넣어 다음 세대에 필요한 과학, 기술, 공학 개척자들을 길러내기 위한 계획 하에 영국 BBC에서 만들어졌습니다.

"BBC 마이크로 비트는 자신들을 디지털로 표현하도록 배우는 젊은 사람들을 위한 것입니다. 그리고 그것은 그들이 소유할 도구입니다."
다음은 이 책에서 다룰 마이크로비트 보드입니다.

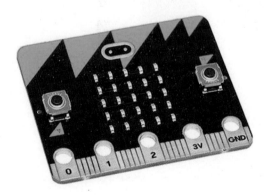

마이크로비트는 주머니 크기의 코딩 가능한 컴퓨터로 기울기 센서, 전자 나침반, 블루투스가 장착되어 있습니다. 마이크로비트는 입력(센서), 출력(제어)을 할 수 있는 마이컴을 갖춘 소형 컴퓨터입니다.

※ 마이컴이란 micro-computer의 약자로 센서 입력이나 모터 제어 등의 하드웨어 제어용으로 사용하는 소형 컴퓨터를 말합니다.

마이크로비트는 다양한 스위치나 센서로부터 입력 값을 받아들여 LED나 모터와 같은 전자 장치들로 출력을 제어함으로써 환경과 상호작용이 가능한 물건을 만들어 낼 수 있습니다. 예를 들어 단순한 로봇, 온습도계, 동작 감지기, 음악 및 사운드 장치, 스마트 홈 구현, 유아 장난감 및 로봇 교육 프로그램 등의 다양한 제품들이 마이크로비트를 기반으로 개발 가능합니다.

마이크로비트는 다음과 같이 스위치나 센서 등으로 다양한 입력을 받습니다.

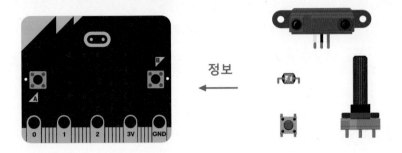

마이크로비트는 다음과 같이 LED나 부저, 모터 등으로 다양한 출력을 내보냅니다.

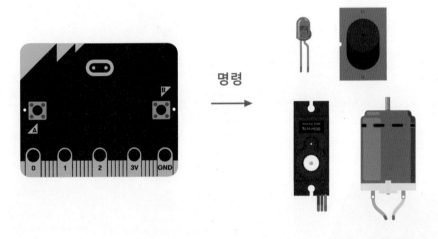

## 02-2 마이크로비트로 무엇을 할 수 있을까?

마이크로비트를 이용하면 우리가 상상하는 많은 것들을 만들 수 있습니다. 마이크로비트를 컴퓨터에 연결한 후 명령어(코드)를 작성하여 메모리에 업로드하면 기판에 연결한 다양한 센서나 모터 등의 장치를 제어할 수 있습니다. 예를 들어, 온도 측정 센서와 모터를 연결하여 비닐하우스를 제어하는 시스템을 만들 수 있습니다. 비닐하우스 내에 있는 작물을 키우는데 일정 온도 이상 올라가면 온도를 내려달라는 문자를 요청하거나 자동으로 비닐하우스를 개방시키도록 할 수 있습니다. 온도가 원하는 온도일 경우엔 정상이라는 문자를 보내오도록 할 수 있습니다. 또 실생활에 필요한 로봇을 만들 수도 있습니다. 예를 들어 로봇 청소기, 애완동물에게 정해진 시간에 먹이를 주는 장치, 광량에 따라 베란다나 거실의 커튼을 자동으로 열었다 닫았다 할 수 있는 기구 등 실생활에 활용할 수 있는 다양한 장치나 기구들을 만들 수 있습니다. 이런 기구들은 하드웨어에 대한 고도의 지식을 요구하지 않습니다. 학생들도 마이크로비트에 대해서 조금만 공부하면 직접 이런 장치를 만들 수 있습니다.

## 마이크로비트 프로젝트

다음은 마이크로비트를 이용한 몇 가지 프로젝트입니다.

❶ 쿼드콥터 프로젝트

❷ 스마트 RC 로봇 자동차 프로젝트

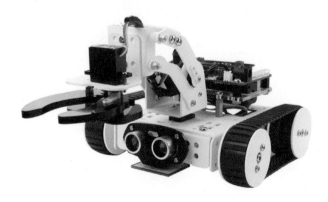

❸ 완구 로봇 프로젝트

❹ 밸런싱 로봇 프로젝트

❺ 사족 로봇 프로젝트

이 외에도 다양한 분야에서 마이크로비트를 활용할 수 있습니다.

## 02-3 마이크로비트 보드 살펴보기

마이크로비트 보드는 25개의 LED, 2개의 버튼, 외부 하드웨어 확장 핀, 빛 센서, 온도 센서, 가속도 센서, 나침반 센서, 라디오와 블루투스 통신 모듈, USB 단자로 구성됩니다. 전원 공급은 USB 포트 또는 DC 전원으로 할 수 있습니다.

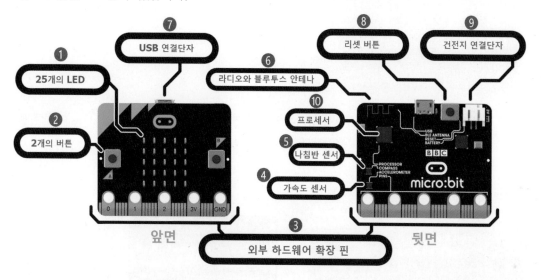

❶ 25개의 LED

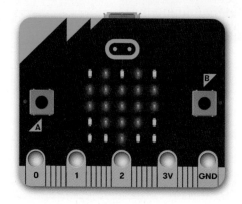

마이크로비트는 개별적으로 프로그래밍 가능한 LED가 25개 장착되어 있어서 문자, 숫자, 이미지 등을 쉽게 표시할 수 있습니다.

❷ 2개의 버튼

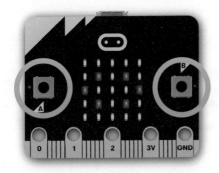

마이크로비트의 앞면에는 2개의 버튼이 장착되어 있으며, 각각 A, B가 써져 있습니다. 이 버튼들을 눌렀는지 검사하고, 버튼이 눌렸을 때 원하는 코드를 실행하도록 할 수 있습니다.

❸ 외부 하드웨어 확장 핀

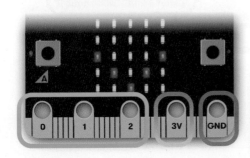

마이크로비트의 하단부에는 25개의 외부 장치 연결용 핀이 있습니다. 이 확장 핀에 모터, LED, 센서 등과 같은 전자 부품을 연결시킨 후, 여러분이 작성한 프로그램으로 동작시킬 수 있습니다. 외부 하드웨어 확장 핀을 사용하기 위해서는 마이크로비트 전용 쉴드가 필요합니다. 우리 책에서는 오른쪽 그림과 같은 쉴드를 사용합니다.

❹ 가속도 센서

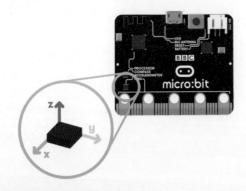

가속도 센서는 마이크로비트를 흔들거나 움직일 때, 가속도를 측정하는 장치입니다. 가속도 센서를 이용하면 여러 가지 동작들을 감지할 수 있습니다. 예를 들어, 흔들기, 기울이기, 떨어뜨리기(자유낙하) 등을 감지할 수 있습니다.

❺ 나침반 센서

나침반 센서는 지구 자기장을 감지하는 센서로 마이크로비트가 놓여져 있는 방향을 알 수 있습니다. 나침반 센서를 사용하려면, 사용하기 전에 보정시켜 초기화해야 합니다.

❻ 라디오와 블루투스 안테나

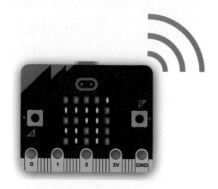

라디오(Radio) 기능을 이용하면, 마이크로비트들끼리 무선으로 데이터를 주고받을 수 있습니다. 예를 들어, 다른 마이크로비트들에게 메시지를 보내고, 멀티 플레이어 게임을 만들 수 있습니다.

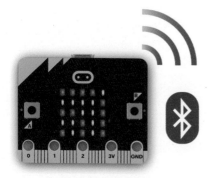

마이크로비트의 블루투스 장치를 이용하면 스마트 폰과 태블릿에 연결할 수 있습니다. 스마트 폰이나 태블릿의 앱을 이용하여 마이크로비트로 메시지를 보내거나 받을 수 있습니다. 블루투스 통신을 사용하기 위해서는 스마트 폰과 마이크로비트의 연결 작업을 먼저 해 주어야 합니다. 이 연결 작업을 페어링이라고 합니다.

❼ USB 연결단자

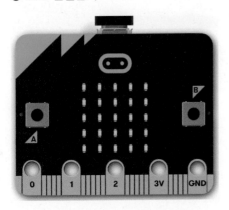

USB 연결단자를 통하여 마이크로비트를 여러분의 컴퓨터에 연결할 수 있습니다. USB 연결단자는 3가지 기능을 제공합니다. 첫 번째, 마이크로비트에 전력을 공급합니다. 두 번째, 여러분이 작성한 프로그램을 마이크로비트에 다운로드할 경우에 USB 연결단자를 사용합니다. 세 번째, 시리얼 통신 기능을 제공합니다. 시리얼 통신 기능을 통해 마이크로비트가 수행하는 작업을 구체적으로 살펴볼 수 있습니다.

USB 연결단자는 다음과 같은 형태의 USB 2.0 A - 마이크로 B 타입을 사용합니다.

▲ 마이크로 B 타입          ▲ A타입

**❽ 리셋 버튼**

리셋 버튼을 눌러 마이크로비트를 재구동할 수 있습니다.

**❾ 건전지 연결단자**

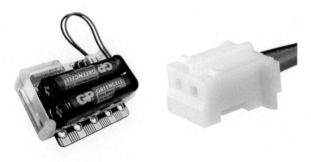

마이크로비트는 USB 전원 외에도 JST PH 건전지 연결 단자를 통해서도 전력을 공급받을 수 있습니다. 2xAA 또는 2xAAA 건전지 박스를 JST PH 단자를 통해 마이크로비트에 연결하여 전력을 공급합니다. 마이크로비트는 다음과 같은 형태로 외부 확장 핀의 3V, GND 핀을 이용하여 전력을 공급받을 수도 있습니다. 이 경우 3V 전압을 사용하도록 합니다.

마이크로비트의 뒷면에는 아래 그림과 같이 2 개의 전원 연결 단자가 있으며 3V 전력을 직접 공급할 수 있습니다. 3V 단자는 확장 핀 쪽에 가까운 부분입니다. 이 경우 3V 전압을 사용하도록 합니다.

❿ 프로세서

마이크로비트의 프로세서 부분은 여러분이 작성한 프로그램을 읽고 처리하는 역할을 하며, 마이크로비트의 두뇌와 같은 역할을 합니다. 프로세서의 이름은 nRF51822이며, 노르딕 세미컨덕터라는 회사에서 만들었습니다. nRF51822는 32 비트 ARM Cortex M0 코어를 가지며 16MHz로 동작합니다. ARM Cortex M0 코어는 완구용 드론이나 가전제품에 사용되는 코어이기도 합니다. nRF51822는 256KB의 플래시 메모리를 가집니다. 아두이노 우노의 경우 32KB의 플래시 메모리를 가집니다. 플래시 메모리는 프로그램이 저장되는 공간으로 아두이노 우노보다 8배나 많은 코드를 저장할 수 있습니다. nRF51822는 16KB의 램을 가집니다. 아두이노 우노의 경우 2KB의 램을 가집니다. 램은 프로그램 구동 시 변수를 저장할 수 있는 공간으로 아두이노 우노보다 8배나 많은 변수를 만들 수 있습니다. 마지막으로 nRF51822는 2.4 GHz 블루투스 모듈을 내장합니다.

**❶ 빛 센서와 온도 센서**

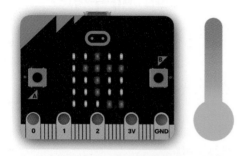

마이크로비트에는 빛 센서가 따로 있지는 않습니다. 그러나 LED들을 입력 장치처럼 사용할 수 있습니다. LED를 이용하여 주변의 빛 밝기를 측정할 수 있습니다.

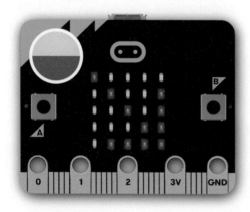

마이크로비트에는 온도 센서가 따로 있지는 않습니다. 그러나 프로세서 내부에는 프로세서의 현재 온도를 측정할 수 있는 온도 센서가 있습니다. ARM Cortex M0 코어는 저전력 CPU로 일반적으로 차갑게 동작합니다. 그래서 프로세서의 온도는 주변 온도와 비슷합니다. 우리는 프로세서의 온도를 측정하여 주변 온도를 어느 정도 알 수 있습니다.

# 03 _ 실습 부품과 '마이크로비트로 배우는 파이썬' 키트 소개

이 책에서 마이크로비트 실습 시 사용하는 전체 부품에 대해서 알아보겠습니다. 부품은 그 성격에 따라 〈전기로 작동하는 마이크로비트〉, 〈마이크로비트의 의사 표현 : 액추에이터〉, 〈마이크로비트의 눈, 코, 입 : 센서〉로 구분되어 있습니다.

이 책에서 사용하는 전체 부품(필수 부품과 선택 부품)은 〈〈마이크로비트로 배우는 파이썬 키트〉〉에 모두 포함되어 있습니다. 선택 부품(부록1, 부록2)은 부록 실습 시 필요하기 때문에 필요하신 독자분만 구매하시면 됩니다. 만약 마이크로비트 보드 등을 가지고 있다면 필요한 부품만을 개별적으로 구매하시기 바랍니다.

> 선택 부품([부록1] 실습자료, [부록2] 실습자료)으로 실습할 내용은 이 책에 포함되어 있지 않습니다. 선택 부품([부록1] 실습자료, [부록2] 실습자료)에 관련된 자세한 내용은 PDF 파일로 무료 제공합니다. PDF 파일 무료 다운로드는 4쪽을 참조합니다.

## 03-1 본문 실습 자료(필수 부품)

다음 부품은 본 책 Chapter 01~05에서 사용할 실습 자료입니다.

### 전기로 작동하는 마이크로비트

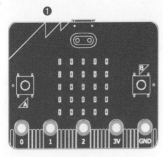
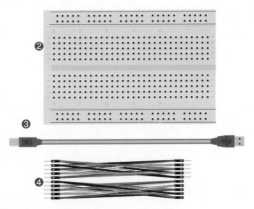

❶ 1x 마이크로비트
❷ 1x 브레드보드
❸ 1x USB 연결선 (USB A 마이크로 B 타입)
❹ 1x20 전선(M–M), 1x20 전선(M–F)

## 마이크로비트의 의사 표현 : 액추에이터

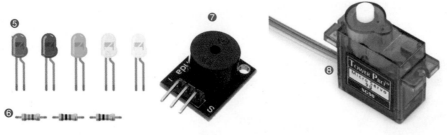

**⑤** 5x LED (빨간색, 파란색, 초록색, 노란색, 투명)

**⑥** 20x 저항 (330Ω, 1KΩ, 10KΩ)

**⑦** 1x 피에조 수동 부저

**⑧** 1x 서보 모터 SG90

## 마이크로비트의 눈, 코, 입 : 센서

**⑨** 10x 푸시버튼

**⑩** 1x 가변저항 10KΩ

**⑪** 1x CDS 빛 센서

**⑫** 1x 조이스틱

## 마이크로비트의 확장 보드 키트

마이크로비트 확장 보드 키트는 다음 부품으로 구성됩니다.

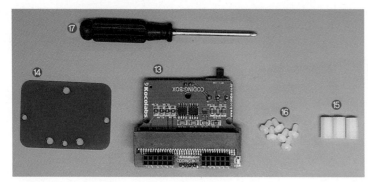

**⑬** 1x 마이크로비트 확장 보드

**⑭** 1x 아카데미과학 로봇 연결 보드

**⑮** 1x 플라스틱 지지대

**⑯** 1x 플라스틱 지지대 나사

**⑰** 1x 스크류 드라이버

## 03-2 [부록 1] 실습 자료(선택 부품)

다음 부품은 본 책 [부록 1]에서 사용할 실습 자료입니다. [부록 1]에서는 무선 라디오 통신 프로그래밍을 다루고 있습니다.

⑱ 1x 마이크로비트(통신용)
⑲ 1x 마이크로비트 배터리 홀더

## 03-3 [부록 2] 실습 자료(선택 부품)

다음 부품은 본 책 [부록 2]에서 사용할 실습 자료입니다. [부록 2]에서는 로봇 프로그래밍을 다루고 있습니다.

### 아카데미과학 완구 로봇

[부록 2]에 대한 실습을 진행할 독자는 다음 로봇 중 하나를 선택하여 실습을 진행합니다.

⑳ 1× 축구 로봇(아카데미 과학)
㉑ 1× 스파이더 로봇(아카데미 과학)
㉒ 1× 복싱 로봇(아카데미 과학)

---

**■ [마이크로비트로 배우는 파이썬] 키트 구매처**
〈마이크로비트로 배우는 파이썬 키트〉는 코코랩스 쇼핑몰에서 상품을 검색한 후 구매 목적에 따라 〈필수 부품〉과 〈선택 부품〉을 선택해서 구매할 수 있습니다.
- 〈필수 부품〉: 1장~5장(본문) 실습 부품
- 〈선택 부품〉: 부록1, 부록2 실습 부품(필요 시 별도 구매하셔도 됩니다.)
- 코코랩스 : http://kocolabs.co.kr/
- 상품명 : 마이크로비트로 배우는 파이썬 키트

# 04 _ 마이크로비트 파이썬 환경 구성하기

여기서는 웹 브라우저를 이용한 마이크로비트 파이썬 프로그래밍 방법에 대해 소개합니다. 차례대로 파이썬 코딩을 위한 마이크로비트 웹 사이트 접근 방법, 마이크로비트 보드를 컴퓨터에 연결하는 방법, 파이썬 프로그램을 마이크로비트 보드에 다운로드하여 결과를 확인하는 방법을 살펴봅니다.

## 04-1 마이크로비트 웹 사이트 접근하기

먼저 다음과 같은 파이썬 코딩을 위한 마이크로비트 웹 사이트 접근 방법을 살펴봅니다.

우리는 이 사이트에서

❶ 파이썬 프로그램을 작성하고,

❷ 작성한 프로그램을 마이크로비트 보드 상에 다운로드하고,

❸ 마이크로비트 상에 있는 LED 디스플레이나 시리얼을 통해 결과를 확인하게 됩니다.

**01** 구글(google.com) 검색 사이트에서 '마이크로비트 코딩'을 검색합니다.

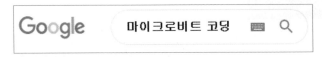

**02** 검색 결과에서 다음 사이트를 찾아 클릭하여 접속합니다.

코드 만들기 | micro:bit
microbit.org/ko/code/ ▼

**03** 다음과 같은 마이크로비트 공식 홈페이지가 열립니다.

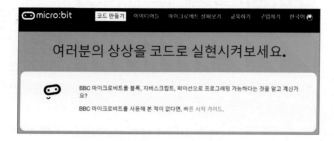

**04** 새로 열린 페이지에서 아래로 조금 이동하여 파이선(Python) 편집기 영역을 찾습니다.

### 파이선(Python) 편집기

제공되는 파이선(python) 편집기는 자신의 코딩 능력을 더 키워보려는 사람들에게 매우 좋습니다. 미리 만들어져 제공되는 코드, 이미지, 사운드를 이용하면 쉽게 코드를 작성할 수 있습니다. 전 세계 공식 파이선 커뮤니티(Python Community)에 의해 지원됩니다. Find out more about the latest features in version 2 of the Python Editor.

**05** [프로그램 만들기] 버튼을 클릭합니다.

**06** 다음과 같이 마이크로비트 파이썬 에디터(편집기) 페이지로 연결됩니다.

※ 처음에 표시되는 코드는 예제 코드이며 여러분이 원하는 코드를 작성하려면 이 코드를 모두 선택해서 [Delete] 키를 눌러 삭제한 후 첫 번째 라인에서 새로 작성하면 됩니다.

## 04-2 마이크로비트 보드와 컴퓨터 연결하기

이제 마이크로비트 보드와 컴퓨터를 연결해 봅니다. 마이크로비트 보드의 USB는 다음과 같이 세 가지 기능을 제공합니다.

❶ 전원을 공급 받을 수 있고,
❷ USB 디스크 장치로 표시되어 파이썬 프로그램을 다운로드할 수 있고,
❸ 시리얼 포트를 제공하여 디버깅 메시지를 볼 수 있습니다.

그래서 마이크로비트 보드는 USB 케이블 하나로 컴퓨터로 연결될 수 있으며, USB 인터페이스를 이용하여, 교육과 개발을 진행할 수 있습니다.

**01** 마이크로비트 보드를 준비합니다.

**02** 다음과 같은 모양의 USB 케이블을 준비합니다. 이 케이블을 이용하여 마이크로비트 보드와 컴퓨터를 연결합니다.

**03** USB 케이블의 한쪽 끝(마이크로 B 단자)을 마이크로비트 보드에 다음과 같이 연결합니다.

**04** USB 케이블의 다른 쪽 끝(A 단자)을 컴퓨터에 연결합니다.

**05** 다음과 같이 마이크로비트에 전원 LED가 켜지는 것을 확인합니다.

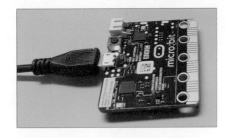

**06** 컴퓨터 화면 하단 [작업 표시줄]에서 다음과 같은 [파일 탐색기]를 실행시킵니다.

**07** [파일 탐색기] 창에서 [내 PC]에 다음과 같이 MICROBIT가 디스크로 표시되는 것을 확인합니다.

※ 마이크로비트는 USB 디스크 장치로 표시되며 우리가 작성한 파이썬 프로그램을 이 디스크 장치로 옮기면 프로그램이 마이크로비트에 다운로드 됩니다. 다음 단원에서 실습을 해보도록 합니다.

## 04-3 파이썬 프로그램 다운로드하기

이제 파이썬 프로그램을 마이크로비트 보드에 다운로드하고 결과를 확인해 봅니다.

**01** 먼저 마이크로비트 파이썬 편집기 페이지로 돌아옵니다. 다음 프로그램은 마이크로비트에 있는 25개의 LED를 이용하여 'Hello, World!' 문자열을 옆으로 밀어가면서 표시하고 하트 그림을 보여주고 2초 기다리는 동작을 반복하는 프로그램입니다.

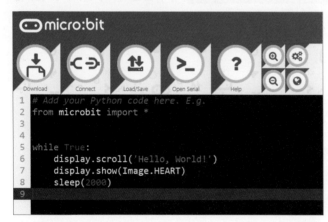

1 : 여기에 파이썬 코드를 작성하라고 되어있습니다. #은 파이썬 언어의 주석표시입니다. 주석은 사람이 보기 위한 설명 글로 파이썬 프로그램은 이 부분을 실행하지 않습니다. 앞으로 마이크로비트에서 동작하는 파이썬 프로그램을 작성하고자 할 경우엔 위의 마이크로비트 파이썬 편집기에서 작성하도록 합니다.

2 : microbit 라이브러리로부터 microbit 라이브러리가 제공하는 모든 기능(* : 하위 라이브러리, 함수, 상수)를 가져와 프로그램에서 사용하겠다는 의미입니다. 마이크로비트를 사용할 수 있도록 미리 작성된 라이브러리가 있는데 이러한 라이브러리를 사용하기 위해서는 위와 같은 형태의 문법으로 microbit 라이브러리를 가져오도록 합니다. 예를 들어, 6, 7 줄의 display나 Image는 microbit 내부에 있는 하위 라이브러리입니다. 또, scroll, show는 display 라이브러리의 함수이며, HEART는 Image 라이브러리의 상수입니다. 라이브러리, 함수, 상수에 대해서는 뒤에서 자세히 살펴봅니다. 라이브러리는 파이썬이나 C/C++ 언어(아두이노 프로그래밍 언어가 C/C++ 언어입니다)로 미리 작성된 코드로 우리는 미리 작성된 라이브러리를 이용하여 빠른 시간에 우리가 원하는 동작을 수행하는 프로그램을 작성할 수 있습니다. 라이브러리는 모듈이라는 단어로도 사용합니다.

**5** : 계속해서라는 의미로 6,7,8 줄을 무한 반복하라는 의미입니다. 6,7,8 줄은 일반적으로 탭으로 같은 간격으로 띄어 씁니다.

**6** : display 라이브러리의 scroll 함수를 호출하여 'Hello, World!'라는 문자열을 마이크로비트의 25개 LED를 이용하여 표시합니다. display는 마이크로비트의 25개 LED를 제어하고자 할 때 쓰는 라이브러리입니다. scroll 함수는 25개의 LED 상에서 문자열을 차례대로 표시해주는 함수입니다. 여러분이 원하는 문자열을 scroll 함수에 넘겨주어 표시합니다. 안타깝게 한글은 표시되지 않습니다.

**7** : display 라이브러리의 show 함수를 호출하여 하트 이미지를 마이크로비트의 25개 LED를 이용하여 표시합니다. show 함수는 25개의 LED 상에서 그림을 표시해주는 함수입니다. Image.HEART는 라이브러리에 미리 만들어진 그림입니다. 여러분은 Image 라이브러리의 그림을 이용할 수도 있고, 직접 그림을 만들 수도 있습니다. 이러한 방법들은 뒤에서 살펴봅니다.

**8** : sleep 함수를 호출하여 마이크로비트가 2000 밀리초(=2초) 동안 기다리게 합니다. 마이크로비트가 일정시간 동안 기다리게 하려고 할 때는 sleep 함수를 이용합니다.

**02** 마이크로비트 파이썬 편집기 우측 상단의 다음 부분에 파이썬 프로그램의 이름을 입력할 수 있습니다. 기본적으로 [microbit program]이라고 입력되어 있습니다. 일단은 그대로 둡니다.

**03** 좌측 상단에 있는 [다운로드] 버튼을 마우스로 눌러줍니다.

**04** 다음과 같이 [다른 이름으로 저장] 창이 뜹니다. 다음과 같이 MICROBIT를 선택한 후, [저장] 버튼을 눌러줍니다.

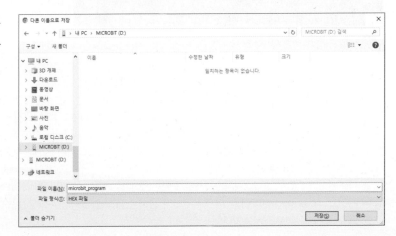

**[다른 이름으로 저장] 창 띄우기**

이 책에서는 구글에서 제공하는 🔴 크롬 웹 브라우저를 사용하여 예제를 진행합니다. 크롬 웹 브라우저에서 [다른 이름으로 저장] 창을 띄우려면 다음과 같이 크롬 웹 브라우저를 설정합니다.

**01** 🔴 크롬 웹 브라우저 화면 우측 상단에 있는 [Chrome 맞춤설정 및 제어] 아이콘을 마우스 클릭합니다.

**02** 다음과 같이 팝업 창이 뜨면, [설정(S)]을 마우스 클릭합니다.

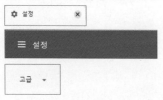

**03** 다음과 같이 [설정] 창이 뜹니다. 페이지 맨 아래로 이동하여 [고급 ▼]을 마우스 클릭합니다.

| ⚙ 설정 | × |
| --- | --- |

≡ 설정

고급 ▾

**04** 그러면 [고급 ▲] 메뉴가 펼쳐집니다. 다음과 같이 [다운로드] 항목이 나올 때까지 페이지 아래로 이동합니다. [다운로드] 항목이 나오면 아래 그림과 같이 [다운로드 전에 각 파일의 저장 위치 확인] 항목을 활성화시켜 줍니다.

**05** 설정 창을 닫아줍니다.

마이크로소프트에서 제공하는 🟦 에지나 🔵 인터넷 익스플로러 브라우저를 사용할 경우엔 다음과 같이 [다른 이름으로 저장] 창을 띄울 수 있습니다.

**01** 🔽 [다운로드] 버튼을 누르면 화면 하단에 다음과 같은 창이 뜹니다.

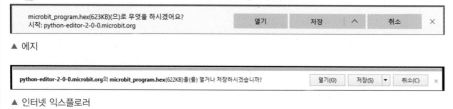

▲ 에지

▲ 인터넷 익스플로러

**02** 다음과 같이 [저장] 메뉴 오른쪽에 있는 ∧ 또는 ▼ 아이콘을 눌러 [다른 이름으로 저장] 항목을 선택합니다.

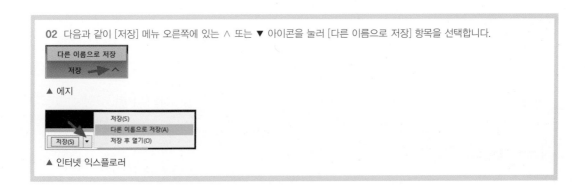

**05** 시간이 조금 걸린 후, 다음과 같이 다운로드가 완료됩니다.

**06** 마이크로비트의 25개의 LED에 문자열과 하트가 표시되는 것을 확인합니다.

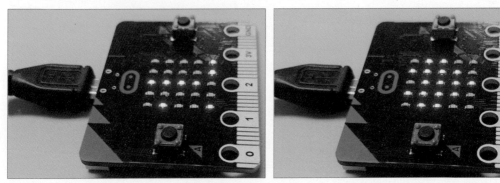

※ 프로그램을 다운로드 할 때마다 아래 그림과 같은 창이 뜹니다. 프로그램이 마이크로비트의 저장 장치에 저장된 후, 내부에 있는 프로그램 저장 공간으로 옮겨진 후, 마이크로비트가 재부팅하면서 뜨는 창입니다.

예제의 다음 부분에서 [Image.HEART] 부분을 수정하여 다른 그림을 띄워 봅니다.

```
display.show(Image.HEART)
```

다음 그림을 활용합니다. 예를 들어 아래 그림의 세 번째에 표시된 다이아몬드를 그리고 싶으면 예제를 다음과 같이 변경하면 됩니다.

```
display.show(Image.DIAMOND)
```

같은 방식으로 독자 여러분이 원하는 그림을 표시해 봅니다.

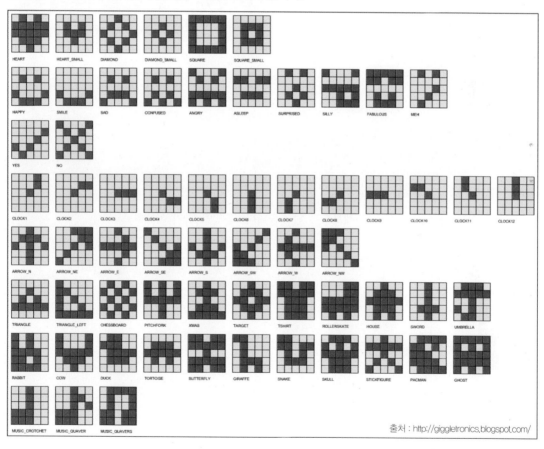

출처 : http://giggletronics.blogspot.com/

# 05 _ 레플(REPL) 환경 구성하기

여기서는 윈도우에서 마이크로비트에 시리얼로 접속하여 명령을 줄 수 있는 레플(REPL) 환경을 구성합니다. 아두이노에서 시리얼 모니터를 사용하는 환경과 같습니다. REPL은 Read−Evaluate−Print Loop의 약자로 파이썬의 읽고 계산하고 출력하는 회전 동작을 의미합니다. REPL은 여러분이 시리얼로 보드에 접속한 후, 코드를 직접 입력하여 실행해 볼 수 있는 환경을 제공합니다. 또한 프로그램 실행시 발생하는 문제를 출력하여 해결하는데 도움을 줍니다. 다음과 같은 순서로 REPL 환경을 구성합니다.

❶ putty 프로그램을 설치합니다.
❷ 시리얼 포트를 확인합니다.
❸ 마이크로비트에 시리얼로 접속해 봅니다.
❹ 파이썬 명령을 입력해 봅니다.

## 05-1 putty 프로그램 설치하기

마이크로비트 PC와 시리얼 통신을 해보도록 하겠습니다. 통신을 하기 이해
여기서는 마이크로비트 보드와 통신할 PC용 터미널 프로그램을 설치하도록 합니다. 터미널 프로그램은 putty, Tera Term 프로그램이 대표적이며, 여기서는 putty 프로그램을 설치합니다.

**01** 구글에서 다음과 같이 putty 프로그램을 검색합니다.

**02** 다음 사이트를 찾아 들어갑니다.

Download PuTTY - a free SSH and telnet client for Windows
https://www.putty.org/ ▼ 이 페이지 번역하기
PuTTY is an SSH and telnet client, developed originally by Simon Tatham for the Windows platform.
PuTTY is open source software that is available with source ...

**03** 다음과 같은 페이지가 열립니다. [here] 링크를 마우스 클릭합니다.

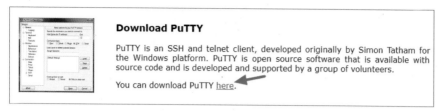

**04** 다음 페이지로 연결됩니다. [putty.exe] 링크를 마우스 클릭합니다. 32비트 또는 64비트 용 프로그램을
다운로드 받습니다(32비트 또는 64 비트 확인은 다음 페이지를 참조합니다).

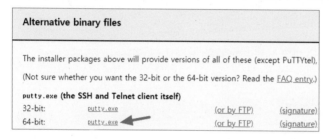

**05** 바탕 화면에 프로그램을 다운로드 합니다. 이 프로그램은 설치과정 없이 바로 사용할 수 있습니다.

**여기서 잠깐!** ▶ 내 운영체제 확인하기

내 운영체제가 32비트인지 64비트인지 모를 경우 다음과 같이 확인을 합니다.

**01** 컴퓨터 화면 좌측 하단에 있는 [파일 탐색기]를 마우스 클릭합니다.

**02** [내 PC]를 마우스 오른쪽 클릭한 후, [속성]을 마우스 클릭합니다.

**03** 다음과 같이 [시스템] 창이 뜹니다. 화살표 표시된 부분에서 시스템
종류를 확인합니다.

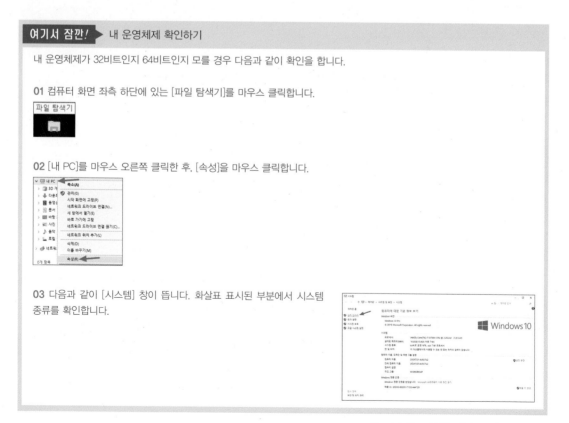

## 05-2 시리얼 포트 확인하기

여러분이 마이크로비트를 PC에 연결할 경우 마이크로비트는 저장 장치로도 인식되지만, 시리얼 포트도 제공합니다. 이 시리얼 포트를 통해 마이크로비트에 접속할 수 있습니다. 여기서는 마이크로비트의 시리얼 포트를 확인합니다.

**01** 화면 하단에 있는 [파일 탐색기]를 마우스 클릭합니다.

**02** [내 PC]를 마우스 오른쪽 클릭한 후, [속성]을 마우스 클릭합니다.

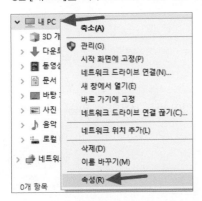

**03** [시스템] 창이 뜹니다. 화살표 표시된 부분에 있는 [장치 관리자]를 마우스 클릭합니다.

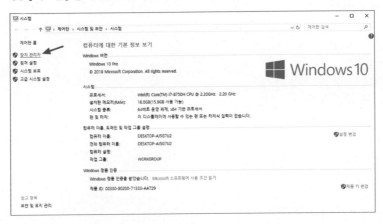

**04** 다음과 같이 [장치 관리자] 창이 뜹니다. 하단에 [포트(COM & LPT)] 항목을 마우스 클릭하여 펼칩니다. 여러분이 연결한 마이크로비트의 시리얼 포트를 확인합니다.

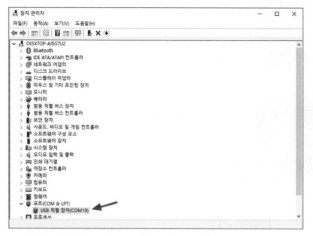

※ 필자의 경우엔 [USB 직렬 장치(COM19)]로 표시됩니다. 시리얼 포트가 하나 이상 표시될 경우 마이크로비트를 컴퓨터에서 연결해제한 후, 다시 연결해보며 사라지거나 다시 표시되는 시리얼 포트를 찾도록 합니다.

## 05-3 마이크로비트 시리얼 접속하기

여기서는 putty 프로그램을 이용하여 마이크로비트에 접속합니다. 이렇게 하면 마이크로비트에 명령할 수 있습니다.

**01** 바탕화면에서 [putty] 아이콘을 찾아 마우스 클릭합니다.

**02** 다음과 같이 [putty] 프로그램이 실행됩니다.

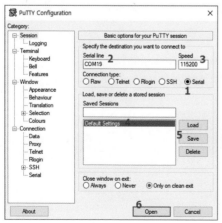

❶ [Connection type]을 [Serial]로 선택합니다.

❷ [Serial line]을 [COM19]로 선택합니다. 앞에서 확인한 시리얼 포트 번호를 입력합니다.

❸ [Speed]를 [115200]으로 수정합니다. 마이크로비트의 시리얼 통신 속도는 115200입니다.

❹ [Saved Sessions]에서 [Default Settings]를 선택한 후,

❺ [Save] 버튼을 눌러줍니다.

❻ [Open] 버튼을 눌러줍니다.

이후에 ❹, ❺는 설정을 변경하고자 할 경우에만 수행합니다.

**03** 다음과 같이 [putty] 프로그램이 실행됩니다. 아무것도 표시되지 않습니다.

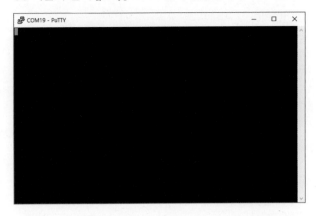

**04** Ctrl + C 를 누릅니다. 키보드 좌측 하단에 있는 Ctrl 키를 누른 채로 C 키를 누릅니다. 다음과 같이 표시됩니다.

```
COM19 - PuTTY
Traceback (most recent call last):
  File "__main__", line 6, in <module>
KeyboardInterrupt:        1
MicroPython v1.9.2-34-qd64154c73 on 2017-09-01;
Type "help()" for more information.
>>>          5
```

❶ 6번째 줄을 수행하는 도중에

❷ 키보드 인터럽트( Ctrl + C )가 발생했다라고 표시한 후,

❸ MicroPython 프로그램 버전을 표시합니다.

❹ 정보가 좀 더 필요하면 help() 명령을 입력하라고 표시한 후,

❺ 사용자 입력을 받는 부분을 표시합니다. 여기에 명령을 입력할 수 있습니다. 이 표시를 명령 프롬프트라고 합니다.

※ 앞에서 다운로드 받은 📄 microbit_program.hex 프로그램에는 위 화면을 표시하는 프로그램이 포함되어 있습니다. 위 내용을 표시하는 프로그램을 파이썬 셸 프로그램이라고 합니다. microbit_program.hex 파일에는 파이썬 셸과 함께 우리가 작성한 파이썬 프로그램(파이썬 스크립트라고도 합니다)이 포함되어 있습니다. 파이썬 셸이 우리가 작성한 파이썬 스크립트를 읽고 수행합니다. 우리는 이 파이썬 셸에게 직접 명령을 줄 수 있습니다.

## 05-4 파이썬 명령 입력해보기

이제 파이썬 셸과 이야기를 해 보도록 합니다. 파이썬 셸은 알라딘 요술램프의 지니와 같이 여러분의 명령을 듣고 실행해 줍니다. 명령은 함수라고도 합니다.

명령(함수)

### help() 명령 주기

먼저 다음과 같이 help() 명령을 입력합니다.

```
>>> help() 1
Welcome to MicroPython on the micro:bit! 2

Try these commands: 3
  display.scroll('Hello')
  running_time()
  sleep(1000)
  button_a.is_pressed()
What do these commands do? Can you improve them? HINT: use the up and down 4
arrow keys to get your command history. Press the TAB key to auto-complete 5
unfinished words (so 'di' becomes 'display' after you press TAB). These
tricks save a lot of typing and look cool!

Explore: 6            7                                         8
Type 'help(something)' to find out about it. Type 'dir(something)' to see what
it can do. Type 'dir()' 9 to see what stuff is available. For goodness sake, 10
don't type 'import this'.

Control commands: 11
  CTRL-C 12       -- stop a running program
  CTRL-D 13       -- on a blank line, do a soft reset of the micro:bit
  CTRL-E          -- enter paste mode, turning off auto-indent

For a list of available modules, type help('modules') 14

For more information about Python, visit: http://python.org/
To find out about MicroPython, visit: http://micropython.org/
Python/micro:bit documentation is here: https://microbit-micropython.readthedocs.io/
>>> █
```

❶ 파이썬 쉘에게 help() 명령을 지시합니다.

❷ 마이크로비트에 올라가 있는 마이크로파이썬에 오신걸 환영합니다.

❸ 다음 명령들을 입력해 보라고 합니다:

### display.scroll('Hello') 명령 주기

다음과 같이 명령을 준 후, 마이크로비트의 디스플레이를 봅니다.

```
>>> display.scroll('Hello')
```

'Hello' 문자열이 흘러가면서 표시되는 것을 볼 수 있습니다.

### running_time() 명령 주기

다음과 같이 명령을 줍니다.

```
>>> running_time()
3069648
```

running_time 명령은 마이크로비트가 켜진 이후의 시간을 밀리초 단위로 보여줍니다. 이 예제의 경우 3069.648초 동안 켜진 상태입니다. 마이크로비트가 켜지고 나서 51분 정도가 흐른 상태입니다.

### sleep(1000) 명령 주기

다음과 같이 명령을 줍니다.

```
>>> sleep(1000)
```

sleep 명령은 밀리 초 단위로 파이썬 쉘이 대기합니다. 이 예제에서는 1000 밀리 초 동안 파이썬 쉘이 대기상태가 됩니다.

### button_a.is_pressed() 명령 주기

다음과 같이 명령을 줍니다.

```
>>> button_a.is_pressed()
False
```

button_a.is_pressed() 명령은 마이크로비트 보드 상에 있는 A 버튼의 눌려 있는 상태를 알려줍니다. False는 눌리지 않았다는 표시입니다.

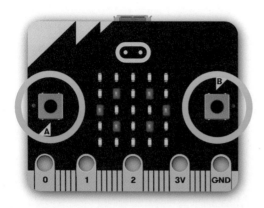

A 버튼을 누른 상태로 위 명령을 다시 수행해 봅니다. 이번엔 다음과 같이 표시가 됩니다.

```
>>> button_a.is_pressed()
True
```

True는 눌렀다는 표시입니다.

## 방향키 사용해보기

❹ 이전에 입력했던 명령을 다시 사용하고 싶으면 위 또는 아래 방향키를 이용합니다.

putty 프로그램 상에서 위 방향키를 눌러봅니다. 그러면 바로 전에 입력했던 명령이 나옵니다. 한 번 더 위 방향키를 눌러봅니다. 그러면 그 전에 입력했던 명령이 나옵니다. 이번엔 아래 방향키를 눌러봅니다. 바로 다음에 입력했던 명령이 나옵니다. 이와 같이 방향키를 이용하면 한 번 입력했던 명령을 간편하게 수행할 수 있습니다.

## 탭 키 사용해보기

❺ 탭 키를 이용하여 자동 완성기능을 사용해봅니다. 다음과 같이 'di'라고 입력한 후, 탭 키를 눌러봅니다.

```
>>> di
```

다음과 같이 파이썬 쉘이 아는 단어로 완성시켜줍니다.

```
>>> display█
```

파이썬 쉘은 대소문자를 구분하기 때문에 탭 키를 이용하면 파이썬 쉘이 자동으로 대소문자를 구분하여 단어를 완성시켜줍니다.

## 파이썬 내부 탐색 명령 알아보기

❻ 마이크로파이썬 내부 탐색 명령으로 help(), dir() 명령 사용법에 대해 소개하고 있습니다.

❼ help(something) 명령을 이용하여 그것(모듈, 함수 등)이 무엇인지 알 수 있습니다.

❽ dir(something) 명령을 이용하여 그것(모듈)이 무엇을 할 수 있는지 알 수 있습니다.

❾ dir() 명령을 쳐서 파이썬 쉘이 현재 어떤 것들(모듈, 함수, 변수 등)을 가지고 있는지 확인할 수 있습니다.

❿ 제발 'import this'는 치지 마세요.

## dir() 명령 주기

먼저 명령 행에 ❾ dir() 명령을 입력해봅니다.

```
>>> dir() ❾
['pin2', 'pin0', 'pin1', 'pin3', 'pin6', 'pin13', 'pin4', 'uart', 'pin5', 'pin7'
, 'temperature', 'sleep', 'pin8', 'pin9', 'button_a', 'button_b', 'reset', '__na
me__', 'i2c', 'pin11', 'pin10', 'spi', 'panic', 'Image', 'running_time', 'compas
s', 'pin12', 'pin14', 'pin15', 'accelerometer', 'display', 'pin16', 'pin19', 'pi
n20']
>>>
```

dir() 명령은 파이썬 쉘이 현재 어떤 것들(모듈, 함수, 클래스 등)을 가지고 있는지 보여줍니다. 앞에서 명령 입력에 사용했던 sleep, button_a, Image, running_time, display 도 볼 수 있습니다.

## 무엇인지 물어보기

위 그림에서 빨간 줄로 표시된 것들이 무엇인지 다음과 같이 파이썬 쉘에게 물어봅니다.

```
>>> sleep ◄
<function>
>>> button_a ◄
<MicroBitButton>
>>> Image ◄
<class 'MicroBitImage'>
>>> running_time ◄
<function>
>>> display ◄
<MicroBitDisplay>
>>> █
```

sleep은 함수, button_a는 모듈, Image는 클래스, running_time은 함수, display는 모듈이라고 표시됩니다.

## help(something) 명령 주기

❼ help(something) 명령을 이용하여 그것이 무엇인지 좀 더 자세히 물어봅니다.

```
>>> help(sleep)
Put micro:bit to sleep(time) for some milliseconds (1 second = 1000 ms) of time.
sleep(2000) gives micro:bit a 2 second nap.
>>> help(button_a)
micro:bit's 'A' button. When button is pressed down, is_pressed() is True.
>>> help(Image)
Create and use built-in IMAGES to show on the display. Use:
Image(
  '09090:'
  '99999:'
  '99999:'
  '09990:'
  '00900:')
...to make a new 5x5 heart image. Numbers go from 0 (off) to 9 (brightest). Note
the colon ':' to set the end of a row.
>>> help(running_time)
Return running_time() in milliseconds since micro:bit's last reset.
>>> help(display)
micro:bit's 5x5 LED display.
>>>
```

sleep 함수는 마이크로비트가 인자로 주어진 밀리 초만큼 잠을 자게 합니다. button_a 모듈은 마이크로비트의 'A' 버튼입니다. 버튼이 눌리면, is_pressed() 함수는 True입니다. Image 클래스는 이미지를 생성하거나 내장된 이미지를 사용하여 LED 디스플레이에 표시합니다. running_time 함수는 마이크로비트가 마지막으로 리셋된 이후의 밀리 초를 줍니다. display 모듈은 마이크로비트의 5x5 LED 디스플레이입니다.

## dir(something) 명령 주기

❽ dir(something) 명령을 이용하여 그것(모듈)이 무엇을 할 수 있는지 물어봅니다.

```
>>> dir(sleep)
[]
>>> dir(button_a)
['is_pressed', 'was_pressed', 'get_presses']
>>> dir(Image)
['width', 'height', 'get_pixel', 'set_pixel', 'shift_left', 'shift_right', 'shif
t_up', 'shift_down', 'copy', 'crop', 'invert', 'fill', 'blit', 'HEART', 'HEART_S
MALL', 'HAPPY', 'SMILE', 'SAD', 'CONFUSED', 'ANGRY', 'ASLEEP', 'SURPRISED', 'SIL
LY', 'FABULOUS', 'MEH', 'YES', 'NO', 'CLOCK12', 'CLOCK1', 'CLOCK2', 'CLOCK3', 'C
LOCK4', 'CLOCK5', 'CLOCK6', 'CLOCK7', 'CLOCK8', 'CLOCK9', 'CLOCK10', 'CLOCK11',
'ARROW_N', 'ARROW_NE', 'ARROW_E', 'ARROW_SE', 'ARROW_S', 'ARROW_SW', 'ARROW_W',
'ARROW_NW', 'TRIANGLE', 'TRIANGLE_LEFT', 'CHESSBOARD', 'DIAMOND', 'DIAMOND_SMALL
', 'SQUARE', 'SQUARE_SMALL', 'RABBIT', 'COW', 'MUSIC_CROTCHET', 'MUSIC_QUAVER',
'MUSIC_QUAVERS', 'PITCHFORK', 'XMAS', 'PACMAN', 'TARGET', 'ALL_CLOCKS', 'ALL_ARR
OWS', 'TSHIRT', 'ROLLERSKATE', 'DUCK', 'HOUSE', 'TORTOISE', 'BUTTERFLY', 'STICKF
IGURE', 'GHOST', 'SWORD', 'GIRAFFE', 'SKULL', 'UMBRELLA', 'SNAKE']
>>> dir(running_time)
[]
>>> dir(display)
['get_pixel', 'set_pixel', 'show', 'scroll', 'clear', 'on', 'off', 'is_on', 'rea
d_light_level']
>>>
```

sleep, running_time 함수는 함수이기 때문에 추가적인 속성이 없습니다. button_a의 경우 앞에서 사용했던 is_pressed 함수를 볼 수 있습니다. Image 클래스의 경우 앞에서 사용했던 HEART 속성을 볼 수 있습니다. display 모듈의 경우 앞에서 사용했던 show, scroll 함수를 볼 수 있습니다.
위 그림에서 빨간 줄로 표시된 것들이 무엇인지 다음과 같이 파이썬 쉘에게 물어봅니다.

```
>>> button_a.is_pressed
<bound_method>
>>> Image.HEART
Image('09090:99999:99999:09990:00900:')
>>> display.scroll
<bound_method>
>>>
```

button_a.is_pressed는 button_a에 묶인(bound) 방법(method)이라고 합니다. method는 함수와
같은 의미입니다. Image.HEART는 '09090:99999:99999:09990:00900:' 값을 받는 Image 클래스
입니다. display.scroll은 display에 묶인 방법이라고 합니다.

help(something) 명령을 이용하여 그것이 무엇인지 좀 더 자세히 물어봅니다.

```
>>> help(button_a.is_pressed)
If the button is pressed down, is_pressed() is True, else False.
>>> help(display.scroll)
Use scroll(s) to scroll the string 's' across the display.
Use scroll(s, i) to scroll string 's' with a delay of 'i' milliseconds after
each character.
>>>
```

button_a.is_pressed는 버튼이 눌리면 True 그렇지 않으면 False라고 알려줍니다. display.
scroll(s)는 display 상에서 문자열 's'를 스크롤하기 위해 사용한다고 알려줍니다.

❿ 〈제발 'import this'는 치지 마세요〉라고 합니다. import this라고 쳐 봅시다.

```
>>> import this
The Zen of MicroPython, by Nicholas H. Tollervey

Code,
Hack it,
Less is more,
Keep it simple,
Small is beautiful,

Be brave! Break things! Learn and have fun!
Express yourself with MicroPython.

Happy hacking! :-)
>>>
```

다음과 같이 dir() 명령을 입력해 봅니다. this 모듈이 추가된 것을 볼 수 있습니다.

```
>>> dir()
['pin2', 'pin0', 'pin1', 'pin3', 'pin6', 'pin13', 'pin4', 'uart', 'pin5', 'pin7'
, 'temperature', 'sleep', 'pin8', 'pin9', 'button_a', 'button_b', 'reset', '__na
me__', 'i2c', 'pin11', 'pin10', 'spi', 'panic', 'Image', 'running_time', 'compas
s', 'pin12', 'pin14', 'pin15', 'accelerometer', 'display', 'pin16', 'pin19', 'pi
n20', 'this']
>>>
```

이번엔 다음과 같이 help(this) 명령을 입력해 봅니다. this 모듈에 대한 설명이 나옵니다.

```
>>> help(this)
The Zen of Python defines what it is to be Pythonic. It wouldn't fit on this
device so we've written a Zen of MicroPython instead.
>>>
```

이번엔 다음과 같이 dir(this) 명령을 입력해 봅니다. this 모듈의 속성이 나옵니다.

```
>>> dir(this)
['__name__', '__init__', 'authors']
>>>
```

차례로 다음과 같이 입력합니다.

```
>>> this.authors
<function>
>>> this.authors()
MicroPython on the micro:bit is brought to you by:
Damien P. George, Mark Shannon, Radomir Dopieralski, Matthew Else,
Carol Willing, Tom Viner, Alan Jackson, Nick Coghlan, Joseph Haig,
Alex Chan, Andrea Grandi, Paul Egan, Piotr Kasprzyk, Andrew Mulholland,
Matt Wheeler, Joe Glancy, Abbie Brooks and Nicholas H. Tollervey.
>>>
```

this.authors는 함수입니다. this.authors() 함수를 호출하니 작가와 관련된 내용이 나옵니다.

❶❶ 제어 명령을 소개합니다.

❶❷ Ctrl + C 는 수행중인 프로그램을 멈춥니다.

❶❸ Ctrl + D 는 마이크로비트를 리셋시킵니다.

Ctrl + D 를 눌러봅니다. 마이크로비트가 리셋되면서 파이썬 쉘이 프로그램을 실행합니다.

```
>>>
soft reboot
```

Ctrl + C 를 눌러봅니다. 프로그램의 실행이 멈추고 파이썬 쉘이 REPL 상태가 됩니다.

```
Traceback (most recent call last):
  File "__main__", line 8, in <module>
KeyboardInterrupt:
MicroPython v1.9.2-34-gd64154c73 on 2017-09-01; micro:bit v1.0.1 with nRF51822
Type "help()" for more information.
>>>
```

❶❹ help('modules')라고 입력해봅니다. 파이썬 쉘이 내장하고 있는 모듈들을 보여줍니다.

```
Traceback (most recent call last):
  File "__main__", line 8, in <module>
KeyboardInterrupt:
MicroPython v1.9.2-34-gd64154c73 on 2017-09-01; micro:bit v1.0.1 with nRF51822
Type "help()" for more information.
>>>
```

하단에 방금 import 했던 this 모듈이 보입니다. microbit 모듈도 보입니다. 모듈들에 대한 내용을 보기 위해서는 import를 해 주어야 합니다. 파이썬 코드 작성 시 라이브러리를 import할 경우 위에서 보이는 라이브러리들을 import 하게 됩니다.

다음과 같이 love 라이브러리를 import해 봅니다. 그리고 마이크로비트의 LED를 확인해봅니다.

```
>>> help('modules')
__main__          love              os                time
antigravity       machine           radio             ucollections
array             math              random            ustruct
audio             microbit          speech            utime
builtins          micropython       struct
collections       music             sys
gc                neopixel          this
Plus any modules on the filesystem
>>>
```

LED에서 깜빡이는 하트 표시를 볼 수 있습니다. dir() 명령을 이용하여 love 라이브러리를 확인합니다. love를 입력하여 파이썬 셸에게 love가 무엇인지 확인합니다. 파이썬 셸이 모듈이라고 표시합니다. help(love) 명령을 수행하여 love에 대해 확인합니다. dir(love) 명령을 수행하여 love 모듈이 가진 속성을 확인합니다.

```
>>> import love
>>> dir()
['pin2', 'pin0', 'pin1', 'pin3', 'pin6', 'pin13', 'pin4', 'uart', 'pin5', 'pin7'
, 'temperature', 'sleep', 'pin8', 'pin9', 'button_a', 'button_b', 'reset', '__na
me__', 'i2c', 'pin11', 'pin10', 'spi', 'panic', 'Image', 'running_time', 'compas
s', 'pin12', 'pin14', 'pin15', 'accelerometer', 'display', 'pin16', 'pin19', 'pi
n20', 'love']
>>> love
<module 'love'>
>>> help(love)
All you need. Use love.badaboom() to repeat the effect.
>>> dir(love)
['__name__', '__init__', 'badaboom']
>>>
```

이번엔 다음과 같이 love.badaboom이 무엇인지 확인합니다. 파이썬 셸이 함수라고 알려줍니다. love.badaboom() 명령을 수행해봅니다. 이전처럼 LED에서 깜빡이는 하트 표시를 볼 수 있습니다.

```
>>> love.badaboom
<function>
>>> love.badaboom()
>>> help(love.badaboom)
Hear my soul speak:
The very instant that I saw you, did
My heart fly to your service.
>>>
```

help(love.badaboom) 명령을 수행하여 love.badaboom 함수에 대해 자세히 살펴봅니다.

이번엔 다음과 같이 antigravity 모듈을 import해 봅니다. 재미있는 그림이 나옵니다.

```
>>> import antigravity
+-xkcd.com/353-----------------------------------------------+
|                                                            |
|                                        \0/                 |
|                                        / \    MicroPython! /|   |
|      You're flying!            / \    MicroPython! /|       |
|         How?                                   \  \        |
|          /                                                 |
|       O                                                    |
|      /|\                                                   |
|       |                                                    |
|-----___/_____-----------------------|      |
+------------------------------------------------------------+
>>> dir()
['pin2', 'pin0', 'pin1', 'pin3', 'pin6', 'pin13', 'pin4', 'uart', 'pin5', 'pin7'
, 'temperature', 'sleep', 'pin8', 'pin9', 'button_a', 'button_b', 'reset', '__na
me__', 'i2c', 'pin11', 'pin10', 'spi', 'panic', 'Image', 'running_time', 'compas
s', 'pin12', 'pin14', 'pin15', 'accelerometer', 'display', 'pin16', 'pin19', 'pi
n20', 'love', 'antigravity']
```

dir() 명령을 이용하여 antigravity 모듈을 확인합니다.

이번엔 다음과 같이 antigravity를 입력하여 파이썬 셸에게 antigravity가 무엇인지 확인합니다.

```
>>> antigravity
<module 'antigravity'>
>>> help(antigravity)
See: http://xkcd.com/353/
>>> dir(antigravity)
['__name__', '__init__']
>>>
```

파이썬 셸이 모듈이라고 표시합니다. help(antigravity) 명령을 수행하여 antigravity에 대해 좀 더
자세히 확인합니다. dir(antigravity) 명령을 수행하여 antigravity 모듈이 가진 속성을 확인합니다.

이상 파이썬 셸의 레플(REPL) 기능을 이용하여 여러 가지 명령들을 수행해 보았습니다. 이러한 명
령들은 프로그램으로도 작성할 수 있습니다. 레플 기능을 이용하면 파이썬 셸에 대해 잘 이해할 수
있으며, 이는 파이썬 프로그램 작성 시 도움이 됩니다.

## 기본 파이썬 코드 살펴보기

파이썬 언어는 직관적이며 간결합니다. 문법도 자연어에 가까워 많이 단순화되어 있습니다. 여기서
는 마이크로비트 사이트에서 제공하는 마이크로파이썬 기본 코드 조각을 살펴봅니다. 기본 코드 조
각은 주로 사용하는 파이썬 문법 요소를 나타내며, 여기서는 10가지를 소개하고 있습니다.

01 상단에 있는 Code Snippets 버튼을 마우스로 눌러줍니다.

**02** 다음과 같이 Code Snippets 창이 뜹니다. 코드 조각으로 해석되며 주요 문법 요소를 나타냅니다.

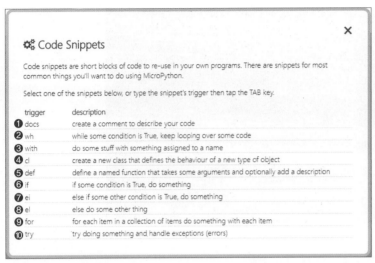

코드 조각은 여러분 자신의 프로그램에서 재사용할 짧은 코드 덩어리입니다. 여기에는 마이크로파이썬을 사용하면서 여러분이 원하게 될 가장 일반적인 코드 조각이 있습니다.

docs : 여러분의 코드를 설명할 주석문을 생성합니다.

wh : 어떤 조건이 맞는 동안에 계속해서 어떤 코드를 반복 수행합니다.

with : 이름에 할당된 어떤 것을 가지고 어떤 일을 수행합니다.

cl : 새로운 클래스를 생성합니다. 그 클래스는 새로운 형태의 객체의 동작을 정의합니다.

def : 이름이 있는 함수를 정의합니다. 그 함수는 0개 이상의 인자를 받습니다.

if : 어떤 조건이 맞으면, 어떤 것을 합니다.

ei : 그렇지 않고 다른 조건이 맞으면, 어떤 것을 합니다.

el : 그렇지 않으면 다른 어떤 것을 합니다.

for : 항목의 모임에 있는 각각의 항목에 대해 각각의 항목을 가지고 어떤 것을 합니다.

try : 어떤 것을 해보고 예외(오류)를 처리합니다.

**❶ docs**

다음은 docs 코드 조각입니다. docs 코드 조각은 주석문을 나타냅니다. 주석문은 설명글로 사람이 읽기 위한 코드 조각입니다. 파이썬 셸은 주석문을 수행하지 않습니다.

# 할 일 : 여기에 유용한 설명글을 쓰세요...

**❷ wh**

다음은 wh 코드 조각입니다. wh 코드 조각은 while 문을 나타냅니다. while 문은 어떤 동작을 계속 수행하고자 할 때 사용합니다. 예를 들어, 파이썬 프로그램을 계속 수행하고자 할 때 while 문을 사용합니다. while 문을 그치는 조건은 condition 부분에 넣습니다. while 문의 하위 문장은 같은 간격의 들여쓰기를 적용해 주어야 합니다.

```
1 while condition:
2     # TODO: write code...
```

**❸ with**

다음은 with 코드 조각입니다. with 코드 조각은 with-as 문을 나타냅니다. with-as 문은 이름에 할당된 어떤 것을 가지고 어떤 일을 수행합니다. 일반적으로 파일을 열거나 외부 자원을 얻을 때 사용합니다. with-as 문이 끝나면 자동으로 파일을 닫거나 외부 자원을 제거 또는 해제할 수 있습니다. with-as 문의 하위 문장은 같은 간격의 들여쓰기를 적용해 주어야 합니다.

```
1 with something as name:
2     # TODO: write code...
```

**❹ cl**

다음은 cl 코드 조각입니다. cl 코드 조각은 class 문을 나타냅니다. class 문은 어떤 목적을 갖는 변수와 함수를 묶을 때 사용합니다. class 문의 하위 문장은 같은 간격의 들여쓰기를 적용해 주어야 합니다.

```
1 class ClassName(object):
2     """docstring for ClassName"""
3     def __init__(self, arg):
4         super(ClassName, self).__init__()
5         self.arg = arg
6
```

**❺ def**

다음은 def 코드 조각입니다. def 문은 이름이 있는 함수를 정의할 때 사용합니다. 그 함수는 0개 이상의 인자를 받습니다. def 문의 하위 문장은 같은 간격의 들여쓰기를 적용해 주어야 합니다.

```
1 def name(arguments):
2     """description for name"""
3     # TODO: write code...
```

**❻ if**

다음은 if 코드 조각입니다. if 코드 조각은 if 문을 나타냅니다. if 문은 어떤 조건이 맞으면 어떤 동작을 수행하고자 할 때 사용합니다. 조건은 condition 부분에 넣습니다. if 문의 하위 문장은 같은 간격의 들여쓰기를 적용해 주어야 합니다.

```
1  if condition:
2      # TODO: write code...
```

**❼ ei**

다음은 ei 코드 조각입니다. ei 코드 조각은 elif 문을 나타냅니다. elif 문은 if 문과 함께 사용하며 이전 if 문이나 elif 문의 조건에 맞지 않고 다른 조건이 맞으면, 어떤 동작을 수행하고자 할 때 사용합니다. 조건은 condition 부분에 넣습니다. elif 문의 하위 문장은 같은 간격의 들여쓰기를 적용해 주어야 합니다.

```
1  elif condition:
2      # TODO: write code...
```

**❽ el**

다음은 el 코드 조각입니다. el 코드 조각은 else 문을 나타냅니다. else 문은 if 문과 함께 사용하며 이전 if 문이나 elif 문의 조건에 맞지 않으면 나머지 조건에 대해, 어떤 동작을 수행하고자 할 때 사용합니다. 나머지 모든 조건이기 때문에 조건을 따로 넣지 않습니다. else 문의 하위 문장은 같은 간격의 들여쓰기를 적용해 주어야 합니다.

```
1  else:
2      # TODO: write code...
```

**❾ for**

다음은 for 코드 조각입니다. for 코드 조각은 for-in 문을 나타냅니다. for-in 문은 같은 형태의 항목의 모임에 있는 각각의 항목에 대해 같은 형태의 동작을 반복하고자 할 때 사용합니다. 즉, 집합 형태의 데이터를 처리하기 위한 제어문입니다. for-in 문의 하위 문장은 같은 간격의 들여쓰기를 적용해 주어야 합니다.

```
1  for item in items:
2      # TODO: write code...
```

**❿ try**

다음은 try 코드 조각입니다. try 코드 조각은 try-except 문을 나타냅니다. try-except 문은 오류 처리를 위한 제어문입니다. try 이하의 문장을 수행하는 동안에 오류가 발생하면 except 문장에서 처리합니다. try 문의 하위 문장은 같은 간격의 들여쓰기를 적용해 주어야 합니다.

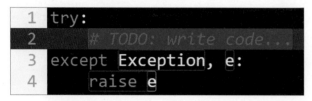

```
1  try:
2      # TODO: write code...
3  except Exception, e:
4      raise e
```

이상 파이썬에서 주로 사용하는 기본적인 코드 조각을 살펴보았습니다. 이러한 코드 조각은 뒤에서 하나씩 공부해 보기로 합니다.

# Microbit

# Python

이번 장에서는 파이썬 프로그램의 수행 상태를 보기위한 print 함수, 파이썬 프로그램을 무한 반복하기 위한 while True 문을 살펴봅니다. 또, 프로그램은 무엇인지, 프로그램의 구성 요소는 무엇인지, 프로그램을 어떻게 작성해야 하는지를 살펴봅니다.

Chapter 02

# 파이썬이랑 친해지기

# 01 _ 파이썬 말하기 : print

화면 출력은 사용자에게 프로그램의 진행 상태를 알려주는 중요한 기능입니다. 예를 들어, 프로그램의 어느 부분을 수행하고 있는지, 값은 얼마인지 등을 알고 싶을 때가 있습니다. 이때 화면 출력이 필요합니다. 화면 출력은 print 함수를 이용하여 할 수 있습니다.

## 01-1 "Hello PC" 프로그램 작성하기

여기서는

❶ Hello PC 파이썬 프로그램을 작성하는 방법,
❷ PC에 작성한 프로그램을 저장하는 방법,
❸ 마이크로비트 보드에 다운로드하는 방법,
❹ putty 프로그램을 통해 결과를 확인하는 방법을

차례대로 살펴봅니다.

### 프로그램 작성하기

01 마이크로비트 파이썬 편집기의 초기 페이지에 표시되는 예제 코드를 모두 삭제한 후 첫 번째 라인에 다음과 같이 코드를 작성합니다.

1 : 마이크로비트가 print 명령을 수행하여 "Hello PC^^. I'm a microbit~" 문자열을 PC로 출력하게 합니다.

시리얼 통신은 다음 부분을 통해서 이루어집니다.

시리얼 통신의 원리는 종이컵과 실을 이용하여 말하고 들을 수 있는 원리와 같습니다. 우리가 하는 말이 실을 통해 순차적으로 전달되는 원리로 마이크로비트 보드와 컴퓨터도 전기를 이용하여 통신을 하게 됩니다.

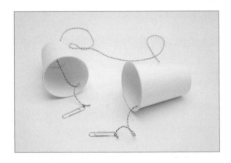

## 프로그램 저장하기

마이크로비트 파이썬 편집기에서 작성한 파이썬 프로그램을 컴퓨터에 저장해 봅니다.

**02** 우측 상단에 [Script Name]에 파일 이름을 입력합니다. 여기서는 01_hello_pc로 입력합니다.

**03** 상단에 있는 3번째 아이콘인 [Load/Save] 버튼을 누릅니다.

**04** 다음과 같은 창이 뜹니다. [Save]−[Download Python Script] 버튼을 마우스 클릭합니다.

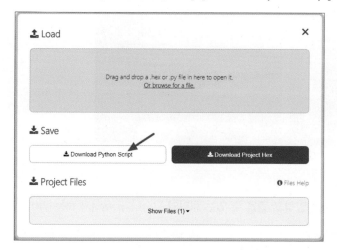

**05** 다음과 같은 창이 뜹니다. [내 PC]−[문서]로 이동합니다. 프로젝트 디렉터리를 만들기 위해 오른쪽 상단에 있는 [새 폴더 만들기] 버튼을 누릅니다.

**06** 디렉터리 이름을 [pyLabs]로 지정합니다.

**07** [pyLabs] 디렉터리로 이동하여 [01_hello_pc]로 표시된 상태로 [저장] 버튼을 누릅니다.

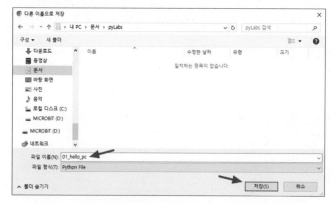

**08** 다음과 같이 파일이 저장됩니다.

## 프로그램 다운로드하기

저장한 파이썬 프로그램을 마이크로비트 보드에 다운로드합니다. 다운로드하면 전원을 꺼도 파이썬
프로그램은 마이크로비트 보드 상에 남아 있습니다.

**09** [Download] 버튼을 눌러줍니다.

**10** 다음과 같은 창이 뜹니다. MICROBIT 보드를 선택한 후, [저장] 버튼을 누릅니다.

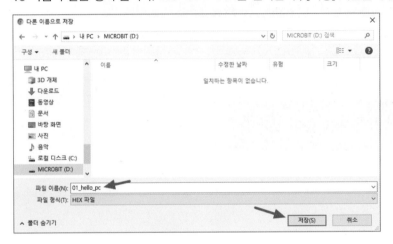

**11** 다음과 같이 [다운로드 완료]를 확인합니다.

## putty로 결과 확인하기

이제 결과를 putty 프로그램을 통해 확인합니다.

**12** 다음과 같은 putty 화면상에 메시지가 표시된 것을 확인합니다.

```
>>>
Hello PC^^. I'm a micro:bit~
MicroPython v1.9.2-34-gd64154c73 on 2017-09-01; micro:bit v1.0.1 with nRF51822
Type "help()" for more information.
>>>
```

이상에서 프로그램 작성법, 저장법, 다운로드하고 결과를 확인하는 방법을 살펴보았습니다.

## 01-2 파이썬 오류 대처하기

앞으로 여러분은 파이썬 프로그래밍을 하는 과정에서 몇 가지 정형화된 오류를 반복적으로 접하게 됩니다. 여기서는 코드 작성 시 발생할 수 있는 오류와 발생한 오류를 읽는 방법을 알아보고 오류를 해결할 수 있는 능력을 키워보도록 합니다.

### 문법 오류 발생시켜 보기

의도적으로 코드 상에서 문법 오류를 발생시켜 봅니다.

**01** 다음과 같이 소괄호 ')'을 의도적으로 빼 봅니다.

```
1  print("Hello PC^^. I'm a micro:bit~"          ← 실수로 ) 빼보기
2
```

**02** 🔧 을 눌러 마이크로비트로 다운로드합니다.

**03** putty 창을 확인합니다.

```
>>> Traceback (most recent call last):
  File "__main__", line 2
SyntaxError: invalid syntax
```

2번째 줄에 문법 오류가 발생했다고 표시됩니다. 1번째 줄에는 문제가 없는데 2번째 줄로 넘어가면서 [소괄호 ')' 없네!] 라고 파이썬 쉘이 표시하는 겁니다.

다음과 같이 2번째 줄에 소괄호 ')'를 추가하면 정상적으로 동작하는 것을 볼 수 있습니다.

```
1  print("Hello PC^^. I'm a micro:bit~"
2  )
3
```

### 이름 오류 발생시켜 보기

존재하지 않은 명령(함수)을 사용했을 경우 발생하는 오류를 살펴봅니다.

**01** 다음과 같이 print 함수의 소문자 'p'를 대문자 'P'로 의도적으로 잘못 입력해 봅니다.

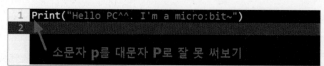

```
1  Print("Hello PC^^. I'm a micro:bit~")
2
       소문자 p를 대문자 P로 잘 못 써보기
```

**02** 을 눌러 마이크로비트로 다운로드합니다.

**03** putty 창을 확인합니다.

```
>>> Traceback (most recent call last):
  File "__main__", line 1, in <module>
NameError: name 'Print' is not defined
```

1번째 줄에 이름 오류가 발생했다고 표시됩니다. 'Print라는 이름이 정의되어 있지 않다고 파이썬 쉘이 표시하는 겁니다. 즉, 파이썬이 쉘 'Print'라는 이름을 가진 함수나 모듈을 모르겠다라고 표시하는 겁니다. NameError는 변수나 함수, 모듈을 찾지 못할 때 발생하는 오류입니다.

```
>>> print
<function>
>>> Print
Traceback (most recent call last):
  File "<stdin>", line 1, in <module>
NameError: name 'Print' is not defined
>>>
```

**04** 다음과 같이 print와 Print를 putty 상에서 입력해 봅니다.

```
>>> print
<function>
>>> Print
Traceback (most recent call last):
  File "<stdin>", line 1, in <module>
NameError: name 'Print' is not defined
>>>
```

소문자로 시작하는 print는 함수로 표시합니다. 대문자로 시작하는 Print는 앞에서 표시한 것과 같은 오류 메시지를 발생시킵니다.

## 들여쓰기 오류 발생시켜 보기

여기서는 들여쓰기를 잘못 했을 경우 발생하는 오류를 살펴봅니다.

**01** 다음과 같이 탭( Teb ) 키를 눌러 의도적으로 들여쓰기가 되도록 해 봅니다.

```
1    print("Hello PC^^. I'm a micro:bit~")
2    
```

탭 키를 잘 못 쳐서 들여쓰기 해 보기

**02** 🎮 을 눌러 마이크로비트로 다운로드합니다.

**03** putty 창을 확인합니다.

```
>>> Traceback (most recent call last):
  File "__main__", line 1
IndentationError: unexpected indent
```

1번째 줄에 들여쓰기 오류가 발생했다고 표시합니다. 기대하지 못한 들여쓰기라고 파이썬 쉘이 표시합니다. 파이썬 쉘은 처음에 수행되는 print 명령이 최상위 위치에 있어야 하는데, 들여쓰기에 의해 한 단계 범위가 줄어든 위치에 표시되어 오류를 발생시킨 겁니다. 뒤에서 반복적으로 살펴보겠지만 쌍점과 들여쓰기를 이용하여 코드의 범위를 표시하게 됩니다. 파이썬에서 쌍점과 들여쓰기는 주의해서 사용해야 할 문법 요소입니다.

이상에서 오류가 발생했을 경우, 오류가 발생한 줄을 확인한 후, 문법 오류, 이름 오류, 들여쓰기 오류를 차례대로 확인하면서 오류를 잡는 방법을 살펴보았습니다. 뒤에서도 발생할 수 있는 오류를 더 살펴보도록 합니다.

**여기서 잠깐!** ▶ putty 프로그램 글자 크게하기

putty 프로그램의 글자가 작아 불편하면 다음과 같이 글자의 크기를 변경할 수 있습니다.

**01** putty 프로그램의 좌측 상단에 있는 아이콘을 마우스 클릭합니다. 그리고 [Change Setting...] 항목을 선택합니다.

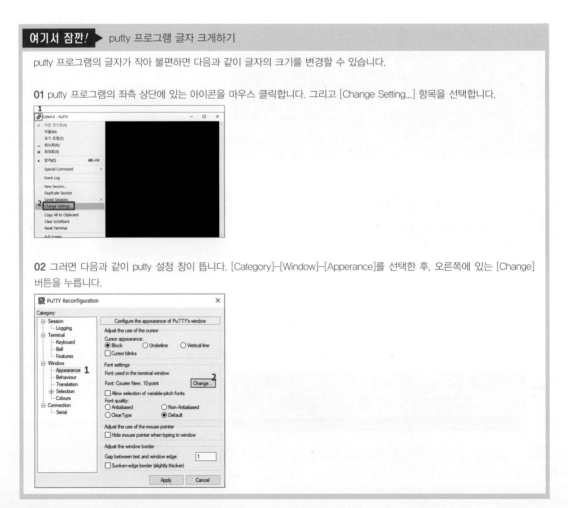

**02** 그러면 다음과 같이 putty 설정 창이 뜹니다. [Category]–[Window]–[Apperance]를 선택한 후, 오른쪽에 있는 [Change] 버튼을 누릅니다.

**03** 그러면 다음과 같이 [글꼴] 창이 뜹니다. [글꼴], [글꼴 스타일], [크기]를 적당히 선택한 후, [확인] 버튼을 누릅니다.

**04** 그러면 다음과 같이 putty 설정 창으로 돌아옵니다. [Category]–[Session]을 선택한 후, 오른쪽에 있는 [Saved Sessions] 에서 [Default Settings] 항목을 선택한 후, [Save] 버튼을 누릅니다. 그리고 하단에 있는 [Apply] 버튼을 눌러 변경된 설정을 적용합니다.

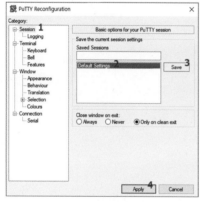

이후에는 변경된 설정에 맞게 putty 프로그램이 실행됩니다.

## 01-3 글자 색깔 넣기

여기서는 print 함수를 이용할 때 글자에 색깔을 넣는 방법을 살펴봅니다. 글자에 색깔을 넣으면 프로그램이 좀 더 화려하게 표현되어 생동감을 줄 수 있습니다.

**01** 다음과 같이 이전 예제를 수정합니다.

```
01 : print("\x1b[32m"+  "Hello PC^^. I'm a micro:bit~"+"\x1b[0m")
```

**01** : ₩x1b[32m은 뒤에 올 문자열을 초록색으로 표시하겠다는 의미입니다. ₩x1b[0m은 문자열의 색깔을 원래대로 초기화
하겠다는 의미입니다. ₩x1b 문자는 특수 문자로 ₩x1b로 시작하는 코드를 ANSI escape 코드라고 합니다.

**02** ⬇️ 을 눌러 마이크로비트로 다운로드합니다.

**03** putty 창을 확인합니다. 다음과 같이 문자열이 초록색으로 표시되는 것을 확인합니다.

```
>>> Hello PC^^. I'm a micro:bit~
```

**04** 다음과 같이 이전 예제를 수정합니다.

실습파일 : 061.py

```python
01 : print("\x1b[30m"+ "Hello PC^^. I'm a micro:bit~"+"\x1b[0m")
02 : print("\x1b[31m"+ "Hello PC^^. I'm a micro:bit~"+"\x1b[0m")
03 : print("\x1b[32m"+ "Hello PC^^. I'm a micro:bit~"+"\x1b[0m")
04 : print("\x1b[33m"+ "Hello PC^^. I'm a micro:bit~"+"\x1b[0m")
05 : print("\x1b[34m"+ "Hello PC^^. I'm a micro:bit~"+"\x1b[0m")
06 : print("\x1b[35m"+ "Hello PC^^. I'm a micro:bit~"+"\x1b[0m")
07 : print("\x1b[36m"+ "Hello PC^^. I'm a micro:bit~"+"\x1b[0m")
08 : print("\x1b[37m"+ "Hello PC^^. I'm a micro:bit~"+"\x1b[0m")
```

**01** : ₩x1b[30m은 뒤에 올 문자열을 검정색으로 표시하겠다는 의미입니다.
**02** : ₩x1b[31m은 뒤에 올 문자열을 빨간색으로 표시하겠다는 의미입니다.
**03** : ₩x1b[32m은 뒤에 올 문자열을 초록색으로 표시하겠다는 의미입니다.
**04** : ₩x1b[33m은 뒤에 올 문자열을 노란색으로 표시하겠다는 의미입니다.
**05** : ₩x1b[34m은 뒤에 올 문자열을 파란색으로 표시하겠다는 의미입니다.
**06** : ₩x1b[35m은 뒤에 올 문자열을 보라색으로 표시하겠다는 의미입니다.
**07** : ₩x1b[36m은 뒤에 올 문자열을 하늘색으로 표시하겠다는 의미입니다.
**08** : ₩x1b[37m은 뒤에 올 문자열을 하얀색으로 표시하겠다는 의미입니다.

**05** ⬇️ 을 눌러 마이크로비트로 다운로드합니다.

**06** putty 창을 확인합니다. 다음과 같이 문자열이 8가지 색으로 표시되는 것을 확인합니다.

```
>>>
Hello PC^^. I'm a micro:bit~
Hello PC^^. I'm a micro:bit~
Hello PC^^. I'm a micro:bit~
Hello PC^^. I'm a micro:bit~
Hello PC^^. I'm a micro:bit~
Hello PC^^. I'm a micro:bit~
Hello PC^^. I'm a micro:bit~
```

**07** 다음과 같이 이전 예제를 수정합니다.

실습파일 : 062.py

```
01 : print("\x1b[30;1m"+ "Hello PC^^. I'm a micro:bit~"+"\x1b[0m")
02 : print("\x1b[31;1m"+ "Hello PC^^. I'm a micro:bit~"+"\x1b[0m")
03 : print("\x1b[32;1m"+ "Hello PC^^. I'm a micro:bit~"+"\x1b[0m")
04 : print("\x1b[33;1m"+ "Hello PC^^. I'm a micro:bit~"+"\x1b[0m")
05 : print("\x1b[34;1m"+ "Hello PC^^. I'm a micro:bit~"+"\x1b[0m")
06 : print("\x1b[35;1m"+ "Hello PC^^. I'm a micro:bit~"+"\x1b[0m")
07 : print("\x1b[36;1m"+ "Hello PC^^. I'm a micro:bit~"+"\x1b[0m")
08 : print("\x1b[37;1m"+ "Hello PC^^. I'm a micro:bit~"+"\x1b[0m")
```

**01** : ₩x1b[30;1m은 뒤에 올 문자열을 밝은 검정색으로 표시하겠다는 의미입니다.
**02** : ₩x1b[31;1m은 뒤에 올 문자열을 밝은 빨간색으로 표시하겠다는 의미입니다.
**03** : ₩x1b[32;1m은 뒤에 올 문자열을 밝은 초록색으로 표시하겠다는 의미입니다.
**04** : ₩x1b[33;1m은 뒤에 올 문자열을 밝은 노란색으로 표시하겠다는 의미입니다.
**05** : ₩x1b[34;1m은 뒤에 올 문자열을 밝은 파란색으로 표시하겠다는 의미입니다.
**06** : ₩x1b[35;1m은 뒤에 올 문자열을 밝은 보라색으로 표시하겠다는 의미입니다.
**07** : ₩x1b[36;1m은 뒤에 올 문자열을 밝은 하늘색으로 표시하겠다는 의미입니다.
**08** : ₩x1b[37;1m은 뒤에 올 문자열을 밝은 하얀색으로 표시하겠다는 의미입니다.

**08** 🔽 을 눌러 마이크로비트로 다운로드합니다.

**09** putty 창을 확인합니다. 다음과 같이 문자열이 8가지 밝은 색으로 표시되는 것을 확인합니다.

## 01-4 문자열, 숫자 출력하기

파이썬 프로그래밍에서 일반적으로 사용하는 기본 자료(값)는 정수, 실수, 문자열, 문자입니다. 정수의 경우엔 기본적으로 10진수와 16진수 두 종류가 있습니다. 10진수의 경우엔 사물의 개수나 번호 등에 사용되고 주로 사칙연산자와 사용되며, 16진수는 메모리의 특정한 비트의 값을 나타낼 때 사용합니다. 10진수는 주로 사칙연산자나 비교연산자와 같이 사용되며, 16진수는 주로 비트연산자와 같이 사용됩니다. 문자열은 문자를 나열한 단어나 문장을 표현하는데 사용하며, 문자는 한 문자를 나타낼 때 사용합니다. 여기서는 파이썬에서 사용하는 기본 자료를 print 함수를 이용하여 살펴봅니다.

**01** 다음과 같이 이전 예제를 수정합니다.

```
01 : print("Hello PC^^. I'm a micro:bit~")
02 : print(78)
03 : print(1.23456)
04 : print('N')
```

**01** : "Hello PC^^. I'm a micro:bit~" 문자열을 출력합니다.
**02** : 정수 78을 출력합니다.
**03** : 실수 1.23456을 출력합니다.
**04** : 문자 N을 출력합니다.

**02** 🔧 을 눌러 마이크로비트로 다운로드합니다.

**03** putty 창을 확인합니다. 다음과 같이 결과가 표시되는 것을 확인합니다.

```
>>> Hello PC^^. I'm a micro:bit~
78
1.23456
N
```

## 01-5 변수 사용해 보기

여기서는 앞에서 살펴본 정수, 실수, 문자열, 문자를 변수에 할당하여 출력해 봅니다. 변수는 변하는 수라는 의미로 값을 저장할 수 있는 이름을 가진 메모리 공간을 나타냅니다.

**01** 다음과 같이 이전 예제를 수정합니다.

```
01 : string_message ="Hello PC^^. I'm a micro:bit~"
02 : integer_number =78
03 : real_number =1.23456
04 : character ='N'
05 :
06 : print(string_message)
07 : print(integer_number)
08 : print(real_number)
09 : print(character)
```

**01** : string_message 변수를 하나 만들고 "Hello PC^^. I'm a micro:bit~" 문자열을 대입합니다. 이렇게 하면 string_
message 변수는 "Hello PC^^. I'm a micro:bit~" 문자열을 갖게 됩니다.

**02** : integer_number 변수를 하나 만들고 정수 78을 대입합니다. 이렇게 하면 integer_number 변수는 정수 78을 갖게 됩니다.

**03** : real_number 변수를 하나 만들고 실수 1.23456을 대입합니다. 이렇게 하면 real_number 변수는 실수 1.23456을 갖게 됩니다.

**04** : character 변수를 하나 만들고 문자 'N'을 대입합니다. 이렇게 하면 character 변수는 문자 'N'을 갖게 됩니다.

**06** : print 함수를 호출하여 string_message 변수 값을 출력합니다.

**07** : print 함수를 호출하여 integer_number 변수 값을 출력합니다.

**08** : print 함수를 호출하여 real_number 변수 값을 출력합니다.

**09** : print 함수를 호출하여 character 변수 값을 출력합니다.

**02** 🖳 을 눌러 마이크로비트로 다운로드합니다.

**03** putty 창을 확인합니다. 다음과 같이 결과가 표시되는 것을 확인합니다.

```
>>> Hello PC^^. I'm a micro:bit~
78
1.23456
N
```

# 01-6 문자열 형식 사용하기

여기서는 print 함수가 제공하는 문자열 형식을 이용하여 출력해 봅니다. 문자열 형식은 문자열, 십진수, 실수, 문자를 나타내는 형식을 말합니다. 다음 예제를 통해 자세히 살펴봅니다.

**01** 다음과 같이 이전 예제를 수정합니다.

실습파일 : 064.py

```
01 : string_message ="Hello PC^^. I'm a micro:bit~"
02 : integer_number =78
03 : real_number =1.23456
04 : character ='N'
05 :
06 : print("%s" %string_message)
07 : print("%d" %integer_number)
08 : print("%f" %real_number)
09 : print("%c" %character)
```

**06** : %s는 문자열 형식이라는 의미입니다. string_message 변수의 값을 문자열로 변환해서 출력하라는 의미입니다. 출력할 변수는 %를 앞에 붙여주어야 합니다.

**07** : %d는 십진수 형식이라는 의미입니다. integer_number 변수의 값을 십진수로 변환해서 출력하라는 의미입니다. 출력할 변수는 %를 앞에 붙여주어야 합니다.

**08** : %f는 실수 형식이라는 의미입니다. real_number 변수의 값을 실수로 변환해서 출력하라는 의미입니다.

**09** : %c는 한문자 형식이라는 의미입니다. character 변수의 값을 문자로 변환해서 출력하라는 의미입니다.

**02** 🎮 을 눌러 마이크로비트로 다운로드합니다.

**03** putty 창을 확인합니다. 다음과 같이 결과가 표시되는 것을 확인합니다.

```
>>> Hello PC^^. I'm a micro:bit~
78
1.23456
N
```

## 01-7 정수, 실수 출력하기

여기서는 print 함수를 이용하여 10진수와 16진수 정수를 출력해 봅니다. 또, 10진 실수의 소수점이하 출력을 조절해 봅니다.

**01** 다음과 같이 이전 예제를 수정합니다.

```
실습파일 : 065.py
```

```
01 : print("%d" %78)
02 : print("%d %x" %(78, 78))
03 : print("%.0f" %1.23456)
04 : print("%.0f %.2f" %(1.23456, 1.23456))
05 : print("%.0f %.2f %.4f" %(1.23456, 1.23456, 1.23456))
```

**01** : 정수 78을 10진수 문자열로 변환하여 출력합니다.
**02** : %x 형식은 정수를 16진수 문자열로 변환하는 형식입니다. 여기서는 정수 78을 16진수 문자열로 변환하여 출력합니다. 출력하고자 하는 값이 둘 이상일 때는 소괄호를 이용하여 묶어 주도록 합니다.
**03** : 실수 1.23456을 소수점 이하 0개까지 10진 실수 문자열로 변환하여 출력합니다.
**04** : 실수 1.23456을 소수점 이하 2개까지 10진 실수 문자열로 변환하여 출력합니다.
**05** : 실수 1.23456을 소수점 이하 4개까지 10진 실수 문자열로 변환하여 출력합니다.

**02** 🎮 을 눌러 마이크로비트로 다운로드합니다.

**03** putty 창을 확인합니다. 다음과 같이 결과가 표시되는 것을 확인합니다.

```
>>> 78
78 4e
1
1 1.23
1 1.23 1.2346
```

## 01-8 정수, 실수 같이 출력하기

여기서는 형식 문자열을 이용하여 변수 값을 출력하는 방법을 살펴봅니다. 또 하나 이상의 변수를 조합해 출력하는 방법을 살펴봅니다. print 함수를 이용하여 출력하고자 하는 변수가 둘 이상일 때는 소괄호를 이용하여 묶어 주도록 합니다.

**01** 다음과 같이 이전 예제를 수정합니다.

```
실습파일 : 066.py

01 : integer_number =78
02 : real_number =1.23456
03 :
04 : print("%d" %integer_number)
05 : print("%d %x" %(integer_number, integer_number))
06 : print("%.0f" %real_number)
07 : print("%.0f %.2f" %(real_number, real_number))
08 : print("%.0f %.2f %.4f" %(real_number, real_number, real_number))
```

**01** : integer_number 변수를 하나 만들고 정수 78을 대입합니다.
**02** : real_number 변수를 하나 만들고 실수 1.23456을 대입합니다.
**04** : integer_number 변수 값을 10진수로 출력합니다.
**05** : integer_number 변수 값을 차례대로 10진수, 16진수로 출력합니다. 출력하고자 하는 값이 둘 이상일 때는 소괄호를 이용하여 묶어 주도록 합니다.
**06** : real_number 변수 값을 소수점 이하 0개까지 10진 실수 문자열로 변환하여 출력합니다.
**07** : real_number 변수 값을 소수점 이하 2개까지 10진 실수 문자열로 변환하여 출력합니다. 출력하고자 하는 값이 둘 이상일 때는 소괄호를 이용하여 묶어 주도록 합니다.
**08** : real_number 변수 값을 소수점 이하 4개까지 10진 실수 문자열로 변환하여 출력합니다. 출력하고자 하는 값이 둘 이상일 때는 소괄호를 이용하여 묶어 주도록 합니다.

**02** [아이콘] 을 눌러 마이크로비트로 다운로드합니다.

**03** putty 창을 확인합니다. 다음과 같이 결과가 표시되는 것을 확인합니다.

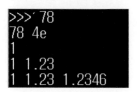

```
>>> 78
78 4e
1
1 1.23
1 1.23 1.2346
```

## 01-9 변수 값 바꿔보기

여기서는 변수 값을 바꿔봅니다. 변수를 이용하면 여러 가지 값을 넣어 사용할 수 있습니다.

**01** 다음과 같이 이전 예제를 수정합니다.

실습파일 : 067.py

```
01 : integer_number =178
02 : real_number =3.14159
03 :
04 : print("%d" %integer_number)
05 : print("%d %x" %(integer_number, integer_number))
06 : print("%.0f" %real_number)
07 : print("%.0f %.2f" %(real_number, real_number))
08 : print("%.0f %.2f %.4f" %(real_number, real_number, real_number))
```

**01** : integer_number 변수 값을 178로 바꿉니다.
**02** : real_number 변수 값을 3.14159로 바꿉니다.

**02** 🔲 을 눌러 마이크로비트로 다운로드합니다.

**03** putty 창을 확인합니다. 다음과 같이 결과가 표시되는 것을 확인합니다.

```
>>> 78
78 4e
1
1 1.23
1 1.23 1.2346
```

# 02 _ 파이썬 무한 반복 : while True

일반적으로 프로그램은 사용자가 종료할 때까지 수행됩니다. while True: 문은 파이썬 프로그램이 계속해서 실행되도록 합니다. while True :는 무한 반복이라는 의미입니다.

## 02-1 같은 동작 무한 반복하기

여기서는 while True: 문을 이용하여 같은 동작을 무한 반복해 보도록 합니다.

**01** 예제를 다음과 같이 수정합니다.

실습파일 : 068.py

```
01 : while True:
02 :     print("Hello PC^^. I'm a micro:bit~")
```

**01** : while True: 문은 : 이하의 한 단계 이상 들여 쓰기한 동작을 무한 반복합니다. 대부분의 프로그램은 사용자가 종료하기 전까지 무한 반복을 수행합니다. 이 무한 반복의 동작은 while True: 문에 의해서 가능합니다.

**02** 🖳 을 눌러 마이크로비트로 다운로드합니다.

**03** putty 창을 확인합니다. 다음과 같이 결과가 표시되는 것을 확인합니다.

```
Hello PC^^. I'm a micro:bit~
Hello PC^^. I'm a micro:bit~
Hello PC^^. I'm a micro:bit~
Hello PC^^. I'm a micro:bit~
Hello PC^^. I'm a micro:bit~
```

## 02-2 마이크로비트는 얼마나 빠를까?

파이썬을 수행하는 마이크로비트는 얼마나 빨리 동작할까요? 여기서는 마이크로비트가 얼마나 빨리 동작하는지 테스트해보도록 합니다.

**01** 예제를 다음과 같이 수정합니다.

```
01 : cnt =0
02 : while True:
03 :     print("Hello PC^^. I'm a micro:bit~")
04 :
05 :     cnt =cnt +1
06 :     print(cnt)
```

**01** : cnt 변수를 하나 만든 후, 0으로 초기화합니다. while True : 문의 반복 횟수를 저장할 변수입니다.

**05** : cnt에 1을 더해줍니다. while True : 문 이하를 한 번 수행할 때마다 1이 증가합니다.

**06** : cnt을 출력합니다.

**02** 🖥 을 눌러 마이크로비트로 다운로드합니다.

**03** putty 창을 확인합니다. 다음과 같이 결과가 표시되는 것을 확인합니다.

```
4150
Hello PC^^. I'm a micro:bit~
4151
Hello PC^^. I'm a micro:bit~
4152
Hello PC^^. I'm a micro:bit~
4153
Hello PC^^. I'm a micro:bit~
4154
Hello PC^^. I'm a micro:bit~
```

1초에 200번 이상 증가하는 것을 볼 수 있습니다. 아주 빠른 속도로 출력하는 것을 볼 수 있습니다.

## 02-3 한 줄로 출력하고 싶은데 어떻게 하지?

이전 예제는 cnt 값과 문자열이 다른 줄에 출력됩니다. 2줄을 1줄로 만들어 출력하려면 어떻게 해야 할까요?

**01** 이전 예제를 다음과 같이 수정합니다.

```
01 : cnt =0
02 : while True:
03 :     print("Hello PC^^. I'm a micro:bit~",end ='\n')
04 :
05 :     cnt =cnt +1
06 :     print(cnt)
```

**03** : end='₩n'는 마지막 문자가 '₩n'인 키보드 문자라고 알려줍니다. 즉, 문자열 출력 후에 자동으로 '₩n' 문자를 넣어 출력하도록 합니다.

**02** ⊞ 을 눌러 마이크로비트로 다운로드합니다.

**03** putty 창을 확인합니다. 다음과 같이 결과가 표시되는 것을 확인합니다.

```
4150
Hello PC^^. I'm a micro:bit~
4151
Hello PC^^. I'm a micro:bit~
4152
Hello PC^^. I'm a micro:bit~
4153
Hello PC^^. I'm a micro:bit~
4154
Hello PC^^. I'm a micro:bit~
```

이전과 동작이 같습니다. print 함수는 기본적으로 마지막 문자가 '₩n'으로 설정되어 있습니다.

**04** 이제 예제를 다음과 같이 수정합니다.

**실습파일 : 070.py**

```
01 : cnt =0
02 : while True:
03 :     print("Hello PC^^. I'm a micro:bit~",end ='')
04 :
05 :     cnt =cnt +1
06 :     print(cnt)
```

**03** : end=''(단일 인용부호)로 설정하여 마지막 문자가 없도록 만듭니다.

**05** ⊞ 을 눌러 마이크로비트로 다운로드합니다.

**06** putty 창을 확인합니다. 다음과 같이 결과가 표시되는 것을 확인합니다.

```
Hello PC^^. I'm a micro:bit~1374
Hello PC^^. I'm a micro:bit~1375
Hello PC^^. I'm a micro:bit~1376
Hello PC^^. I'm a micro:bit~1377
Hello PC^^. I'm a micro:bit~1378
```

한 줄로 출력되는 것을 볼 수 있습니다.

## 02-4 천천히 일시키고 싶은데 어떻게 하지? sleep

마이크로비트의 동작이 너무 빨라 천천히 수행되게 하고 싶을 경우엔 어떻게 할까요? sleep 함수를 사용하여 해결할 수 있습니다.

**01** 이제 예제를 다음과 같이 수정합니다.

```
01 : from microbit import *
02 :
03 : cnt =0
04 : while True:
05 :     print("Hello PC^^. I'm a micro:bit~",end ='')
06 :
07 :     cnt =cnt +1
08 :     print(cnt)
09 :
10 :     sleep(1000)
```

**01** : microbit 모듈을 가져옵니다. import의 역할에 대해서는 뒤에서 살펴봅니다.
**10** : microbit 모듈의 sleep 함수를 호출하여 1000 밀리 초 대기합니다.

**02** 🖥 을 눌러 마이크로비트로 다운로드합니다.

**03** putty 창을 확인합니다. 다음과 같이 결과가 표시되는 것을 확인합니다.

```
Hello PC^^. I'm a micro:bit~5
Hello PC^^. I'm a micro:bit~6
Hello PC^^. I'm a micro:bit~7
Hello PC^^. I'm a micro:bit~8
Hello PC^^. I'm a micro:bit~9
```

1초에 한 번씩 출력되는 것을 볼 수 있습니다.

**04** 1000밀리 초를 100, 10, 1로 바꿔봅니다.

```
microbit.sleep(100)
```

```
microbit.sleep(10)
```

```
microbit.sleep(1)
```

## 02-5 마이크로비트 수행 시간 측정해 보기

여기서는 마이크로비트가 10만을 세는 데 시간이 얼마나 걸리는지 테스트해보도록 합니다.

**01** 예제를 다음과 같이 수정합니다.

```
01 : from microbit import *
02 : start = running_time()
03 : cnt =0
04 : while True:
05 :     cnt = cnt +1
06 :     if cnt >100000:
07 :             break
08 : end = running_time()
09 : print(cnt)
10 : print(end - start)
```

**01** : microbit 모듈을 가져옵니다. import의 역할에 대해서는 뒤에서 살펴봅니다.
**02** : running_time 함수를 호출하여 현재 시간을 얻어와 start 변수에 저장합니다.
**06** : cnt 변수 값이 100000(십만)보다 크면
**07** : break 문을 이용하여 4줄에 있는 while 문을 빠져 나옵니다.
**08** : running_time 함수를 호출하여 현재 시간을 얻어와 end 변수에 저장합니다.
**09** : print 함수를 호출하여 cnt 변수 값을 출력합니다.
**10** : print 함수를 호출하여 (end-start) 값을 출력합니다. 4~7줄을 10만 번 수행하는데 걸리는 시간을 출력합니다.

**02** 🔧 을 눌러 마이크로비트로 다운로드합니다.

**03** putty 창을 확인합니다. 다음과 같이 결과가 표시되는 것을 확인합니다.

```
>>> 100001
43137
```

약 43초 걸립니다.


## 02-6 파이썬 오류 발생시켜 보기

여기서도 파이썬 오류를 몇 가지 발생시켜 보도록 합니다. 오류 메시지에 익숙해지면 오류를 해결할 수 있는 능력도 키워질 것입니다.


### 문법 오류 발생시켜 보기 1

먼저 문법 오류를 발생시켜 봅니다.

**01** 다음과 같이 쌍점 ':'을 실수로 빼 봅니다.

```
1  while True        : 빼보기
2      print("Hello PC^^. I'm a micro:bit~")
3
```

**02** 🔽 을 눌러 마이크로비트로 다운로드합니다.

**03** putty 창을 확인합니다.

```
Traceback (most recent call last):
  File "__main__", line 2
SyntaxError: invalid syntax
```

2번째 줄에 문법 오류가 발생했다고 표시됩니다. 1번째 줄에는 문제가 없는데 2번째 줄로 넘어가면서 [쌍점 ':' 없네!] 라고 파이썬 쉘이 표시하는 겁니다.

## 들여쓰기 문법 오류 발생시켜 보기

여기서는 들여쓰기를 잘못 했을 경우 발생하는 오류를 살펴봅니다.

**01** 다음과 같이 들여쓰기를 빼 봅니다.

```
1  while True:
2  print("Hello PC^^. I'm a micro:bit~")
3
             들여쓰기 빼보기
```

**02** 🔽 을 눌러 마이크로비트로 다운로드합니다.

**03** putty 창을 확인합니다.

```
>>> Traceback (most recent call last):
  File "__main__", line 2
SyntaxError: invalid syntax
```

2번째 줄에 문법 오류가 발생했다고 표시합니다. 들여쓰기가 와야 할 자리에 들여쓰기 빠져있어서 파이썬 쉘이 오류 메시지를 표시하는 겁니다.

## 이름 오류 발생시켜 보기

이번엔 없는 키워드를 사용했을 경우 발생하는 오류를 살펴봅니다.

**01** 다음과 같이 True 키워드 대문자 'T'를 소문자 't'로 잘못 써 봅니다.

```
1  while true:  ←── True를 true로 잘 못 써보기
2      print("Hello PC^^. I'm a micro:bit~")
3
```

**02** 🔽 을 눌러 마이크로비트로 다운로드합니다.

**03** putty 창을 확인합니다.

```
>>> Traceback (most recent call last):
  File "__main__", line 2, in <module>
NameError: name 'true' is not defined
```

2번째 줄에 이름 오류가 발생했다고 표시됩니다. 'true'라는 이름이 정의되어 있지 않다고 파이썬 쉘이 표시하는 겁니다. 즉, 파이썬이 쉘 'true'라는 이름을 가진 이름을 모르겠다라고 표시하는 겁니다.

## 문법 오류 발생시켜 보기 2

**01** 다음과 같이 while 소문자 'w'를 대문자 'W'로 잘못 써 봅니다.

```
1  While True:
2      print("Hello PC^^. I'm a micro:bit~")
3
         while을 While로 잘 못 써보기
```

**02** 🔽 을 눌러 마이크로비트로 다운로드합니다.

**03** putty 창을 확인합니다.

```
>>> Traceback (most recent call last):
  File "__main__", line 1
SyntaxError: invalid syntax
```

1번째 줄에 문법 오류가 발생했다고 표시됩니다. 처음에 올 수 있는 키워드가 있는데, 해당 키워드가 없어서 발생하는 오류입니다.

# 03 _ 프로그램 맛보기

여기서는 프로그램의 일반적인 의미와 컴퓨터 프로그램의 의미를 알아보고, 라면 레시피를 이용하여 프로그램 구조를 잡는 방법을 살펴봅니다.

## 03-1 프로그램이란?

프로그램이란 어떤 목적을 이루기 위해 차례대로 수행되는 동작의 집합을 말합니다. 예를 들어, 라면을 끓이는 방법, 빵을 만드는 방법, 커피를 타는 방법, 가전 기구의 설정 방법, 회사나 단체에서의 레크레이션 활동 순서 계획, 방송국에서 방송 순서 계획 등이 프로그램의 예입니다. 이러한 프로그램의 특징에는 일단 목적이 있습니다. 다음으로는 그 목적을 이루기 위해 순차적으로 수행되는 동작이 있습니다. 사람이 하는 대부분의 동작은 목적이 있습니다. 또, 그 동작들은 순차적으로 수행됩니다. 그래서 사람이 하는 대부분의 동작은 기억된 프로그램의 동작이라고 볼 수 있습니다. 예를 들어, 아침에 학교에 가거나 출근하기 위한 일련의 동작, 저녁을 준비하기 위한 일련의 동작들도 모두 프로그램이라고 볼 수 있습니다. 따라서 사람은 본능적으로 프로그램을 잘할 수밖에 없습니다.

## 03-2 컴퓨터 프로그램이란?

앞의 경우엔 프로그램의 주체가 사람이 됩니다. 일반적으로 우리가 말하는 프로그램은 컴퓨터 프로그램입니다. 컴퓨터 프로그램은 컴퓨터가 주체가 되어 어떤 목적을 수행하기 위한 일련의 동작의 집합을 말합니다. 컴퓨터 프로그램을 작성하는 언어는 C, C++, Java, 파이썬 등 다양합니다. 이 책에서는 파이썬 언어를 이용하여 컴퓨터 프로그램을 작성하고, 우리가 작성한 파이썬 프로그램은 마이크로비트 보드에 올라가 있는 파이썬 쉘이 읽고 수행하게 됩니다.

## 03-3 프로그램의 형식

프로그램은 어떤 식으로 짜야 할까요? 사람은 본능적으로 프로그램에 적합하며, 프로그램을 잘 짤 수밖에 없습니다. 예를 들어, 다음에 보는 신라면 조리법은 프로그램의 한 예입니다. 이 조리법을 명확하게 정리하면 정리할수록 더욱더 정확한 프로그램이 됩니다. 조리법을 정확하게 정리하여 컴퓨터가 수행할 수 있는 형태로 만든다면 그것이 바로 컴퓨터 프로그램이 됩니다. 예를 들어, 컴퓨터가 끓이는 라면 자판기 프로그램이 될 수 있습니다.

위의 조리법을 좀 더 정확하게 정리해 보겠습니다.

### 신라면 끓이는 법 : 순서를 붙여 레시피 정리하기

동작 하나 하나를 기준으로 순서대로 번호를 붙입니다.

1. 물을 냄비에 끓인다.
2. 면, 분말스프, 후레이크를 냄비에 넣는다.
3. 4분 30초간 냄비를 가열한다.

위의 방법은 그림에 나와 있는 조리법을 정리한 형태입니다. 이 프로그램은 일반적으로 사람이 읽고 수행하여 라면을 끓이지만, 우리는 컴퓨터를 이용하여 수행하게 할 수도 있습니다.


## 03-4 프로그램의 구성 요소 : 동작과 대상

프로그램의 한 동작은 동작과 그 동작의 대상으로 구성됩니다. 언어적 요소로 표현하면 동사와 목적어로 구성됩니다. 주체는 사람이나 컴퓨터가 됩니다. 목적어의 경우는 명사가 됩니다. 따라서 프로그램의 한 동작은 동사와 명사로 구성됩니다. C 프로그램에서 동사는 함수, 명사는 변수라고 합니다. 함수와 변수는 수학적인 용어에서 유래했습니다. 컴퓨터는 우리말로 계산기라는 뜻으로 수학적인 문제를 해결하기 위해 처음에 만들어졌습니다. 따라서 C 프로그램에서는 자연스럽게 동사와 명사를 수학적인 용어인 함수와 변수로 말합니다. 파이썬 프로그램도 C와 마찬가지로 함수와 변수라는 용어를 사용합니다. Java의 경우엔 동사는 방법, 명사는 속성이라고 합니다. Java의 경우엔 수학적인 문제 해결보다는 일반적인 업무 처리에 초점이 맞추어져 있다 보니 용어에도 변화가 있게 됩니다.

앞의 프로그램을 컴퓨터 프로그램을 위한 형태로 변경해 보겠습니다.

## 유사 코드 작성하기

❶ 우리말로 동작, 대상 순서로 나열하기

먼저 다음과 같이 변경할 수 있습니다.

```
끓인다. 냄비에, 물을
넣는다. 냄비에, 면, 분말스프, 후레이크를
가열한다. 냄비를
```

동사를 앞으로 명사를 뒤로 정리하였습니다.

❷ 우리말로 함수 호출 형태로 변경하기

위의 프로그램은 파이썬에서 사용하는 형태로 다음과 같이 변경할 수 있습니다.

```
끓인다(냄비, 물)
넣는다(냄비, 면, 분말스프, 후레이크)
가열한다(냄비)
```

변수에 해당하는 명사를 ( ) – 소괄호 안에 나열한 형태입니다.

## 실제 코드 작성하기

일반적으로 다음과 같은 순서로 코드를 작성합니다.

❶ 영어로 함수 호출 형태 변경하기

먼저 동작을 순서대로 나열합니다.

```
boil(pot, water) ---------------------- 끓인다(냄비, 물)
put(pot, noodle, powder, flake) -------- 넣는다(냄비, 면, 분말스프, 후레이크)
heat(pot) ----------------------------- 가열한다(냄비)
```

함수와 변수를 적당한 영어 단어로 표현합니다. 이 과정에서 함수의 이름과 변수의 이름이 결정됩니다.

작성한 코드를 다음과 같이 테스트해 보도록 합니다.

**01** 다음과 같이 예제를 작성합니다.

```
1  boil(pot, water)
2  put(pot, noodle, powder, flake)
3  heat(pot)
```

프로그램의 흐름에 맞춰 동작을 순서대로 나열합니다.

**02** 🔧 을 눌러 마이크로비트로 다운로드합니다.

**03** putty 창을 확인합니다.

```
>>> Traceback (most recent call last):
  File "__main__", line 1, in <module>
NameError: name 'boil' is not defined
```

NameError가 발생합니다. boil이 정의되지 않았다는 메시지입니다. 즉, boil 함수가 정의되지 않았다는 의미입니다.

### ❷ 함수 추가하기

동작을 정의합니다. 일단은 함수를 빠져나오기 위한 return 문만 추가합니다.

```python
def boil(pot, water):
    return

def put(pot, noodle, powder, flake):
    return

def heat(pot):
    return

boil(pot, water)
put(pot, noodle, powder, flake)
heat(pot)
```

함수는 def 키워드를 이용하여 정의합니다. def는 define의 약자로 함수를 정의할 때 사용합니다.
함수에 대해서는 뒤에서 자세히 살펴봅니다.

작성한 코드를 다음과 같이 테스트해 보도록 합니다.

**01** 다음과 같이 예제를 수정합니다.

```
 1  def boil(pot, water):
 2      return
 3
 4  def put(pot, noodle, powder, flake):
 5      return
 6
 7  def heat(pot):
 8      return
 9
10  boil(pot, water)
11  put(pot, noodle, powder, flake)
12  heat(pot)
```

함수를 추가합니다.

**02** 🔧 을 눌러 마이크로비트로 다운로드합니다.

**03** putty 창을 확인합니다.

```
>>> Traceback (most recent call last):
  File "__main__", line 10, in <module>
NameError: name 'pot' is not defined
```

NameError가 발생합니다. pot이 정의되지 않았다는 메시지입니다. 즉, pot 변수가 정의되지 않았다는 의미입니다.

**❸** 변수 추가하기

동작에 필요한 재료를 준비합니다. 즉, 변수를 준비합니다.

```
def boil(pot, water):
    return

def put(pot, noodle, powder, flake):
    return

def heat(pot):
    return

pot = "pot"
water = "cold water"          ─── 변수와 값을 할당
noodle = "noodle"
powder = "powder"
flake = "flake"

boil(pot, water)
put(pot, noodle, powder, flake)
heat(pot)
```

변수를 준비하고 값을 할당합니다. 값은 일단 문자열로 시작합니다.

작성한 코드를 다음과 같이 테스트해 보도록 합니다.

**01** 다음과 같이 예제를 작성합니다.

실습파일 : 080.py

```python
 1  def boil(pot, water):
 2      return
 3
 4  def put(pot, noodle, powder, flake):
 5      return
 6
 7  def heat(pot):
 8      return
 9
10  pot = "pot"
11  water = "cold water"
12  noodle = "noodle"
13  powder = "powder"
14  flake = "flake"
15
16  boil(pot, water)
17  put(pot, noodle, powder, flake)
18  heat(pot)
```

변수를 추가합니다.

**02** 🅐 을 눌러 마이크로비트로 다운로드합니다.

**03** putty 창을 확인합니다. 오류 메시지가 없이 정상적으로 수행됩니다.

❹ 함수 내용 추가하기

각각의 동작을 정의합니다. return은 생략할 수 있습니다.

```python
def boil(pot, water):
    print("1. boil " + water + " in " + pot)
    return
def put(pot, noodle, powder, flake):
    print("2. put " + noodle + ", " + powder + ", " + flake + " into " + pot)
    return
def heat(pot):
    print("3. heat " + pot + " up")
    return

pot = "pot"
water = "cold water"
```

```
noodle = "noodle"
powder = "powder"
flake = "flake"

boil(pot, water)
put(pot, noodle, powder, flake)
heat(pot)
```

함수의 내용을 레시피와 같은 형태로 출력하도록 채웁니다.

작성한 코드를 다음과 같이 테스트해 보도록 합니다.

**01** 다음과 같이 예제를 작성합니다.

실습파일 : 081.py

```python
1  def boil(pot, water):
2      print("1. boil " + water + " in " + pot)
3      return
4  def put(pot, noodle, powder, flake):
5      print("2. put " + noodle + ", " + powder + ", " + flake + " into " + pot)
6      return
7  def heat(pot):
8      print("3. heat " + pot + " up")
9      return
10
11 pot = "pot"
12 water = "cold water"
13 noodle = "noodle"
14 powder = "powder"
15 flake = "flake"
16
17 boil(pot, water)
18 put(pot, noodle, powder, flake)
19 heat(pot)
```

함수의 내용을 채웁니다.

**02** 🔂 을 눌러 마이크로비트로 다운로드합니다.

**03** putty 창을 확인합니다.

```
>>> 1. boil cold water in pot
2. put noodle, powder, flake into pot
3. heat pot up
```

레시피와 같은 형태로 출력되는 것을 확인합니다.

이상에서 여러분은 라면 끓이는 프로그램을 작성해 보았습니다. 이제 여러분에게 레시피만 있다면
위와 같은 순서로 프로그램을 작성할 수 있습니다.

## 커피 타는 프로그램 작성해 보기

다음은 카페 모카 레시피입니다. 이 레시피를 이용하여 파이썬 프로그램을 작성하시오.

> ### 카페모카
> 준비
> - 에스프레스 1샷(30ml)
> - 뜨거운 우유 120ml
> - 초콜릿 소스 1~2테이블 스푼
> - 휘핑 크림
> - 토핑용 코코아 파우더
>
> 레시피
> ❶ 컵에 초콜릿 소스를 붓고 그 위에 추출된 에스프레소 1샷을 부어줍니다
> ❷ 잘 저어준 후 따뜻한 우유를 부어준 다음 다시 한번 저어줍니다.
> ❸ 휘핑 크림을 올려준 후 토핑용 코코아 파우더를 뿌려 마무리합니다.

다음 순서로 프로그램을 작성해 봅니다. 4~7단계는 테스트도 수행합니다.

| | |
|---|---|
| 1단계 | 카페 모카 타는 방법을 순서대로 정리합니다. |
| 2단계 | 우리말로 동작, 대상 순서로 나열합니다. 동작 하나에 번호 하나를 붙입니다. |
| 3단계 | 우리말로 함수 호출 형태로 변경합니다. |
| 4단계 | 영어로 함수 호출 형태로 변경합니다. |
| 5단계 | 함수를 추가합니다. |
| 6단계 | 변수를 추가합니다. |
| 7단계 | 함수 내용을 추가합니다. print 함수를 이용합니다. |

# 03-5 파이썬 프로그램 용어 정리

파이썬 프로그램에 사용되는 키워드를 중·고등학교 때 배웠던 문장 구성 요소에 대응시켜 정리해 봅니다.

## 프로그램의 구성 요소

- 동사(명사) ⟨=⟩ 움직씨(이름씨)

움직씨와 이름씨는 우리말 표현법으로 훨씬 직관적입니다.

파이썬의 관점에서는 다음과 같이 표현할 수 있습니다.

- 함수(변수) : Java 관점에서는 다음과 같이 표현할 수 있습니다.

- 객체.방법(속성)

※ Java 언어는 객체 중심의 프로그래밍 언어입니다. 객체는 클래스 변수로 변수의 한 형태입니다. 클래스에 대해서는 뒤에서 살펴보도록 합니다.

# Microbit
# Python

파이썬의 기초적인 문법을 살펴봅니다. 먼저 import, 함수, 변수를 사용해보고, 그 역할을 정리하며 이해해 봅니다. 다음으로 while, if, break 문을 사용해보고, 그 역할을 정리하며 이해해 봅니다. 마지막으로 목록, for-in 문을 사용해보고, 그 역할을 정리하며 이해해 봅니다.

Chapter **03**

## 파이썬 기초 다지기

# 01 _ import, 함수, 변수

import, 함수, 변수를 사용해보고, import가 하는 역할, 함수와 변수의 유래와 역할에 대해 이해해 봅니다.

## 01-1 마이크로비트 디스플레이 살펴보기

마이크로비트의 전면에는 25개의 LED가 있습니다. 이 LED를 이용하여 그림이나 글자를 표현할 수 있습니다.

마이크로비트용 파이썬 셸은 내부에 마이크로비트를 제어하기 위한 microbit 모듈을 가지고 있습니다. 이 microbit 모듈 내에는 25개의 LED 영역을 제어하기 위한 display 하위 모듈이 있습니다.

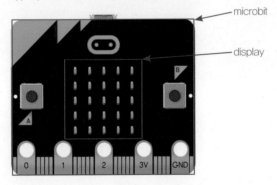

display 하위 모듈은 다음 그림과 같이 각각의 LED에 대해 가로 줄 번호, 세로 줄 번호를 이용하여 각각의 LED를 제어하는 기능을 제공합니다. 예를 들어, display 모듈은 set_pixel이라는 함수를 가지고 있는데 이 함수를 이용하여 각각의 LED의 밝기를 조절할 수 있습니다. 바로 뒤에서 이 함수를 이용하여 LED를 켜보도록 합니다. 아래 그림에서 가로 0~4, 세로 0~4를 이용하여 각각의 LED를 제어할 수 있습니다.

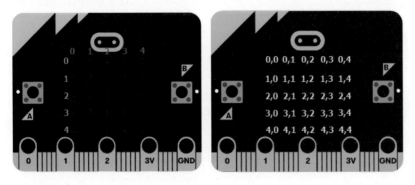

## 01-2 import, 함수 사용해 보기

import와 함수를 사용해 마이크로비트의 LED 하나를 켜 보도록 합니다.

### 별 하나 켜기

마이크로비트의 LED 하나를 켜 보도록 합니다. 다음 그림과 같이 가로 0, 세로 0 위치에 있는 LED를 켜 보도록 합니다.

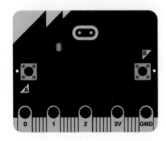

마이크로비트의 LED를 켜기 위해서는 microbit 모듈에 포함된 display 모듈을 사용해야 합니다. display 모듈은 set_pixel이라는 함수를 가지고 있는데 이 함수를 이용하여 LED를 켜거나 끌 수 있습니다. 또 LED의 밝기를 조절할 수 있습니다. microbit 모듈을 사용하기 위해서는 import 키워드를 이용하여 파이썬 셸의 __main__ 스크립트로 가져와야 합니다. 그래서 먼저 import를 이용하여 microbit 모듈을 가져오고 microbit 모듈이 가지고 있는 display 모듈의 set_pixel 함수를 이용하여 LED를 켜보도록 합니다.

**01** `micro:bit` 다음과 같이 예제를 작성합니다.

실습파일 : 087.py

```
01 : from microbit import *
02 :
03 : display.set_pixel(0,0,9)
```

**01** : from, import 키워드를 이용하여 microbit 모듈이 가진 모든 하위 모듈(*)을 가져옵니다. 즉, "microbit로부터 모든 하위 모듈을 가져와!"라는 의미입니다. *(별표)는 임의의 모듈 이름을 나타냅니다. from, import의 동작에 대해서는 뒤에서 자세히 살펴보도록 합니다.

**03** : display 모듈의 set_pixel 함수를 이용하여 가로 0, 세로 0 번째 위치에 있는 LED를 9의 밝기로 켭니다. set_pixel 함수의 첫 번째 자리는 가로 위치로 0~4, 두 번째 자리는 세로 위치로 0~4, 세 번째 자리는 LED의 밝기 값으로 0~9 사이의 값을 가질 수 있습니다. 함수에 대해서는 뒤에서 자세히 살펴보도록 합니다. 또 함수의 사용법을 찾아보는 방법도 뒤에서 살펴보도록 합니다.

※ 키워드(keyword)는 파이썬에서 미리 정의된 단어와 기호로서 다른 용도로 사용이 불가능한 문자열입니다. 참고로 이름(name)은 사용자가 정의한 함수, 변수, 클래스, 모듈의 이름을 의미합니다.

**02** 🔻 을 눌러 마이크로비트로 다운로드합니다.

**03** 결과를 확인합니다. 다음과 같이 첫 번째 가로 0, 세로 0 번째 위치에 있는 LED가 켜지는 것을 확인합니다.

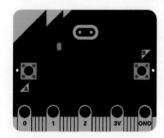

---

### 직접 풀어보기

**01** 위 예제를 수정하여 다음과 같이 중앙에 있는 LED, 우측 하단의 LED를 켜보시오.

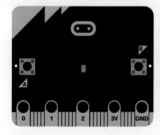 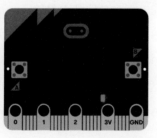

---

## 01-3 import 이해하기

이제 import의 역할에 대해서 이해해 보도록 합니다. 여러분이 마이크로비트에 다운로드한 hex 파일은 파이썬 쉘과 여러분이 작성한 파이썬 프로그램(파이썬 스크립트라고도 합니다)이 포함되어 있습니다. 파이썬 쉘은 파이썬 스크립트를 읽고 수행할 수 있는 또 다른 프로그램입니다. 즉, 파이썬 쉘도 누군가 작성한 프로그램입니다. 파이썬 쉘은 여러분이 작성한 파이썬 스크립트를 읽고 수행하는 역할을 합니다. 마이크로비트에서 동작하는 파이썬 쉘은 내부적으로 모듈을 가지고 있습니다. 이 모듈을 사용하려고 할 경우엔 import를 이용하여야 합니다.

학교에서 공부하는 여러분을 생각해 봅니다.

책상 위에는 노트가 펼쳐져 있는데, 여러분이 수업에 참여하는 방법이 적혀 있습니다.

여러분은 수학시간에 자와 컴파스를 이용하여 원도 그리고 미술 시간에 그림도 그립니다. 또 한문 시간에 먹과 화선지를 이용하여 멋진 글씨도 씁니다.

여러분은 수업시간에 사용할 책과 준비물을 가방에 챙겨옵니다. 여러분이 미술 시간에 그림을 그리기 위해서는 물감, 도화지, 수통 등을 가방에서 꺼내 책상 위로 옮겨와야 합니다.

여러분은 마이크로비트에 있는 파이썬 쉘과 같은 역할을 합니다. 책상위에 놓인 노트는 파이썬 스크립트가 됩니다. 미술 시간에 그림을 그리기 위한 미술 도구를 책상위로 꺼내는 동작은 import와 같습니다. 미술 도구는 모듈과 같습니다. 꺼내 놓은 미술 도구는 더 작은 도구들로 구성됩니다. 더 작은 도구들은 미술 도구에 포함된 하위 모듈과 같습니다. 이러한 도구들은 각각의 도구마다 가지는 특징과 사용하는 방법이 있습니다. 예를 들어, 물감은 색깔이라는 특징을 가지고 사용하기 위해서는 물감을 짜야 합니다. 수통의 경우엔 물을 담을 수 있는 공간이 있으며, 사용하기 위해서는 물을 담아야 합니다. 이러한 도구들의 특징은 변수, 사용 방법은 함수에 대응이 됩니다.

| | |
|---|---|
| 나 | 마이크로비트의 파이썬 쉘 |
| 책상위에 놓인 노트 | 파이썬 스크립트 |
| 미술 도구를 책상위로 꺼내는 동작 | import |
| 미술 도구 | 모듈 |
| 미술 도구 내 더 작은 미술 도구들 | 미술 도구에 포함된 하위 모듈 |
| 도구들의 특징 | 변수 |
| 도구의 사용 방법 | 함수 |

▲ 미술 도구와 마이크로비트 파이썬 비교

### 파이썬 쉘의 모듈 목록 확인해보기

먼저 파이썬 쉘의 모듈 목록를 살펴봅니다. 파이썬 쉘의 모듈 목록은 파이썬 쉘이 우리가 작성한 스크립트를 읽으며 작업을 진행할 때 사용할 모듈들을 놓는 공간입니다. 즉, 앞의 비유에서 책상과 같은 역할을 하는 공간입니다. 모듈 목록에 무엇이 놓이는지 살펴보도록 합니다.

모듈 목록

**01** 다음과 같이 파이썬 스크립트 파일의 내용을 비웁니다.

이렇게 하면 스크립트의 내용이 빈 상태이므로 파이썬 쉘이 특별히 할 일은 없습니다.

**02** 🖫 을 눌러 마이크로비트로 다운로드합니다.

**03** putty 창으로 이동하여 다음과 같이 명령을 수행합니다.

dir() 명령은 파이썬 쉘의 모듈 목록을 보는 명령입니다. 스크립트의 내용이 빈 상태에서는 \_\_name\_\_이라는
변수만 존재합니다. 다음과 같이 \_\_name\_\_이 뭔지 파이선 쉘에 물어봅니다. \_\_name\_\_의 값이 \_\_main\_\_
이라고 표시합니다.

```
>>> __name__
'__main__'
>>>
```

__main__은 우리가 작성한 파이썬 스크립트 파일의 이름입니다. 즉, 현재 상태에서 파이썬 쉘의 모듈 목록에는 빈 상태의 파이썬 스크립트만 존재합니다.

파이썬 스크립트

## 사용할 모듈 꺼내오기

이제 사용할 모듈을 모듈 목록으로 가져옵니다. import는 필요한 모듈을 꺼낼 때 사용하는 키워드입니다. 예를 들어 미술 시간에 미술 준비물을 가방에서 꺼내 책상위로 가져오는 것과 같은 역할을 합니다.

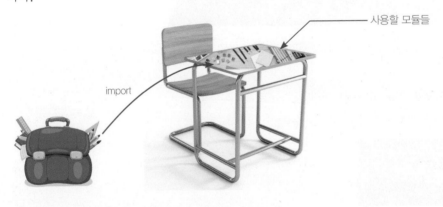
사용할 모듈들

import

**01** 다음과 같이 microbit 모듈을 import해 봅니다.

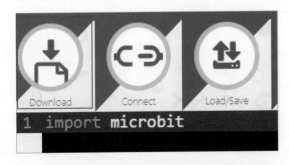

```
1 import microbit
```

**02** 🖳 을 눌러 마이크로비트로 다운로드합니다.

**03** putty 창으로 이동하여 다음과 같이 명령을 수행합니다.

```
>>> dir()
['__name__', 'microbit']
>>>
```

모듈 목록에 microbit 모듈이 올라와 있는 것을 볼 수 있습니다.

## 모듈 살펴보기

이제 microbit 모듈에 대해 살펴봅니다. 또, microbit 모듈이 어떤 하위 모듈을 가지고 있는지도 살펴봅니다. 그 중에 display 모듈의 set_pixel 함수를 사용해 LED를 켜 봅니다.

**01** 다음과 같이 차례대로 명령을 수행하여 microbit에 대해 확인합니다.

```
>>> microbit
<module 'microbit'>
>>> help(microbit)
Useful stuff to control the micro:bit hardware.
>>> dir(microbit)
['__name__', 'Image', 'display', 'button_a', 'button_b', 'acce
lerometer', 'compass', 'i2c', 'uart', 'spi', 'reset', 'sleep',
 'running_time', 'panic', 'temperature', 'pin0', 'pin1', 'pin2
', 'pin3', 'pin4', 'pin5', 'pin6', 'pin7', 'pin8', 'pin9', 'pi
n10', 'pin11', 'pin12', 'pin13', 'pin14', 'pin15', 'pin16', 'p
in19', 'pin20']
>>>
```

먼저 microbit를 입력해 봅니다. 그러면 파이썬 쉘은 [모듈 '마이크로비트']라고 말합니다. 다음으로 help 명령을 이용하여 microbit에 대해서 좀 더 자세히 물어봅니다. 파이썬 쉘은 [마이크로비트 하드웨어를 제어하기 위한 유용한 것]이라고 말합니다. dir 명령을 이용하여 microbit 모듈이 가지고 있는 하위 속성(변수, 함수, 하위 모듈)을 물어봅니다. 그러면 [__name__, display 등]의 속성들을 알려줍니다. 이 모듈들은 뒤에서 이용해 보도록 합니다.

**02** 다음과 같이 차례대로 명령을 수행하여 microbit 모듈의 속성을 확인합니다.

```
>>> microbit.__name__
'microbit'
>>> microbit.display
<MicroBitDisplay>
>>> help(microbit.display)
micro:bit's 5x5 LED display.
>>> dir(microbit.display)
['get_pixel', 'set_pixel', 'show', 'scroll', 'clear', 'on', 'o
ff', 'is_on', 'read_light_level']
>>>
```

먼저 microbit.__name__을 입력하여 microbit 모듈의 이름이 무엇인지 파이썬 쉘에게 물어봅니다. 'microbit'라고 파이썬 쉘이 말합니다. 다음은 microbit.display를 파이썬 쉘에게 물어봅니다. MicrobitDisplay(모듈)이라고 파이썬 쉘이 말합니다. help 명령을 이용하여 microbit.display에 대해 좀 더 자세히 물어봅니다. [마이크로비트의 5x5 LED 디스플레이]라고 파이썬 쉘이 말합니다. dir 명령을 이용하여 microbit.display의 하위 속성을 물어봅니다. [set_pixel 등]의 하위 속성을 파이썬 쉘이 알려줍니다.

03 다음과 같이 차례대로 명령을 수행하여 display 모듈의 속성을 확인해 봅니다.

```
>>> microbit.display.set_pixel ◀──
<bound_method>
>>> help(microbit.display.set_pixel) ◀──
Use set_pixel(x, y, b) to set the display at LED pixel (x,y) t
o brightness 'b'
which can be set between 0 (off) to 9 (full brightness).
>>> microbit.display.set_pixel(0,0,9) ◀──
>>>
```

microbit.display.set_pixel을 입력하여 microbit 모듈에 속한 display 모듈의 set_pixel이 무엇인지 파이썬 쉘에게 묻습니다. [bound_method]라고 파이썬 쉘이 말합니다. method는 방법이라는 의미로 함수와 같은 의미입니다. bound_method는 display 객체 용 함수라는 의미입니다. 객체는 변수와 같은 의미입니다. 객체에 대해서는 뒤에서 살펴보도록 합니다. help 명령을 이용하여 microbit.display.set_pixel에 대해 자세히 확인합니다. set_pixel 함수의 사용법에 대해 설명합니다. (x,y) 위치에 있는 LED 픽셀을 b 밝기로 설정한다는 내용입니다. 또 b는 0~9의 범위 값을 갖는다고 설명합니다. 이제 이 함수를 이용해 봅니다. microbit.display.set_pixel(0,0,9)를 입력해 봅니다. 마이크로비트 보드 상에 있는 LED 하나가 최대 밝기로 켜집니다.

## 모듈 사용해 보기

이제 microbit 모듈에 포함된 display 모듈을 이용하여 LED를 켜도록 스크립트를 수정해 봅니다.

01 다음과 같이 파일을 수정합니다.

```
1  import microbit
2
3  microbit.display.set_pixel(0,0,0)
```

02 🔧 을 눌러 마이크로비트로 다운로드합니다.

**03** 마이크로비트 보드의 디스플레이를 확인합니다. (0, 0)번 위치에 있는 LED가 최고 밝기로 켜집니다.

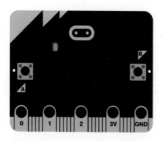

## as 키워드 사용해 보기

as 키워드는 파이썬 셸의 모듈 목록으로 가져올 모듈에 별명을 붙여주는 역할을 합니다. 예를 들어, 긴 이름을 가진 모듈의 이름을 짧은 이름으로 대신 한다든지 또는 다른 의미를 알려주는 이름으로 대신하고자 할 경우 as 키워드를 사용합니다. as 키워드를 이용하여 microbit의 이름을 mbit으로 짧게 표현해 보도록 합니다.

**01** 다음과 같이 예제를 수정합니다.

```
1   import microbit as mbit
```

microbit 모듈을 mbit이라는 별명으로 모듈 목록으로 가져옵니다.

**02** 🔼을 눌러 마이크로비트로 다운로드합니다.

**03** putty 창으로 이동하여 다음과 같이 명령을 수행합니다.

```
>>> dir()
['__name__', 'mbit']
>>>
```

모듈 목록에 mbit 모듈이 올라와 있는 것을 볼 수 있습니다.

**04** 다음과 같이 mbit 모듈이 무엇인지 파이썬 셸에게 물어봅니다.

```
>>> mbit
<module 'microbit'>
>>> help(mbit)
Useful stuff to control the micro:bit hardware.
>>>
```

파이썬 셸이 마이크로비트 모듈이라고 알려줍니다. help 명령을 이용하여 mbit 모듈에 대해 자세히 물어봅니다. 이전과 같이 [마이크로비트 하드웨어를 제어하기 위한 유용한 것]이라고 알려줍니다.

**05** 다음과 같이 파일의 내용을 추가합니다.

```
1  import microbit as mbit
2
3  mbit.display.set_pixel(0,0,9)
```

**06** 🔌을 눌러 마이크로비트로 다운로드합니다.

**07** 마이크로비트 보드의 디스플레이를 확인합니다. (0, 0)번 위치에 있는 LED가 최고 밝기로 켜집니다.

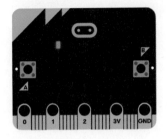

## from 키워드 사용해 보기

from 키워드를 이용하며 하위 모듈을 직접 가져올 수 있습니다. 예를 들어, microbit 모듈의 하위 모듈이 display 모듈을 직접 가져올 수 있습니다. from 키워드를 이용하여 microbit 모듈의 하위 모듈을 가져와 봅니다.

**01** 다음과 같이 예제를 작성합니다.

```
1  from microbit import display
```

microbit 모듈로부터 하위 모듈인 display 모듈을 가져옵니다.

**02** 🔌을 눌러 마이크로비트로 다운로드합니다.

**03** putty 창으로 이동하여 다음과 같이 명령을 수행합니다.

```
>>> dir()     ←
['__name__', 'display']
>>> display.set_pixel(0,0,9)     ←
>>>
```

dir 명령을 주어 파이썬 쉘의 모듈 목록을 확인합니다. microbit 모듈의 하위 모듈인 display 모듈이 모듈 목록에 직접 올라와 있습니다. display.set_pixel 함수를 호출하여 마이크로비트의 LED를 켜 봅니다.

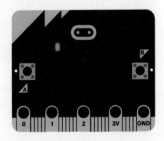

**04** 다음과 같이 파일의 내용을 추가합니다.

```
1 from microbit import display
2
3 display.set_pixel(0,0,9)
```

**05** 🖥을 눌러 마이크로비트로 다운로드합니다.

**06** 마이크로비트 보드의 디스플레이를 확인합니다. (0, 0)번 위치에 있는 LED가 최고 밝기로 켜집니다.

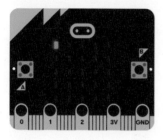

**07** 이번엔 예제를 다음과 같이 수정합니다.

```
1 from microbit import *
```

microbit 모듈로부터 모든 하위 모듈을 가져옵니다. *(별표)는 모든 것이라는 의미입니다.

**08** 🖥을 눌러 마이크로비트로 다운로드합니다.

**09** putty 창으로 이동하여 다음과 같이 명령을 수행합니다.

```
>>> dir()
['pin2', 'pin0', 'pin1', 'pin3', 'pin6', 'pin13', 'pin4', 'uart', 'pin5', 'pin7'
, 'temperature', 'sleep', 'pin8', 'pin9', 'button_a', 'button_b', 'reset', '__na
me__', 'i2c', 'pin11', 'pin10', 'spi', 'panic', 'Image', 'running_time', 'compas
s', 'pin12', 'pin14', 'pin15', 'accelerometer', 'display', 'pin16', 'pin19', 'pi
n20']
>>> display.set_pixel(0,0,9)
>>>
```

dir() 명령을 주어 파이썬 쉘의 모듈 목록을 확인합니다. microbit 모듈의 모든 하위 모듈이 모듈 목록에 올라와 있습니다.

**10** 다음과 같이 파일의 내용을 추가합니다.

```
1 from microbit import *
2
3 display.set_pixel(0,0,9)
```

**11** 🖥을 눌러 마이크로비트로 다운로드합니다.

**12** 마이크로비트 보드의 디스플레이를 확인합니다. (0, 0)번 위치에 있는
LED가 최고 밝기로 켜집니다.

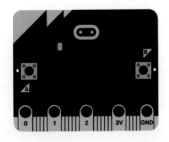

## from, import, as 모두 사용해 보기

from, import, as 키워드를 모두 사용하여 하위 모듈에 다른 이름을 붙여 파이썬 쉘의 모듈 목록으
로 가져올 수도 있습니다.

**01** 다음과 같이 예제를 작성합니다.

```
1  from microbit import display as dsp
2
3  dsp.set_pixel(0,0,9)
```

**02** 🔧 을 눌러 마이크로비트로 다운로드합니다.
**03** 마이크로비트 보드의 디스플레이를 확인합니다. (0, 0)번 위치에 있는
LED가 최고 밝기로 켜집니다.

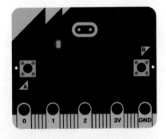

## 어떤 모듈들이 있을까요?

앞에서 우리는 import를 이용하여 microbit 모듈을 모듈 목록으로 가져왔습니다. 그러면 microbit
모듈 외에 어떤 모듈들을 모듈 목록으로 가져올 수 있을까요? 파이썬 쉘이 가지고 있는 모듈들을
확인하는 방법을 소개합니다. 학생이 책이나 미술 준비물, 수학 준비물을 가방에 넣어 가지고 다니
는 것처럼 파이썬 쉘도 모듈들을 가지고 있습니다.

putty 창으로 이동하여 다음과 같이 명령을 수행합니다.

```
>>> help('modules')  ←
__main__            love                os                  time
antigravity         machine             radio               ucollections
array               math                random              ustruct
audio               microbit            speech              utime
builtins            micropython         struct
collections         music               sys
gc                  neopixel            this
Plus any modules on the filesystem
>>>
```

help('modules')라는 명령어를 기억합니다. 이 명령을 수행하면 파이썬 쉘이 가지고 있는 모듈들을 살펴볼 수 있습니다. 파이썬 쉘이 가진 모듈 중에 microbit 모듈이 있는 것을 볼 수 있습니다. 다른 모듈들도 같은 방법으로 사용할 수 있습니다.

## 직접 풀어보기

[문제 1] 다음을 차례대로 수행해 봅니다.

1) math를 import해 봅니다.

2) 모듈 목록을 확인해 봅니다.

3) math가 무엇인지 확인해 봅니다.

4) math가 무엇을 가졌는지 확인해봅니다.

[문제 2] 다음을 차례대로 수행해 봅니다.

1) os를 import해 봅니다.

2) 모듈 목록을 확인해 봅니다.

3) os가 무엇인지 확인해 봅니다.

4) os가 무엇을 가졌는지 확인해봅니다.

## 01-4 변수 사용해 보기

변수를 추가하여 사용해 봅니다. 변수는 수학에서 유래한 용어로 수식에 따라서 변하는 값을 뜻합니다. 파이썬에서는 값을 저장할 수 있는 이름을 가진 메모리 공간을 나타냅니다.

## 변수 선언하기

**01** 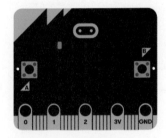micro:bit 다음과 같이 이전 예제를 수정합니다.

실습파일 : 099.py

```
01 : from microbit import *
02 :
03 : x_0 =0
04 : y_0 =0
05 : HIGH =9
06 :
07 : display.set_pixel(x_0,y_0,HIGH)
```

**01** : microbit 모듈로부터 모든 하위 모듈을 가져옵니다.
**03** : x_0 변수를 선언한 후, 0값을 대입합니다. x_0 변수는 마이크로비트 디스플레이의 가로 0번 위치 값을 갖습니다.
**04** : y_0 변수를 선언한 후, 0값을 대입합니다. y_0 변수는 마이크로비트 디스플레이의 세로 0번 위치 값을 갖습니다.
**05** : HIGH 변수를 선언한 후, 9값을 대입합니다.
**07** : display 모듈의 set_pixel 함수를 호출하여 (x_0, y_0)위치에 있는 LED에 HIGH 값을 줍니다.

**02** 🔧 을 눌러 마이크로비트로 다운로드합니다.

**03** 마이크로비트 보드의 디스플레이를 확인합니다. (0, 0)번 위치에 있는 LED가 최고 밝기로 켜집니다.

## 변수 값 변경하기

### 직접 풀어보기

[문제 1] micro:bit 다음과 같이 변수 값을 변경하면 어떤 별이 켜질까요? 변수 값을 변경해 봅니다.

```
x_0=2
y_0=2
```

[문제 2] micro:bit 다음과 같이 변수 값을 변경하면 어떤 별이 켜질까요? 변수 값을 변경해 봅니다.

```
x_0=4
y_0=4
```

## 파이썬 쉘에서 변수 살펴보기

파이썬 스크립트에서 추가한 변수 x_0, y_0, HIGH는 파이썬 쉘에게 어떻게 반영될까요?

다음과 같이 명령을 수행해 봅니다.

```
>>> dir()
['HIGH', 'pin2', 'pin0', 'pin1', 'pin3', 'pin6', 'pin13', 'pin4', 'uart', 'pin5', 'pin7', 'temperature', 'sleep', 'pin8', 'pin9', 'button_a', 'button_b', 'reset', '__name__', 'i2c', 'pin11', 'pin10', 'spi', 'panic', 'Image', 'running_time', 'compass', 'pin12', 'pin14', 'pin15', 'accelerometer', 'display', 'pin16', 'pin19', 'pin20', 'x_0', 'y_0']
>>> x_0
0
>>> y_0
0
>>> HIGH
9
```

dir() 명령을 수행해 봅니다. 빨간 줄로 표시된 HIGH, x_0, y_0 변수가 파이썬 쉘의 모듈 목록에 담겨져 있는 걸 볼 수 있습니다. 변수도 모듈과 마찬가지로 파이썬 쉘의 모듈 목록에 저장되는 것을 확인할 수 있습니다. x_0에 대해 파이썬 쉘에게 물어봅니다. x_0의 값인 0이 표시됩니다. y_0, HIGH 변수 값에 대해서도 물어봅니다. 각각, 0, 9로 표시됩니다.

다음과 같이 변수에 대해서 좀 더 알아봅니다.

```
>>> help(x_0)
object 0 is of type int
  from_bytes -- <classmethod>
  to_bytes -- <function>
>>> help(y_0)
object 0 is of type int
  from_bytes -- <classmethod>
  to_bytes -- <function>
>>> help(HIGH)
object 9 is of type int
  from_bytes -- <classmethod>
  to_bytes -- <function>
>>>
```

help 명령을 이용하여 x_0 변수를 좀 더 자세히 살펴봅니다. x_0의 값이 정수형이라고 표시합니다.

## 별 하나 끄기

이제 변수를 이용하여 LED 하나를 꺼 보도록 합니다.

**01** 🔘micro:bit 다음과 같이 예제를 수정합니다.

```
01 : from microbit import *
02 :
03 : x_0 =0
04 : y_0 =0
05 : HIGH =9
06 : LOW =0
07 : DELAY =1000
08 :
09 : display.set_pixel(x_0,y_0,HIGH)
10 : sleep(DELAY)
11 : display.set_pixel(x_0,y_0,LOW)
```

**6** : LOW 변수를 선언한 후, 0값을 대입합니다.

**7** : DELAY 변수를 선언한 후, 1000값을 대입합니다.

**10** : sleep 함수를 호출하여 DELAY 시간만큼 대기합니다. sleep 함수는 DELAY 밀리 초만큼 잠을 자는 함수입니다.

**11** : display 모듈의 set_pixel 함수를 호출하여 (x_0, y_0)위치에 있는 LED에 LOW 값을 줍니다.

**02** 🔘 을 눌러 마이크로비트로 다운로드합니다.

**03** 마이크로비트 보드의 디스플레이를 확인합니다. (0, 0)번 위치에 있는 LED가 1초간 켜졌다가 꺼집니다.

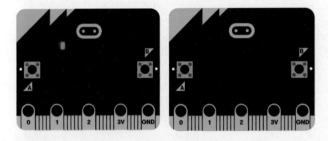

## sleep 함수 살펴보기

sleep 함수는 microbit 모듈의 하위 함수입니다. sleep 함수에 대해 살펴봅니다.

🔘 putty 창에서 다음과 같이 명령을 수행해 봅니다.

```
>>> dir()
['i2c', 'pin2', 'pin0', 'pin1', 'pin3', 'pin6', 'pin4', 'pin5', 'pin7', 'button_
a', 'pin8', 'pin9', 'button_b', 'Image', 'running_time', 'pin20', 'reset', 'y_0'
, 'LOW', 'spi', 'panic', 'DELAY', 'uart', 'accelerometer', 'display', 'pin13', '
pin12', 'pin11', 'pin10', 'x_0', '__name__', 'compass', 'pin14', 'pin15', 'pin16
', 'HIGH', 'pin19', 'temperature', 'sleep']
>>> sleep
<function>
>>> help(sleep)
Put micro:bit to sleep(time) for some milliseconds (1 second = 1000 ms) of time.
sleep(2000) gives micro:bit a 2 second nap.
>>>
```

dir() 명령을 수행하여 파이썬 쉘의 모듈 목록을 확인합니다. 밑줄 친 부분에 sleep 함수가 표시되어 있습니다. sleep 함수는 microbit 모듈에 포함된 함수입니다. sleep 명령을 입력해 봅니다. 〈function〉으로 표시됩니다. help(sleep) 명령을 입력해 봅니다. sleep 함수에 대한 설명이 나옵니다. 밀리 초 시간만큼 대기한다는 설명입니다.

## 01-5 함수와 변수 이해하기

여러분은 이 책을 보면서 변수와 함수란 용어를 자주 접하게 됩니다. 이 책에서 마이크로비트 프로그램은 파이썬 언어를 이용하여 작성합니다. 파이썬 프로그램은 변수와 함수로 구성됩니다. 변수와 함수란 말은 수학에서 유래하였습니다. 다음은 중학교 때 배운 함수식입니다.

y = f(x) = x + 1 (x는 정수)

이 식에서

x가 1일 때 y = f(1) = 1 + 1이 되어 y는 2가 됩니다.

x가 2일 때 y = f(2) = 2 + 1이 되어 y는 3이 됩니다.

x가 -1일 때 y = f(-1) = -1 + 1이 되어 y는 0이 됩니다.

이와 같이 x는 정수 범위 내에서 임의의 값을 가질 수 있기 때문에 변수라고 합니다. f(x)는 x 값에 따라 내부적으로 1을 더해 그 결과 값을 주는 기능을 한다고 하여 함수라고 합니다.

이 함수를 그림으로 표현하면 다음과 같습니다.

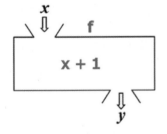

위의 수식에서 f 함수에 대한 정의는 파이썬에서 다음과 같이 표현합니다.

```
def f (x):
    return x + 1
```

❶ 함수를 정의할 때는 def로 시작합니다. def는 define의 약자로 '정의한다'라는 의미입니다.

❷ f는 함수 이름입니다. 함수 이름은 그 기능에 맞게 적당히 이름을 정해주어야 합니다.

❸ 소괄호 ()는 f 함수로 넘어가는 인자를 나타냅니다. 즉, 입력을 나타냅니다.

❹ 변수 x가 f 함수로 들어간다는 의미입니다.

❺ 쌍점은 함수 정의 시작을 나타냅니다. 즉, 여기부터 "함수의 정의를 시작해!"라는 의미입니다.

❻ 함수 정의 부분은 들여쓰기를 해 줍니다. 일반적으로 탭 키를 이용하여 들여쓰기를 합니다. 들여 쓴 정도에 따라 단계를 나타냅니다.

❼ 입력으로 넘어온 x에 1을 더한다는 의미로 f 함수의 내부 동작입니다.

❽ return은 x + 1의 결과 값을 돌려주며 함수를 빠져 나간다는 의미입니다.

위의 수식에서 f 함수에 대한 사용은 파이썬 스크립트에서 다음과 같이 표현합니다.

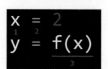

❶ 변수명입니다. 즉, x라는 변수를 선언한 것입니다.

❷ '=' 기호는 우측의 값을 좌측 변수에 할당하라는 의미입니다. 2를 x 변수에 넣은 것입니다. 이렇게 하면 x 변수는 2 값을 가지게 됩니다.

❸ 함수 f에 2 값을 갖는 x를 넣는다는 의미입니다. 이렇게 함수를 사용하는 것을 함수를 호출한다고 합니다. 2 값을 넘겨받은 함수 f는 결과 값으로 3을 내어주며 3은 y 변수에 할당됩니다. 즉, y는 f 함수를 수행한 결과 정수 3 값을 할당 받게 됩니다.

## 함수 정의하고 사용해 보기

이제 함수 f를 정의하고 사용해 봅니다.

**01** ▣micro:bit 다음과 같이 예제를 작성합니다.

실습파일 : 104.py

```
01 : from microbit import *
02 :
03 : def f (x) :
04 :     return x +1
05 :
06 : x =2
07 : y = f(x)
08 :
09 : display.show(y)
```

**01**     : microbit 모듈로부터 모든 하위 모듈을 가져옵니다.

**03, 04** : f 함수를 정의합니다.

**06**     : x 변수를 선언한 후, 2로 초기화합니다.

**07**     : f 함수에 x 값을 주어 호출한 후, 결과 값을 y 변수에 받습니다.

**09**     : display 모듈의 show 함수를 호출하여 y 값을 디스플레이에 출력합니다.

**02** 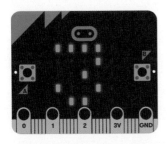 을 눌러 마이크로비트로 다운로드합니다.

**03** 마이크로비트 보드의 디스플레이를 확인합니다. 3이 표시되는 것을 확인합니다.

### 파이썬 쉘에서 함수 살펴보기

파이썬 스크립트에서 작성한 함수 f는 파이썬 쉘에게 어떻게 반영될까요?

🖥 putty 창에서 다음과 같이 명령을 수행해 봅니다.

```
>>> dir()   ←
['y', 'x', '__name__', 'f']
>>> x   ←
2
>>> y   ←
3
>>> f   ←
<function>
>>> f(3)   ←
4
>>>
```

dir() 명령을 수행하여 파이썬 쉘의 모듈 목록을 확인합니다. 밑줄 친 부분과 같이 y, x 변수와 f 함수가 추가되었습니다. x를 입력해 봅니다. 그 값이 2가 출력됩니다. y를 입력해 봅니다. 함수 f로부터 받은 3값이 출력됩니다. f를 입력해 봅니다. 함수라고 표시합니다. f(3)을 입력해 봅니다. 4값이 출력됩니다.

### 변수의 값

중학교 때 우리는 여러 가지 수를 배웁니다. 자연수, 정수, 분수, 유리수, 무리수, 실수, 복소수 등을 배웁니다. 파이썬에서 다루는 수의 형식은 크게 2가지입니다.

이제 다음 식에서 x가 실수인 경우를 살펴봅니다.

$y = g(x) = x + 1$ (x는 실수)

이 식에서

x가 1.1일 때 $y = g(1.1) = 1.1 + 1$이 되어 y는 2.1이 됩니다.

x가 2.2일 때 y = g(2.2) = 2.2 + 1이 되어 y는 3.2가 됩니다.

x가 −1.1일 때 y = g(−1.1) = −1.1 + 1이 되어 y는 −0.1이 됩니다.

이와 같이 x는 실수 범위 내에서 임의의 값을 가질 수 있기 때문에 변수라고 합니다. g(x)는 x 값에 따라 내부적으로 1을 더해 그 결과 값을 주는 기능을 한다고 하여 함수라고 합니다.

**01** ⬤micro:bit 다음과 같이 예제를 작성합니다.

실습파일 : 106.py

```
01 : from microbit import *
02 :
03 : def g (x) :
04 :       return x +1
05 :
06 : x =2.1
07 : y = g(x)
08 :
09 : display.show(y)
```

**01** : microbit 모듈로부터 모든 하위 모듈을 가져옵니다.

**03, 04** : g 함수를 정의합니다.

**06** : x 변수를 선언한 후, 2.1로 초기화합니다.

**07** : g 함수에 x 값을 주어 호출한 후, 결과 값을 y 변수에 받습니다.

**09** : display 모듈의 show 함수를 호출하여 y 값을 디스플레이에 출력합니다.

**02** 🅰 을 눌러 마이크로비트로 다운로드합니다.

**03** 마이크로비트 보드의 디스플레이를 확인합니다. 3.1이 표시되는 것을 확인합니다.

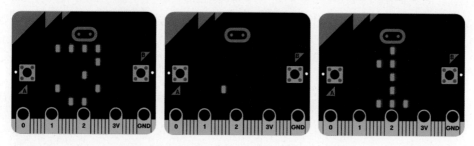

## 둘 이상의 함수 인자

변수 값에도 정수, 실수가 있는 것처럼 함수도 여러 가지로 표현할 수 있습니다. 중학교, 고등학교 때 배웠던 수학에서도 여러 가지 형태의 함수가 있었습니다. 이 함수들은 파이썬 스크립트에서 모두 표현할 수 있습니다.

다음 식을 살펴봅니다.

z = h(x, y) = x + y (x, y는 정수)

이 식에서

x가 1이고 y가 1일 때 z = h(1, 1) = 1 + 1이 되어 z는 2가 됩니다.

x가 2이고 y가 2일 때 z = h(2, 2) = 2 + 2가 되어 z는 4가 됩니다.

x가 −1이고 y가 −1일 때 z = h(−1, −1) = −1 + −1이 되어 z는 −2가 됩니다.

이 함수를 그림으로 표현하면 다음과 같습니다.

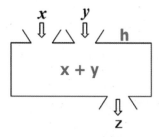

위의 수식에서 h 함수에 대한 정의는 파이썬에서 다음과 같이 표현합니다.

```
def h (x,y):
    return x + y
```

❶ 함수를 정의할 때는 def로 시작합니다. def는 define의 약자로 '정의한다'라는 의미입니다.

❷ h는 함수 이름입니다. 함수 이름은 그 기능에 맞게 적당히 이름을 정해주어야 합니다.

❸ 소괄호 ()는 h 함수로 넘어가는 인자를 나타냅니다. 즉, 입력을 나타냅니다.

❹ 변수 x, y가 h 함수로 들어간다는 의미입니다.

❺ 쌍점은 함수 정의 시작을 나타냅니다. 즉, 여기부터 함수의 정의를 시작해라는 의미입니다.

❻ 함수 정의 부분은 들여쓰기를 해 줍니다. 일반적으로 탭 키를 이용하여 들여쓰기를 합니다. 들여 쓴 정도에 따라 단계를 나타냅니다.

❼ 입력으로 넘어온 x와 y를 더한다는 의미로 h 함수의 내부 동작입니다.

❽ return은 x + y의 결과 값을 돌려주며 함수를 빠져 나간다는 의미입니다.

위의 수식에서 h 함수에 대한 사용은 파이썬 스크립트에서 다음과 같이 표현합니다.

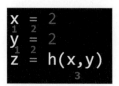

❶ 변수명입니다. 즉, x, y라는 변수를 선언한 것입니다.

❷ '=' 기호는 우측의 값을 좌측 변수에 할당하라는 의미입니다.  2를 x, y 변수에 넣는 것입니다. 이렇게 하면 x, y 변수는 2값을 가지게 됩니다.

❸ 함수 h에 2값을 갖는 x, y를 넣는다는 의미입니다. 이렇게 함수를 사용하는 것을 함수를 호출한다고 합니다. 2값을 2개 넘겨받은 함수 h는 결과 값으로 4을 내어주며 4는 z 변수에 할당됩니다. 즉, z는 h 함수를 수행한 결과 정수 4값을 할당 받게 됩니다.

이상에서 둘 이상의 인자를 받을 수 있는 함수에 대해 살펴보았습니다.

이제 h 함수에 대한 테스트를 수행해 봅니다.

**01** ⊙micro:bit 다음과 같이 예제를 작성합니다.

실습파일 : 108.py

```
01 : from microbit import *
02 :
03 : def h (x,y):
04 :     return x + y
05 :
06 : x =2
07 : y =2
08 : z = h(x,y)
09 :
10 : display.show(z)
```

**01**      : microbit 모듈로부터 모든 하위 모듈을 가져옵니다.
**03, 04** : h 함수를 정의합니다.
**06**      : x 변수를 선언한 후, 2로 초기화합니다.
**07**      : y 변수를 선언한 후, 2로 초기화합니다.
**08**      : h 함수에 x, y 값을 주어 호출한 후, 결과 값을 z 변수에 받습니다.
**10**      : display 모듈의 show 함수를 호출하여 z 값을 디스플레이에 출력합니다.

**02** ⬇ 을 눌러 마이크로비트로 다운로드합니다.

**03** 마이크로비트 보드의 디스플레이를 확인합니다. 4가 표시되는 것을 확인합니다.

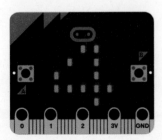

## 둘 이상의 함수 반환 값

정수 19를 정수 5로 나누면 몫이 3이고 나머지는 4입니다. 이와 같은 관계를 임의의 두 정수나 두 다항식에 적용한 것을 나눗셈 정리라고 합니다. 다음은 정수에서의 나눗셈 정리입니다.

> 임의의 정수 a, b(b≠0)에 대하여
>
> $$a = bq + r,\ 0 \leq r < |b|$$
>
> 를 만족하는 정수 q, r가 유일하게 존재한다.

나눗셈 정리를 그림으로 표현하면 다음과 같습니다. 수학에서의 함수는 입력에 대응되는 결과 값이 하나만 가능합니다. 그러나 파이썬의 함수는 입력에 대응되는 결과 값으로 하나 이상이 가능합니다.

위의 수식에서 k 함수에 대한 정의는 파이썬에서 다음과 같이 표현합니다.

```
def k (a, b):
    q = a//b
    r = a%b
    return q, r
```

❶ 함수를 정의할 때는 def로 시작합니다. def는 define의 약자로 '정의한다'라는 의미입니다.

❷ k는 함수 이름입니다. 함수 이름은 그 기능에 맞게 적당히 이름을 정해주어야 합니다.

❸ 소괄호 ()는 k 함수로 넘어가는 인자를 나타냅니다. 즉, 입력을 나타냅니다.

❹ 변수 a, b가 k 함수로 들어간다는 의미입니다.

❺ 쌍점 은 함수 정의 시작을 나타냅니다. 즉, 여기부터 함수의 정의를 시작해!라는 의미입니다.

❻ 함수 정의 부분은 들여쓰기를 해 줍니다. 일반적으로 탭 키를 이용하여 들여쓰기를 합니다. 들여 쓴 정도에 따라 단계를 나타냅니다.

❼ 입력으로 넘어온 a를 b로 나누어 몫을 q에 넣는다는 의미로 k 함수의 내부 동작입니다. //은 몫을 구하는 산술 연산자입니다.

❽ 입력으로 넘어온 a를 b로 나누어 나머지를 r에 넣는다는 의미로 k 함수의 내부 동작입니다. %는 나머지를 구하는 산술 연산자입니다.

❾ q, r 값을 돌려주며 함수를 빠져 나간다는 의미입니다.

위의 수식에서 k 함수에 대한 사용은 파이썬 스크립트에서 다음과 같이 표현합니다.

```
a = 19
1  2
b = 5
1  2  2
q, r = k(a, b)
   3
```

❶ 변수명입니다. 즉, a, b라는 변수를 선언한 것입니다.

❷ '=' 기호는 우측의 값을 좌측 변수에 할당하라는 의미입니다.  19를 x 변수에, 5를 y변수에 넣는 것입니다.

❸ 함수 k에 a, b를 넣는다는 의미입니다. 이렇게 함수를 사용하는 것을 함수를 호출한다고 합니다. a, b의
   값을 넘겨받은 함수 k는 결과 값으로 3, 4를 동시에 내어주며 3은 q, 4는 r 변수에 할당됩니다. 즉, q, r은 k
   함수를 수행한 결과 정수 3, 4 값을 할당 받게 됩니다.

이상에서 둘 이상의 반환 값을 받을 수 있는 함수에 대해 살펴보았습니다.

이제 k 함수에 대한 테스트를 수행해 봅니다.

**01** ⓜmicro:bit 다음과 같이 예제를 작성합니다.

**실습파일 : 110.py**

```
01 : from microbit import *
02 :
03 : def k (a, b):
04 :     q = a //b
05 :     r = a%b
06 :     return q, r
07 :
08 : a =19
09 : b =5
10 : q, r = k(a, b)
11 :
12 : display.show(q)
13 : sleep(1000)
14 : display.show(r)
```

**01**      : microbit 모듈로부터 모든 하위 모듈을 가져옵니다.

**03~06** : k 함수를 정의합니다.

**08**      : a 변수를 선언한 후, 19로 초기화합니다.

**09**      : b 변수를 선언한 후, 5로 초기화합니다.

**10**      : k 함수에 a, b 값을 주어 호출한 후, 결과 값을 q, r 변수에 받습니다.

**12**      : display 모듈의 show 함수를 호출하여 q 값을 디스플레이에 출력합니다.

**13**      : sleep 함수를 호출하여 1초간 멈춥니다.

**14**      : display 모듈의 show 함수를 호출하여 r 값을 디스플레이에 출력합니다.

**02** ![다운로드 아이콘] 을 눌러 마이크로비트로 다운로드합니다.

**03** 마이크로비트 보드의 디스플레이를 확인합니다. 3이 표시되고 1초 있다가 4가 표시됩니다. 3은 몫, 4는 나머지를 나타냅니다.

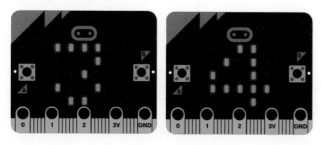

## 함수의 형식

함수의 형식은 아래와 같습니다.

```
1  def name(arguments):
2      """description for name"""
3      # TODO: write code...
4
```

함수로 넘어가는 값들을 인자 또는 매개변수라고 합니다. 0개 이상의 인자가 넘어갈 수 있습니다. 또 0개 이상의 반환 값을 돌려줄 수 있습니다.

이상에서 파이썬 프로그램은 함수와 변수를 이용하여 작성되며 독자 여러분은 함수와 변수에 대해 익숙해야 합니다.

# 02 _ while, if, break

- - - - - - - - - - - - - - - - - - - - - - - - - - - - - - - - - - - - - -

마이크로비트의 픽셀 하나에 대해 켜고 끄기를 무한 반복하기 위해서는 파이썬의 어떤 키워드가 필요할까요? 파이썬 프로그램이 무한히 실행되기 위해서는 일반적으로 while 문을 사용합니다. 또 while 문에 의해 무한히 실행되는 동작을 빠져 나가고자 할 경우에 어떤 키워드를 사용해야 할까요? if와 break 문을 사용하여 빠져 나갈 수 있습니다. while 문과 if 문에 대해서 살펴봅니다. 먼저 while 문과 if 문을 사용해 보고 그 역할을 정리해 봅니다.

## 02-1 while 사용해 보기

while 문은 파이썬 프로그램이 계속해서 실행되도록 합니다. 일반적으로 프로그램의 종료는 사용자의 명령에 의해서 수행되게 됩니다.

### 별 하나 켜고 끄기 무한 반복하기

while True: 문을 이용하여 LED 하나에 대해 켜고 끄기를 무한 반복해 봅니다.

**01** ⊂▣micro:bit 다음과 같이 예제를 작성합니다.

실습파일 : 112.py

```
01 : from microbit import *
02 :
03 : x_0 =0
04 : y_0 =0
05 : HIGH =9
06 : LOW =0
07 : DELAY =1000
08 :
09 : while True:
10 :     display.set_pixel(x_0,y_0,HIGH)
11 :     sleep(DELAY)
12 :     display.set_pixel(x_0,y_0,LOW)
13 :     sleep(DELAY)
```

**09** : while True: 문은 : 이하 한 칸 이상의 들여쓰기에 해당하는 동작을 무한 반복합니다. 대부분의 프로그램은 사용
자가 종료하기 전까지 무한 반복을 수행합니다. 이 무한 반복의 동작은 while True: 문에 의해서 가능합니다.

**11, 13** : microbit 모듈의 sleep 함수를 호출하여 DELAY 시간만큼 대기합니다. sleep 함수는 DELAY 밀리 초만큼 기다리
는 함수입니다.

**02** 🔌 을 눌러 마이크로비트로 다운로드합니다.

**03** 마이크로비트 보드의 디스플레이를 확인합니다. (0, 0)번 위치에 있는 LED가 1초 간격으로 깜빡이는 것
을 확인합니다.

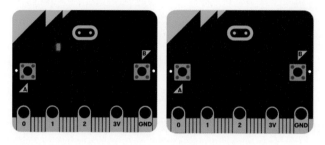

## 02-2 if, break 사용해 보기

이전 예제는 프로그램을 무한 반복합니다. 그러면 프로그램 수행을 멈추고자 할 경우엔 어떻게 해야
할까요? 예를 들어, 5 번만 수행하고자 할 경우엔 어떻게 해야 할까요? if, break 문을 이용하여 무
한 반복 프로그램의 수행을 멈춰보도록 합니다.

### while 조건문: 사용하기

일단 while True: 문이 아닌 while 조건문: 문을 이용하여 프로그램의 수행 횟수를 제한해 봅니다.

**01** ⓒmicro:bit 다음과 같이 예제를 수정합니다.

실습파일 : 113.py

```
01 : from microbit import *
02 :
03 : x_0 =0
04 : y_0 =0
05 : HIGH =9
06 : LOW =0
07 : DELAY =1000
08 :
09 : cnt =0
10 : while cnt <5:
11 :     display.set_pixel(x_0,y_0,HIGH)
```

```
12 :        sleep(DELAY)
13 :        display.set_pixel(x_0,y_0,LOW)
14 :        sleep(DELAY)
15 :
16 :        cnt = cnt +1
17 :
18 : display.show(cnt)
```

**09** : cnt 변수를 하나 만든 후, 0으로 초기화합니다.

**10** : cnt 변수 값이 5보다 작은 동안에 11~16줄을 수행합니다.

**16** : cnt 변수 값을 하나 증가시킵니다. 이 부분을 지날 때마다 cnt 변수 값이 하나씩 증가합니다. 그러다가 cnt 변수 값이 6이 되면 10줄에서 조건에 맞지 않아 while 문을 빠져 나옵니다.

**18** : display 모듈의 show 함수를 호출하여 cnt 값을 디스플레이에 출력합니다.

**02** 🔽 을 눌러 마이크로비트로 다운로드합니다.

**03** 마이크로비트 보드의 디스플레이를 확인합니다. (0, 0)번 위치에 있는 LED가 5번 깜빡이는 것을 확인합니다. while 문을 나온 후에 5가 표시됩니다. 5보다 작은 동안에, 즉, 0~4까지 수행한 후, while 문을 나와 5를 표시합니다.

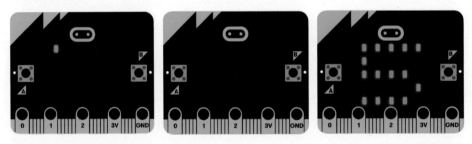

## if, break 문 사용하기

다음은 while True: 문에 if, break 문을 더하여 프로그램의 수행 횟수를 제한해 봅니다.

**01** ◎micro:bit 다음과 같이 예제를 수정합니다.

실습파일 : 114.py

```
01 : from microbit import *
02 :
03 : x_0 =0
04 : y_0 =0
05 : HIGH =9
06 : LOW =0
07 : DELAY =1000
08 :
09 : cnt =0
10 : while True:
```

```
11 :        display.set_pixel(x_0,y_0,HIGH)
12 :        sleep(DELAY) 13 :  display.set_pixel(x_0,y_0,LOW)
14 :        sleep(DELAY)
15 :
16 :        cnt = cnt +1
17 :        if cnt >=5:
18 :                break
19 :
20 : display.show(cnt)
```

**09** : cnt 변수를 선언한 후, 0으로 초기화합니다.

**10** : while True: 문으로 변경합니다. 이렇게 하면 11~18줄을 무한 반복합니다.

**16** : cnt 변수를 하나 증가시킵니다.

**17** : cnt 변수 값이 5보다 크거나 같으면(이전 예제의 조건과 반대 조건이 되도록 합니다.)

**18** : break 문을 수행하여 while 문을 빠져 나갑니다. break 문은 break 문을 싸고 있는 가장 가까운 반복문을 빠져나갑니다.

**02** 🖫 을 눌러 마이크로비트로 다운로드합니다.

**03** 마이크로비트 보드의 디스플레이를 확인합니다. (0, 0)번 위치에 있는 LED가 5번 깜빡이는 것을 확인합니다. while 문을 나온 후에 5가 표시됩니다. 5보다 작은 동안에, 즉, 0~4까지 수행한 후, while 문을 나와 5를 표시합니다.

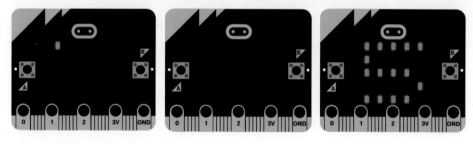

## 버튼 입력하면 빠져 나가기

버튼 입력이 있을 경우 while 문을 빠져 나가도록 합니다.

**01** ⬤micro:bit 다음과 같이 예제를 수정합니다.

실습파일 : 115.py
```
01 : from microbit import *
02 :
03 : x_0 =0
04 : y_0 =0
05 : HIGH =9
06 : LOW =0
07 : DELAY =1000
08 :
```

```
09 : while True:
10 :     display.set_pixel(x_0,y_0,HIGH)
11 :     sleep(DELAY)
12 :     display.set_pixel(x_0,y_0,LOW)
13 :     sleep(DELAY)
14 :
15 :     if button_a.was_pressed():
16 :             break
```

**15** : button_a가 눌렸으면 while 문을 빠져 나갑니다.

**02** 🔗 을 눌러 마이크로비트로 다운로드합니다.

**03** 마이크로비트 보드의 디스플레이를 확인합니다. (0, 0)번 위치에 있는 LED가 깜빡이는 것을 확인합니다.
button_a를 눌렀으면 LED의 깜빡임이 멈춥니다.

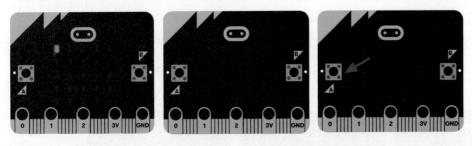

## 02-3 while, if, break 이해하기

### while 문 : 계속해서 반복해!

앞에서 while 문이 처음으로 사용되었습니다. while 문에 대해서 살펴봅니다. while 문은 주어진 조건이 만족될 때까지 반복적인 동작을 수행할 때 사용합니다. 다음은 파이썬에서 사용하는 while 문의 한 형태로 앞에서 수행했던 while 문의 동작을 10회 반복시키는 예제입니다.

```
1  from microbit import *
2
3  n=0
4  while n<10 :
5      display.show(n)
6      sleep(500)
7
8      n=n+1
9
```

❶ while 문을 나타냅니다.

❷ 조건 변수의 초기 값을 나타냅니다. 즉, n 변수의 초기 값은 0입니다.

❸ 조건을 나타냅니다. 즉, n 변수의 값이 10보다 작아야 ❹ 쌍점과 ❺ 한 단계 이상 들여쓰기에 해당하는 ❻ 부분을 수행합니다.

❹ while 조건문의 시작을 나타냅니다.

❺ while 문의 범위를 나타냅니다. 일반적으로 탭을 이용하여 들여쓰기를 합니다.

❻ while 문에서 반복적으로 실행할 동작을 나타냅니다.

while 문은 뒤에서 살펴볼 for 문에 비해 상대적으로 언제까지 수행될지 모를 때 주로 사용합니다. 예를 들어, 프로그램의 종료는 사용자가 결정하는데 언제 결정할지 모릅니다. 이때, while 문이 주로 사용됩니다.

### if 문 : 이 경우는 이거해!

위의 예제는 if 문을 이용하여 다음과 같이 변경할 수 있습니다.

```
1  from microbit import *
2
3  n=0
4  while True :
5      display.show(n)
6      sleep(500)
7
8      n=n+1
9      if n>=10 :
10         break
11
```

❶ while True 는 계속해서라는 의미입니다. 예제에서는 계속해서 ❷ 쌍점과 ❸ 한 단계 이상 들여쓰기에 해당하는 부분을 수행합니다. while 문을 빠져 나오는 조건은 ❹ 부분으로 옮겨갑니다. while 문은 상대적으로 언제까지 수행될지 모르기 때문에 while True로 시작한 다음 ❹와 같이 조건을 넣는 것이 생각하기 편합니다. 주의할 점은 앞의 예제의 조건의 반대가 되어야 합니다. 앞의 예제에서는 조건 부분이 n<10이었지만, 현재 예제에서는 n>=10이 됩니다.

❹ if 문을 나타냅니다. 만약이라는 의미입니다.

❺ if 문의 조건을 나타냅니다. ❹❺를 합치면 [만약 n값이 10보다 크거나 같으면]의 의미가 됩니다. n 변수의 값이 10보다 크거나 같으면 ❽ 을 수행하고 그렇지 않으면 ❽을 수행하지 않습니다.

❻ if 조건문의 시작을 나타냅니다.

❼ if 문의 범위를 나타냅니다. 일반적으로 탭을 이용하여 들여쓰기를 합니다.

❽ break 문은 반복된 동작을 깨고 나가라는 의미로 예제에서는 while 문을 빠져 나가 11 줄로 가라는 의미입니다.

## while 문 실행해 보기

이제 while 문에 대한 테스트를 수행해 봅니다.

**01** ⊂micro:bit 다음과 같이 예제를 작성합니다.

```
실습파일 : 118.py

01 : from microbit import *
02 :
03 : n =0
04 : while n <10 :
05 :     display.show(n)
06 :     sleep(500)
07 :
08 :     n =n +1
```

**03** : n 변수를 하나 만든 후, 0으로 초기화합니다.
**04** : n 변수 값이 10보다 작은 동안에 5~8줄을 수행합니다.
**05** : display 모듈의 show 함수를 호출하여 n 값을 디스플레이에 출력합니다.
**06** : sleep 함수를 호출하여 500 밀리 초간 기다립니다.
**08** : n 변수 값을 하나 증가시킵니다. 이 부분을 지날 때마다 n 변수 값이 하나씩 증가합니다.

**02** 🔧 을 눌러 마이크로비트로 다운로드합니다.

**03** 마이크로비트 보드의 디스플레이를 확인합니다. 0~9까지 0.5초 간격으로 표시됩니다.

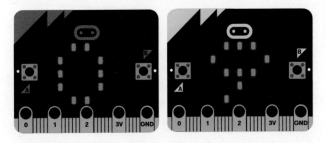

## while True 문 실행해보기

이제 while True 문을 이용한 같은 동작을 수행해 보도록 합니다.

**01** ⊂micro:bit 다음과 같이 예제를 작성합니다.

```
실습파일 : 119.py

01 : from microbit import *
02 :
03 : n =0
04 : while True :
05 :     display.show(n)
```

```
06 :        sleep(500)
07 :
08 :        n =n +1
09 :        if n >=10 :
10 :                break
```

**03** : n 변수를 하나 만든 후, 0으로 초기화합니다.

**04** : while True: 문으로 변경합니다. 이렇게 하면 5~10줄을 무한 반복합니다.

**05** : display 모듈의 show 함수를 호출하여 n 값을 디스플레이에 출력합니다.

**06** : sleep 함수를 호출하여 500 밀리 초간 기다립니다.

**08** : n 변수 값을 하나 증가시킵니다. 이 부분을 지날 때마다 n 변수 값이 하나씩 증가합니다.

**09** : n 변수 값이 10보다 크거나 같으면(이전 예제의 조건과 반대 조건이 되도록 합니다.)

**10** : break 문을 수행하여 while 문을 빠져 나갑니다. break 문은 break 문을 싸고 있는 가장 가까운 반복문을 빠져나갑니다.

**02** 📥 을 눌러 마이크로비트로 다운로드합니다.

**03** 마이크로비트 보드의 디스플레이를 확인합니다. 0~9까지 0.5초 간격으로 표시됩니다.

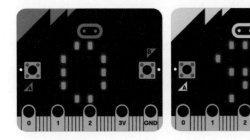

## while 문의 형식

일반적인 while 문의 형식은 아래와 같습니다.

```
1  while condition:
            조건문      쌍점
2  들여쓰기 # TODO: write code...
                실행문
3
```

while 문의 시작은 쌍점으로 시작하고 들여쓰기를 한 후, 수행할 동작을 작성합니다.

조건에 해당하는 부분에는 비교 문과 논리 문이 올 수 있습니다. 예를 들어 다음과 같은 형태의 문장이 올 수 있습니다.

n>10            n이 10보다 크다
n<10            n이 10보다 작다
n>=10           n이 10보다 크거나 같다
n<=10           n이 10보다 작거나 같다
n==10           n이 10과 같다(=을 연속으로 2개 사용)
n!=10           n이 10과 같지 않다
n>10 and n<20   n이 10보다 크고 20보다 작다
n>10 or n<5     n이 0보다 크거나 5보다 작다
not n>10        n이 10보다 크지 않다

다음과 같은 형태의 문장도 가능합니다.

10 < n < 20        n이 10보다 크고 20보다 작다

## if 문의 형식

일반적인 if 문의 형식은 아래와 같습니다. 다음은 단순 if 문입니다.

```
1  if condition:
2      # TODO: write code...
3
```

단순 if 문은 조건문에 맞을 때만 실행문 부분을 수행합니다. 조건에 해당하는 부분에는 while 문과 같이 비교 문과 논리 문이 올 수 있습니다.

다음은 if-else 문입니다.

```
1  if condition:
2      # TODO: write code...
3  else:
4      # TODO: write code...
5
```

if-else 문은 if 조건문에 맞으면 실행문 1 부분을 수행하고 그렇지 않을 경우 실행문 2 부분을 수행합니다. else 문은 if 조건문에 해당하지 않는 나머지 경우에 대해 수행됩니다.

다음은 다중 if 문입니다.

```
1  if condition:
2      # TODO: write code...
3  elif condition:
4      # TODO: write code...
5  else:
6      # TODO: write code...
```

다중 if 문은 조건문 1에 맞으면 실행문 1부분을 수행하고 그렇지 않고  조건문 2에 맞으면 실행문 2 부분을 수행하고 그렇지 않을 경우 실행문 3 부분을 수행합니다.

if 문에 대해서는 뒤에서 다양하게 사용되며 그 때 다시 살펴보도록 합니다.

# 03 _ 목록, for-in

-----

LED 5개를 켜고 꺼보도록 합니다. 이 과정에서 목록과 for-in 문의 필요성을 느껴보고, 목록과 for-in 문을 이용하여 효율적인 코드를 작성해 봅니다.

## 03-1 목록 사용해 보기

LED 5개를 켜고 꺼보도록 합니다. 이 과정에서 목록에 대한 필요성을 느껴봅니다.

### 별 한줄 켜기

이제 픽셀 한 줄 전체를 켜보도록 합니다.

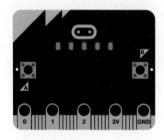

**01** ⓒmicro:bit 다음과 같이 예제를 수정합니다.

> 실습파일 : 122.py

```
01 : from microbit import *
02 :
03 : display.set_pixel(0,0,9)
04 : display.set_pixel(1,0,9)
05 : display.set_pixel(2,0,9)
06 : display.set_pixel(3,0,9)
07 : display.set_pixel(4,0,9)
```

**03** : display 모듈의 set_pixel 함수를 이용하여 (0, 0) 번째 위치에 있는 LED를 9의 밝기로 켭니다.
**04** : display 모듈의 set_pixel 함수를 이용하여 (1, 0) 번째 위치에 있는 LED를 9의 밝기로 켭니다.
**05** : display 모듈의 set_pixel 함수를 이용하여 (2, 0) 번째 위치에 있는 LED를 9의 밝기로 켭니다.
**06** : display 모듈의 set_pixel 함수를 이용하여 (3, 0) 번째 위치에 있는 LED를 9의 밝기로 켭니다.
**07** : display 모듈의 set_pixel 함수를 이용하여 (4, 0) 번째 위치에 있는 LED를 9의 밝기로 켭니다.

**02** 📥 을 눌러 마이크로비트로 다운로드합니다.

**03** 마이크로비트 보드의 디스플레이를 확인합니다. (0, 0), (1, 0), (2, 0), (3, 0), (4, 0)번 위치에 있는 5개의
LED가 최고 밝기로 켜집니다.

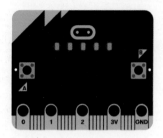

## 직접 풀어보기

[문제 1] 위 예제를 수정하여 다음과 같이 켜 보시오.

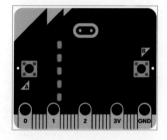

[문제 2] 위 예제를 수정하여 다음과 같이 켜 보시오.

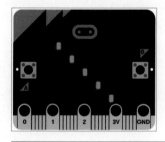

## 변수 사용하기

변수를 추가하여 사용해 봅니다. 변수는 수학에서 유래한 용어로 수식에 따라서 변하는 값을 뜻합니
다. 파이썬에서는 값을 저장할 수 있는 이름을 가진 메모리 공간을 나타냅니다.

**01** ⊙micro:bit 다음과 같이 예제를 수정합니다.

```
01 : from microbit import *
02 :
03 : x_0 =0
04 : x_1 =1
05 : x_2 =2
06 : x_3 =3
07 : x_4 =4
08 : y_0 =0
09 : HIGH =9
10 :
11 : display.set_pixel(x_0,y_0,HIGH)
12 : display.set_pixel(x_1,y_0,HIGH)
13 : display.set_pixel(x_2,y_0,HIGH)
14 : display.set_pixel(x_3,y_0,HIGH)
15 : display.set_pixel(x_4,y_0,HIGH)
```

**01** : microbit 모듈로부터 모든 하위 모듈을 가져옵니다.
**03** : x_0 변수를 선언한 후, 0값을 대입합니다.
**04** : x_1 변수를 선언한 후, 1값을 대입합니다.
**05** : x_2 변수를 선언한 후, 2값을 대입합니다.
**06** : x_3 변수를 선언한 후, 3값을 대입합니다.
**07** : x_4 변수를 선언한 후, 4값을 대입합니다.
**08** : y_0 변수를 선언한 후, 0값을 대입합니다.
**09** : HIGH 변수를 선언한 후, 9값을 대입합니다.
**11** : display 모듈의 set_pixel 함수를 호출하여 (x_0, y_0)위치에 있는 LED에 HIGH 값을 줍니다.
**12** : display 모듈의 set_pixel 함수를 호출하여 (x_1, y_0)위치에 있는 LED에 HIGH 값을 줍니다.
**13** : display 모듈의 set_pixel 함수를 호출하여 (x_2, y_0)위치에 있는 LED에 HIGH 값을 줍니다.
**14** : display 모듈의 set_pixel 함수를 호출하여 (x_3, y_0)위치에 있는 LED에 HIGH 값을 줍니다.
**15** : display 모듈의 set_pixel 함수를 호출하여 (x_4, y_0)위치에 있는 LED에 HIGH 값을 줍니다.

**02** 🔂 을 눌러 마이크로비트로 다운로드합니다.

**03** 마이크로비트 보드의 디스플레이를 확인합니다. (0, 0), (1, 0), (2, 0), (3, 0), (4, 0)번 위치에 있는 5개의 LED가 최고 밝기로 켜집니다.

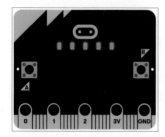

## 변수 모여라! 목록 사용하기

여러분은 중학교, 고등학교 수학 시간에 집합을 배운 적이 있습니다. 예를 들면, '우리 반 학생의 모임', '5보다 크고 10보다 작은 자연수의 모임'과 같이 어떤 조건에 따라 일정하게 결정되는 요소의 모임을 집합이라고 합니다. '5보다 크고 10보다 작은 자연수의 모임'은 중괄호 {과 }을 이용하여 다음과 같이 나타낼 수 있습니다.

{6,7,8,9}
{x : x는 5보다 크고 10보다 작은 자연수}
{x : 5 〈 x 〈 10, x는 자연수}

파이썬에서는 같은 성격을 갖는 변수의 집합을 목록이라고 합니다. 또, 목록을 나타내기 위하여 대괄호 '['과 ']'을 사용합니다. 예를 들어, 앞의 예제에서 x_0~x_4는 마이크로비트 상에 있는 디스플레이의 가로 위치 0~4를 나타냅니다. 따라서 x_0~x_4는 같은 성격의 변수이며 목록에 넣을 수 있습니다. 목록을 사용하여 x_0~x_4를 하나로 묶어봅니다.

**01** ⓒmicro:bit 다음과 같이 예제를 수정합니다.

실습파일 : 125.py

```
01 : from microbit import *
02 :
03 : x =[0,1,2,3,4]
04 : y_0 =0
05 : HIGH =9
06 :
07 : display.set_pixel(x[0],y_0,HIGH)
08 : display.set_pixel(x[1],y_0,HIGH)
09 : display.set_pixel(x[2],y_0,HIGH)
10 : display.set_pixel(x[3],y_0,HIGH)
11 : display.set_pixel(x[4],y_0,HIGH)
```

**03** : x좌표의 집합 0,1,2,3,4를 목록에 넣어 x에 할당합니다. 이렇게 하면 x는 목록 변수가 됩니다. 다음 그림을 참조합니다.

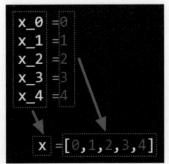

**07~11** : x목록의 0~4번 항목인 x[0]~x[4]를 display 모듈의 set_pixel 함수의 첫 번째 인자로 넣습니다. 꼭 기억해야 할 것은 목록의 항목은 1이 아닌 0에서 시작합니다. 즉, 이 예제에서 목록의 개수는 5개 이지만 목록의 번호는 0~4가 됩니다. 이전 예제와는 다음과 같이 대응됩니다.

```
display.set_pixel(x_0,y_0,HIGH)
display.set_pixel(x_1,y_0,HIGH)
display.set_pixel(x_2,y_0,HIGH)
display.set_pixel(x_3,y_0,HIGH)
display.set_pixel(x_4,y_0,HIGH)


display.set_pixel(x[0],y_0,HIGH)
display.set_pixel(x[1],y_0,HIGH)
display.set_pixel(x[2],y_0,HIGH)
display.set_pixel(x[3],y_0,HIGH)
display.set_pixel(x[4],y_0,HIGH)
```

**02** 📥 을 눌러 마이크로비트로 다운로드합니다.

**03** 마이크로비트 보드의 디스플레이를 확인합니다. (0, 0), (1, 0), (2, 0), (3, 0), (4, 0)번 위치에 있는 5개의 LED가 최고 밝기로 켜집니다.

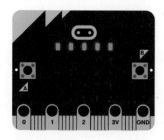

## 파이썬 쉘에서 목록 살펴보기

파이썬 스크립트에서 추가한 목록 x는 파이썬 쉘에게 어떻게 반영될까요?

다음과 같이 명령을 수행해 봅니다.

```
>>> dir()
['HIGH', 'pin2', 'pin0', 'pin1', 'pin3', 'pin6', 'pin13', 'pin4', 'uart', 'pin5', 'pin7', 'temperature', 'sleep', 'pin8', 'pin9', 'button_a', 'button_b', 'reset', '__name__', 'i2c', 'pin11', 'pin10', 'spi', 'panic', 'Image', 'running_time', 'compass', 'pin12', 'pin14', 'pin15', 'accelerometer', 'display', 'pin16', 'pin19', 'pin20', 'y_0', 'x']
>>> x
[0, 1, 2, 3, 4]
>>> help(x)
object [0, 1, 2, 3, 4] is of type list
  append -- <function>
  clear -- <function>
  copy -- <function>
  count -- <function>
  extend -- <function>
  index -- <function>
  insert -- <function>
  pop -- <function>
  remove -- <function>
  reverse -- <function>
  sort -- <function>
>>>
```

dir() 명령을 수행해 봅니다. 빨간 줄로 표시된 x 목록 변수가 파이썬 쉘의 모듈 목록에 담겨져 있는 것을 볼 수 있습니다. x에 대해 파이썬 쉘에게 물어봅니다. x의 값인 [0,1,2,3,4] 목록이 표시됩니다. help 명령을 이용하여 x 변수를 좀 더 자세히 살펴봅니다. x의 값이 목록 형이라고 표시합니다. 또, 사용할 수 있는 함수들을 보여줍니다. 예를 들어, 목록에 사용할 수 있는 함수들은 다음과 같이 사용할 수 있습니다.

```
>>> x.count(3) ◀
1
>>> x.index(2) ◀
2
>>>
```

count 함수의 경우, 항목의 개수를 돌려주며, index 함수의 경우 항목의 위치 값을 돌려줍니다. x.count(3)은 값이 3인 항목의 개수를 돌려줍니다. x.index(2)는 2 항목의 위치 값을 돌려줍니다.

## 03-2 for-in 문 사용해 보기

목록은 for-in 문과 아주 밀접한 관계가 있습니다. 목록이 같은 형태의 자료의 집합이라면, for-in 문은 같은 동작의 반복 실행을 위한 제어문입니다. 그래서 목록과 for-in 문은 같이 사용되는 경우가 많습니다. for-in 문을 이용하여 반복 동작을 간단하게 해 봅니다.

### 목록의 단짝 for-in 문

목록에 대한 반복된 동작을 for-in 문을 이용하여 간결하게 표현해 봅니다.

**01** ⬤ micro:bit 다음과 같이 예제를 작성합니다.

실습파일 : 127.py :

```
01 : from microbit import *
02 :
03 : x =[0,1,2,3,4]
04 : y_0 =0
05 : HIGH =9
06 :
07 : for m in range(0,5):
08 :     display.set_pixel(x[m],y_0,HIGH)
```

**07** : for 문은 in과 같이 사용합니다. in 자리에는 목록 또는 range 클래스가 옵니다. for 문의 in 자리에 range(0, 5)를 줍니다. range(0, 5)는 0보다 크거나 같고 5보다 작은 범위의 정수입니다. 0, 1, 2, 3, 4가 됩니다. 0은 포함하지만 5는 포함

되지 않는다는 점을 주의하도록 합니다. for 문에 의해 m은 차례대로 0, 1, 2, 3, 4로 할당되면서 8번 줄을 수행합니다. 즉, m에 0을 넣고 8번 줄을 수행하고, m에 1을 넣고 8번 줄을 수행하고, 마지막에 m에 4를 넣고 8번 줄을 수행합니다. m이 0일 경우 8번 줄은 x[0]이 되고, m이 1일 경우 8번 줄은 x[1]이 됩니다.

**08** : x목록의 m번 항목인 x[m]을 display 모듈의 set_pixel 함수의 첫 번째 인자로 넣습니다. m은 for 문에 의해 차례대로 0~4의 값을 갖게 됩니다. 다음 그림을 참조합니다.

```
display.set_pixel(x[0],y_0,HIGH)
display.set_pixel(x[1],y_0,HIGH)
display.set_pixel(x[2],y_0,HIGH)
display.set_pixel(x[3],y_0,HIGH)
display.set_pixel(x[4],y_0,HIGH)

for m in range(0,5):
    display.set_pixel(x[m],y_0,HIGH)
```

**02** 🔽 을 눌러 마이크로비트로 다운로드합니다.

**03** 마이크로비트 보드의 디스플레이를 확인합니다. (0, 0), (1, 0), (2, 0), (3, 0), (4, 0)번 위치에 있는 5개의 LED가 최고 밝기로 켜집니다.

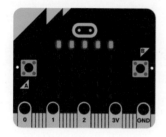

### range 클래스 살펴보기

range는 범위를 나타내는 클래스입니다. range 클래스에 대해서 살펴봅니다.
다음과 같이 명령을 수행해 봅니다.

```
>>> range
<class 'range'>
>>> range(0,5)
range(0, 5)
>>> list(range(0,5))
[0, 1, 2, 3, 4]
>>>
```

range를 입력했더니 'range' 클래스라고 출력합니다. range(0, 5)를 입력했더니 range(0, 5)라고 출력합니다. 목록 클래스를 이용하여 목록으로 출력해 봅니다. [0, 1, 2, 3, 4]로 출력합니다. 0은 포함되고 5는 빠져 있는 것을 볼 수 있습니다. 즉, range(0, 5)는 0~4에 대응하는 정수를 나타냅니다.

이번엔 다음과 같이 명령을 수행해 봅니다.

```
>>> range(4,-1,-1) ←
range(4, -1, -1)
>>> list(range(4,-1,-1)) ←
[4, 3, 2, 1, 0]
>>>
```

range(4, -1, -1)은 4에서 -1 초과에 있는 -1 간격의 정수를 나타냅니다. 즉, 4~0에 대응하는 정수를 나타냅니다.

다음과 같이 명령을 수행해 봅니다.

```
>>> list(range(0,5,1)) ←
[0, 1, 2, 3, 4]
>>> list(range(0,5,2)) ←
[0, 2, 4]
>>> list(range(0,5,3)) ←
[0, 3]
>>> list(range(4,-1,-1)) ←
[4, 3, 2, 1, 0]
>>> list(range(4,-1,-2)) ←
[4, 2, 0]
>>> list(range(4,-1,-3)) ←
[4, 1]
>>>
```

range(0,5,1)은 0이상 5미만 사이에 있는 1 간격의 정수를 나타냅니다.

range(0,5,2)은 0이상 5미만 사이에 있는 2 간격의 정수를 나타냅니다.

range(0,5,3)은 0이상 5미만 사이에 있는 3 간격의 정수를 나타냅니다.

range(4,-1,-1)은 4이하 -1초과 사이에 있는 -1 간격의 정수를 나타냅니다.

range(4,-1,-2)은 4이하 -1초과 사이에 있는 -2 간격의 정수를 나타냅니다.

range(4,-1,-3)은 4이하 -1초과 사이에 있는 -3 간격의 정수를 나타냅니다.

## for-in 문에 목록 변수 사용하기

for-in 문에 목록 변수를 사용해 봅니다.

01 [micro:bit] 다음과 같이 예제를 수정합니다.

실습파일 : 129.py

```
01 : from microbit import *
02 :
03 : x =[0,1,2,3,4]
04 : y_0 =0
```

```
05 :  HIGH =9
06 :
07 :  for x_m in x:
08 :      display.set_pixel(x_m,y_0,HIGH)
```

**07** : in 자리에 x 목록을 놓습니다. 이렇게 하면 x_m에 차례대로 x 목록의 각 항목이 할당됩니다. 즉, x_m에 차례대로 x[0]~x[4] 항목이 할당됩니다. 그리고 각 항목에 대해 8번 줄이 수행됩니다. 다음 그림을 참조합니다.

**02** 🔲 을 눌러 마이크로비트로 다운로드합니다.

**03** 마이크로비트 보드의 디스플레이를 확인합니다. (0, 0), (1, 0), (2, 0), (3, 0), (4, 0)번 위치에 있는 5개의 LED가 최고 밝기로 켜집니다.

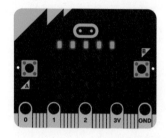

## for-in 문에 목록 값 사용해 보기

이번엔 for 문의 in 자리에 목록 값을 직접 주어봅니다.

**01** ⊂◎⊃micro:bit 다음과 같이 예제를 수정합니다.

실습파일 : 130.py
```
01 : from microbit import *
02 :
03 : y_0 =0
04 : HIGH =9
05 :
06 : for x_m in [0,1,2,3,4]:
07 :     display.set_pixel(x_m,y_0,HIGH)
```

**06** : for 문의 in 자리에 [0,1,2,3,4] 목록을 직접 줍니다. 이렇게 하면 x_m에 차례대로 목록의 각 항목이 할당됩니다.

**02** 🔲 을 눌러 마이크로비트로 다운로드합니다.

**03** 마이크로비트 보드의 디스플레이를 확인합니다. (0, 0), (1, 0), (2, 0), (3, 0), (4, 0)번 위치에 있는 5개의 LED가 최고 밝기로 켜집니다.

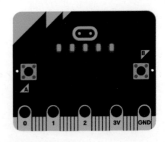

## 03-3 목록과 for-in문 이해하기

목록과 for-in 문은 일반적으로 같이 사용됩니다. 목록은 같은 성격을 갖는 변수의 집합입니다. 같은 성격의 변수의 집합이기 때문에 변수 하나 하나에 대해 같은 동작을 수행하게 됩니다. 이렇게 같은 동작이 반복될 때를 위해 파이썬에서 제공하는 제어문이 for-in 문입니다. 따라서 for-in 문은 목록을 위한 제어문이라고 할 수 있습니다. 목록과 for-in 문에 대해서 자세히 살펴봅니다.

### 목록과 for-in 문 살펴보기 : 목록의 여기부터 저기까지 반복해!

앞의 예제에서는 for 문이 처음으로 사용되었습니다. for 문에 대해서 살펴봅니다.

for-in 문은 어떤 범위에 있는 변수 하나 하나에 대해 반복적인 동작을 수행할 때 사용합니다. 즉, 일정한 간격으로 같은 동작이 여러 번 반복될 때 사용합니다.

다음은 파이썬에서 사용하는 for-in 문의 한 형태입니다.

```
from microbit import *

x = [0,1,2,3,4]
      ①

for x_m in x :
②     display.show(x_m)
⑤   ③    ⑥
⑦    sleep(500)
      ⑧        ⑨
```

❶ 대괄호 []는 목록을 나타냅니다. 이 경우 x는 목록 변수가 됩니다.

❷ for 문을 나타냅니다. 파이썬의 for 문은 ❸ in과 같이 사용됩니다.

❹ 변수 목록이 옵니다.

❺ ❹ 자리에 오는 변수 목록의 각 항목을 받는 변수입니다. 즉, x_m은 x 목록의 항목인 0~4 값을 받습니다.

❻ for-in 문의 시작 부분을 나타냅니다.

❼ for-in 문의 범위를 나타냅니다. 일반적으로 탭을 이용하여 들여쓰기를 합니다.

❽ for-in 문에서 반복적으로 실행할 동작을 나타냅니다. display.show 함수를 호출하여 ❾ x_m 값을 출력하고 있습니다. x_m은 ❺에 오는 x_m과 같습니다.

위 예제는 다음과 같이 변경할 수 있습니다.

```
from microbit import *

for x_m in [0,1,2,3,4] :
    display.show(x_m)
    sleep(500)
```

즉, for 문의 in 자리에 목록 값이 직접 오게 됩니다.

for-in 문을 사용하지 않을 경우 앞의 예제는 다음과 같이 작성해야 합니다.

```
from microbit import *

x = [0,1,2,3,4]

display.show(x[0])
sleep(500)
display.show(x[1])
sleep(500)
display.show(x[2])
sleep(500)
display.show(x[3])
sleep(500)
display.show(x[4])
sleep(500)
```

x[0]~x[4]까지 display.show 함수를 이용하여 출력합니다. x[0]~x[4]까지는 개수가 많지 않으므로 위와 같이 스크립트를 작성할 수 있지만 x[0]~x[99], x[0]~x[999], x[0]~x[9999]까지 등의 목록의 범위가 되면 for 문은 반드시 필요해집니다.

## range 사용하기

앞의 예제를 range 클래스를 사용할 경우 다음과 같이 변경할 수 있습니다.

```
from microbit import *

x = [0,1,2,3,4]

for m in range(0,5) :
    display.show(x[m])
    sleep(500)
```

range는 정수의 범위를 나타내는 클래스입니다. 위 예제의 경우 0보다 크거나 같고 5보다 작은 정수가 됩니다. 즉, 0, 1, 2, 3, 4 정수가 되며 이 정수가 x 목록의 색인으로 사용됩니다. 즉, m에는 0, 1, 2, 3, 4가 차례대로 입력되어 x[0], x[1], x[2], x[3], x[4] 항목이 차례대로 출력됩니다.

## for-in 문 실행해 보기

이제 for 문에 대한 테스트를 수행해 봅니다.

**01** ⊙micro:bit 다음과 같이 예제를 작성합니다.

실습파일 : 133.py

```
01 : from microbit import *
02 :
03 : x = [0,1,2,3,4]
04 :
05 : for x_m in x :
06 :     display.show(x_m)
07 :     sleep(500)
```

**02** 🎛 을 눌러 마이크로비트로 다운로드합니다.

**03** 마이크로비트 보드의 디스플레이를 확인합니다. 0~4까지 0.5초 간격으로 표시됩니다.

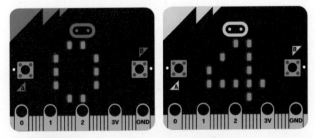

**04** ⊙micro:bit 다음과 같이 예제를 수정합니다.

실습파일 : 134_1.py

```
01 : from microbit import *
02 :
03 : for x_m in [0,1,2,3,4] :
04 :     display.show(x_m)
05 :     sleep(500)
```

**05** 🎛 을 눌러 마이크로비트로 다운로드합니다.

**06** 마이크로비트 보드의 디스플레이를 확인합니다. 0~4까지 0.5초 간격으로 표시됩니다.

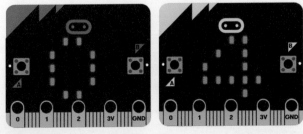

**07** 〔micro:bit〕 다음과 같이 예제를 수정합니다.

실습파일 :134_2.py

```
01 : from microbit import *
02 :
03 : x = [0,1,2,3,4]
04 :
05 : for m in range(0,5) :
06 :     display.show(x[m])
07 :     sleep(500)
```

**08** 🔧 을 눌러 마이크로비트로 다운로드합니다.

**09** 마이크로비트 보드의 디스플레이를 확인합니다. 0~4까지 0.5초 간격으로 표시됩니다.

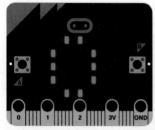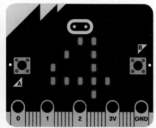

## 큰 목록 초기화 방법

항목의 개수가 많은 목록은 어떻게 초기화해야 할까요? 예를 들어, 항목의 개수가 500개이고 각각의 항목에 0~499로 초기화하고자 할 경우에 어떻게 해야 할까요? 항목의 개수가 많은 목록에 대한 초기화 방법을 살펴봅니다.

**01** 〔micro:bit〕 다음과 같이 예제를 작성합니다.

실습파일 : 135.py

```
01 : x = []
02 : for m in range(0,500):
03 :     x.append(m)
```

**01** : x 변수를 선언한 후, 빈 목록으로 초기화합니다.
**02** : 0~499에 대하여
**03** : x 목록에 대하여 append 함수를 호출하여 0~499 값을 차례대로 채워 넣습니다. append 함수는 목록에 사용하는 함수로 항목을 채워 넣을 때 사용합니다.

**02** 🔧 을 눌러 마이크로비트로 다운로드합니다.

**03** ![putty] putty 창에서 다음과 같이 명령을 수행합니다.

```
>>> dir() ⬅
['m', 'x', '__name__']
>>> x ⬅
```

dir() 명령을 수행해 봅니다. x 변수를 확인합니다.

x를 입력해 봅니다. 그러면 다음과 같이 0~499 값을 갖는 목록이 출력됩니다.

```
422, 423, 424, 425, 426, 427, 428, 429, 430, 431, 432, 433, 434, 435, 436, 437,
438, 439, 440, 441, 442, 443, 444, 445, 446, 447, 448, 449, 450, 451, 452, 453,
454, 455, 456, 457, 458, 459, 460, 461, 462, 463, 464, 465, 466, 467, 468, 469,
470, 471, 472, 473, 474, 475, 476, 477, 478, 479, 480, 481, 482, 483, 484, 485,
486, 487, 488, 489, 490, 491, 492, 493, 494, 495, 496, 497, 498, 499]
>>>
```

## 목록 안에서 for-in 문 사용하기

파이썬에서는 목록 안에서 for 문을 사용할 수 있습니다. 이렇게 하면 항목이 많은 목록을 쉽게 초기화할 수 있습니다.

**01** ![micro:bit] 다음과 같이 예제를 수정합니다.

실습파일 : 136.py

```
01 : x = []
02 : for m in range(0,500):
03 :     x.append(m)
04 :
05 : y = [ n for n in range(0,500) ]
```

**05** : y 변수를 선언하여, 0~499인 n을 목록으로 초기화합니다.

**02** ![다운로드] 을 눌러 마이크로비트로 다운로드합니다.

**03** ![putty] putty 창에서 다음과 같이 명령을 수행합니다.

```
>>> dir() ⬅
['m', 'x', '__name__', 'y']
>>> y ⬅
```

dir() 명령을 수행해 봅니다. y 변수를 확인합니다.

y를 입력해 봅니다. 그러면 다음과 같이 0~499 값을 갖는 목록이 출력됩니다.

```
422, 423, 424, 425, 426, 427, 428, 429, 430, 431, 432, 433, 434, 435, 436, 437,
438, 439, 440, 441, 442, 443, 444, 445, 446, 447, 448, 449, 450, 451, 452, 453,
454, 455, 456, 457, 458, 459, 460, 461, 462, 463, 464, 465, 466, 467, 468, 469,
470, 471, 472, 473, 474, 475, 476, 477, 478, 479, 480, 481, 482, 483, 484, 485,
486, 487, 488, 489, 490, 491, 492, 493, 494, 495, 496, 497, 498, 499]
>>>
```

## for-in 문의 형식

일반적인 for-in 문의 형식은 아래와 같습니다.

```
1  for item in items:
2      # TODO: write code...
3
```

항목들에 있는 각 항목에 대하여 실행 문을 수행합니다. for 문의 시작은 쌍점으로 시작하며, for 문에 의해 반복적으로 수행되는 동작은 들여쓰기에 맞춰진 실행 문입니다.

for 문을 좀 더 이해하기 위해 다음 집합을 살펴봅니다.

$$\{ b : 0 <= b < 10인\ 정수 \}$$

이 집합은 파이썬의 for-in 문에 다음과 같이 대응됩니다.

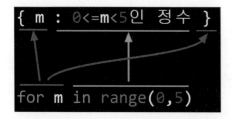

즉, for는 원소, in은 범위를 나타냅니다.


## 03-4 for-in 문 활용하기

for 문을 활용하여 마이크로비트 디스플레이에 다양한 표현을 해 봅니다.


### 별 한줄 끄기

for 문을 이용하여 픽셀 한 줄 전체를 꺼보도록 합니다.


**01** `micro:bit` 다음과 같이 예제를 수정합니다.

```
실습파일 : 137.py

01 : from microbit import *
02 :
03 : x =[0,1,2,3,4]
04 : y_0 =0
05 : HIGH =9
06 : LOW =0
```

```
07 : DELAY =1000
08 :
09 : for m in range(0,5):
10 :            display.set_pixel(x[m],y_0,HIGH)
11 : sleep(DELAY)
12 :
13 : for m in range(0,5):
14 :     display.set_pixel(x[m],y_0,LOW)
```

**06** : LOW 변수를 선언한 후, 0으로 초기화합니다.
**07** : DELAY 변수를 선언한 후, 1000으로 초기화합니다.
**09** : 0에서 5미만의 정수에 있는 m 변수에 대해
**10** : display 모듈의 set_pixel 함수를 호출하여 (x[m], y_0) 좌표에 해당하는 LED 픽셀을 HIGH로 설정하여 각 LED를 켭니다.
**11** : sleep 함수를 호출하여 DELAY 밀리 초만큼 기다립니다.
**13** : 0에서 5미만의 정수에 있는 m 변수에 대해
**14** : display 모듈의 set_pixel 함수를 호출하여 (x[m], y_0) 좌표에 해당하는 LED 픽셀을 LOW로 설정하여 각 LED를 끕니다.

**02** 을 눌러 마이크로비트로 다운로드합니다.

**03** 마이크로비트 보드의 디스플레이를 확인합니다. 가로 첫 번째 줄에 있는 5개의 LED가 켜졌다가 1초 후에 꺼집니다.

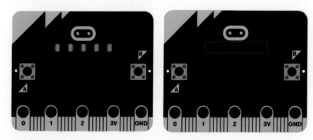

## 별 한줄 켜고 끄기 무한 반복하기

while문과 for-in 문을 이용하여 픽셀 한 줄 전체를 켜고 끄는 동작을 무한 반복해 보도록 합니다.

**01** ⓒmicro:bit 다음과 같이 예제를 수정합니다.

실습파일 : 138.py

```
01 : from microbit import *
02 :
03 : x =[0,1,2,3,4]
04 : y_0 =0
05 : HIGH =9
06 : LOW =0
07 : DELAY =1000
```

```
08 :
09 : while True:
10 :     for m in range(0,5):
11 :             display.set_pixel(x[m],y_0,HIGH)
12 :     sleep(DELAY)
13 :
14 :     for m in range(0,5):
15 :             display.set_pixel(x[m],y_0,LOW)
16 :     sleep(DELAY)
```

**09**    : while True 문을 이용하여 10~16 줄을 무한 반복합니다.

**10, 11** : 가로 첫 번째 줄에 있는 5개의 LED를 켠 후,

**12**    : sleep 함수를 호출하여 DELAY 시간에 해당하는 밀리 초만큼 멈춥니다.

**14, 15** : 가로 첫 번째 줄에 있는 5개의 LED를 끈 후,

**16**    : sleep 함수를 호출하여 DELAY 시간에 해당하는 밀리 초만큼 멈춥니다.

**02** 🅐 을 눌러 마이크로비트로 다운로드합니다.

**03** 마이크로비트 보드의 디스플레이를 확인합니다. 가로 첫 번째 줄에 있는 LED가 1초 간격으로 켜지고 꺼지는 것을 확인합니다.

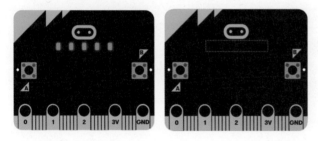

## sleep 밀어 넣기

앞의 예제에서 sleep 함수는 while 문의 하위 동작입니다. sleep 함수를 한 칸 밀어 넣어 for 문의 하위 동작을 만들어 봅니다. LED가 어떻게 표시될까요?

**01** ⬭micro:bit 다음과 같이 예제를 수정합니다.

실습파일 : 139.py

```
01 : from microbit import *
02 :
03 : x =[0,1,2,3,4]
04 : y_0 =0
05 : HIGH =9
06 : LOW =0
07 : DELAY =1000 //5
08 :
```

```
09 :  while True:
10 :      for m in range(0,5):
11 :              display.set_pixel(x[m],y_0,HIGH)
12 :              sleep(DELAY)
13 :
14 :      for m in range(0,5):
15 :              display.set_pixel(x[m],y_0,LOW)
16 :              sleep(DELAY)
```

**7** : DELAY 변수에 1000을 5로 나눈 몫인 200으로 초기화합니다. // 연산자는 정수를 정수로 나눈 몫을 구하는 연산자입니다.

**12** : sleep 함수를 한 칸 밀어 넣어 10번째 줄 for 문의 하위 동작이 되도록 합니다. 이렇게 하면 for 문에 속하는 11, 12 줄이 순차적으로 수행됩니다. 즉, 첫 번째 LED를 켜고 200밀리 초 대기하고 두 번째 LED를 켜고 200밀리 초 대기하고 하는 동작을 다섯 번째 LED까지 반복합니다. LED를 하나 켤 때마다 200밀리 초 동안 대기를 합니다.

**16** : sleep 함수를 한 칸 밀어 넣어 14번째 줄 for 문의 하위 동작이 되도록 합니다. 이렇게 하면 for 문에 속하는 15, 16 줄이 순차적으로 수행됩니다. 즉, 첫 번째 LED를 끄고 200밀리 초 대기하고 두 번째 LED를 끄고 200밀리 초 대기하고 하는 동작을 다섯 번째 LED까지 반복합니다. LED를 하나 끌 때마다 200밀리 초 동안 대기를 합니다.

**02** 📥을 눌러 마이크로비트로 다운로드합니다.

**03** 마이크로비트 보드의 디스플레이를 확인합니다. 가로 첫 번째 줄에 있는 LED가 0.2초 간격으로 하나씩 켜지고 하나씩 꺼지는 것을 확인합니다.

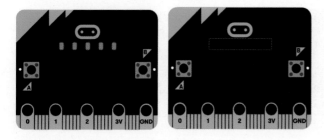

## range 반대로 하기

이전 예제는 LED가 켜지는 순서대로 LED가 꺼집니다. range 클래스를 변경하여 LED가 꺼지는 순서를 바꾸어봅니다. 즉, 가장 먼저 켜진 LED가 가장 나중에 꺼지고 가장 나중에 켜진 LED가 가장 먼저 꺼지도록 해 봅니다.

**01** ⬤micro:bit 다음과 같이 예제를 수정합니다.

실습파일 : 140.py

```
01 :  from microbit import *
02 :
03 :  x =[0,1,2,3,4]
04 :  y_0 =0
05 :  HIGH =9
06 :  LOW =0
```

```
07 : DELAY =1000 //5
08 :
09 : while True:
10 :      for m in range(0,5):
11 :              display.set_pixel(x[m],y_0,HIGH)
12 :              sleep(DELAY)
13 :
14 :      for m in range(4,-1,-1):
15 :              display.set_pixel(x[m],y_0,LOW)
16 :              sleep(DELAY)
```

**14 :** range 클래스로 넘어가는 인자를 변경합니다. range(4,-1,-1)은 4이하 -1초과 사이에 있는 -1 간격의 정수를 나타냅니다. 즉, 4, 3, 2, 1, 0을 나타냅니다.

**02** 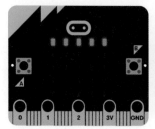 을 눌러 마이크로비트로 다운로드합니다.

**03** 마이크로비트 보드의 디스플레이를 확인합니다. 가로 첫 번째 줄에 있는 LED가 0.2초 간격으로 하나씩 켜지고 반대 방향으로 하나씩 꺼지는 것을 확인합니다.

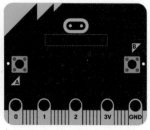

## 03-5 이중 for-in 문 사용하기

이중 for 문을 이용하여 다섯줄의 LED를 모두 켜고 꺼 보도록 합니다.

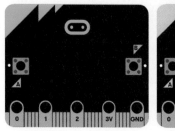
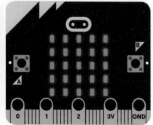

### 별 한 줄 켜기

먼저 for 문 하나를 이용하여 LED 한 줄을 켜 보도록 합니다.

**01** `micro:bit` 다음과 같이 예제를 작성합니다.

실습파일 : 141.py

```
01 : from microbit import *
02 :
03 : x =[0,1,2,3,4]
04 : y_0 =0
05 : HIGH =9
06 :
07 : for m in range(0,5):
08 :     display.set_pixel(x[m],y_0,HIGH)
```

이 예제는 이전에 작성해 본 예제입니다.

**02** 🕹 을 눌러 마이크로비트로 다운로드합니다.

**03** 마이크로비트 보드의 디스플레이를 확인합니다. 가로 첫 번째 줄에 있는 LED가 켜지는 것을 확인합니다.

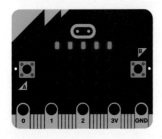

## 별 두 줄 켜기

다음은 for 문 두 줄을 이용하여 LED 두 줄을 켜 보도록 합니다.

**01** `micro:bit` 다음과 같이 예제를 수정합니다.

실습파일 : 142.py

```
01 : from microbit import *
02 :
03 : x =[0,1,2,3,4]
04 : y_0 =0
05 : y_1 =1
06 : HIGH =9
07 :
08 : for m in range(0,5):
09 :     display.set_pixel(x[m],y_0,HIGH)
10 :
11 : for m in range(0,5):
12 :     display.set_pixel(x[m],y_1,HIGH)
```

**05** : 세로 1 위치를 나타내는 y_1 변수를 선언한 후, 1로 초기화합니다.

**11, 12** : for 문을 이용하여 세로 1 위치에 해당하는 5개의 LED를 켭니다.

**02** 🖼 을 눌러 마이크로비트로 다운로드합니다.

**03** 마이크로비트 보드의 디스플레이를 확인합니다. 가로 첫 번째, 두 번째 줄에 있는 LED가 켜지는 것을 확인합니다.

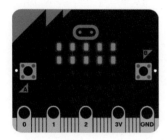

## 별 들판 켜기

이제 for 문 다섯줄을 이용하여 LED 다섯줄을 켜 보도록 합니다.

**01** ⚫micro:bit 다음과 같이 예제를 수정합니다.

실습파일 : 143.py

```
01 : from microbit import *
02 :
03 : x =[0,1,2,3,4]
04 : y_0 =0
05 : y_1 =1
06 : y_2 =2
07 : y_3 =3
08 : y_4 =4
09 : HIGH =9
10 :
11 : for m in range(0,5):
12 :     display.set_pixel(x[m],y_0,HIGH)
13 :
14 : for m in range(0,5):
15 :     display.set_pixel(x[m],y_1,HIGH)
16 :
17 : for m in range(0,5):
18 :     display.set_pixel(x[m],y_2,HIGH)
19 :
20 : for m in range(0,5):
21 :     display.set_pixel(x[m],y_3,HIGH)
22 :
23 : for m in range(0,5):
24 :     display.set_pixel(x[m],y_4,HIGH)
```

**06~08** : 세로 2,3,4 위치를 나타내는 y_2, y_3, y_4 변수를 선언한 후, 2, 3, 4로 초기화합니다.

**17, 18** : for 문을 이용하여 세로 2 위치에 해당하는 5개의 LED를 켭니다.

**20, 21** : for 문을 이용하여 세로 3 위치에 해당하는 5개의 LED를 켭니다.

**23, 24** : for 문을 이용하여 세로 4 위치에 해당하는 5개의 LED를 켭니다.

**02** 🔽 을 눌러 마이크로비트로 다운로드합니다.

**03** 마이크로비트 보드의 디스플레이를 확인합니다. 5줄의 LED가 켜지는 것을 확인합니다.

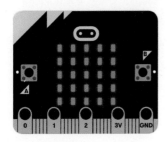

## 목록 사용하기

앞의 예제에서 y_0~y_4는 마이크로비트 상에 있는 디스플레이의 세로 위치 0~4를 나타냅니다. 따라서 y_0~y_4는 같은 성격의 변수이며 목록에 넣을 수 있습니다.  목록을 사용하여 y_0~y_4를 하나로 묶어봅니다.

**01**  micro:bit 다음과 같이 예제를 수정합니다.

**실습파일 : 144.py**

```
01 : from microbit import *
02 :
03 : x =[0,1,2,3,4]
04 : y =[0,1,2,3,4]
05 : HIGH =9
06 :
07 : for m in range(0,5):
08 :     display.set_pixel(x[m],y[0],HIGH)
09 :
10 : for m in range(0,5):
11 :     display.set_pixel(x[m],y[1],HIGH)
12 :
13 : for m in range(0,5):
14 :     display.set_pixel(x[m],y[2],HIGH)
15 :
16 : for m in range(0,5):
17 :     display.set_pixel(x[m],y[3],HIGH)
18 :
19 : for m in range(0,5):
20 :     display.set_pixel(x[m],y[4],HIGH)
```

**04** : y좌표의 집합 0,1,2,3,4를 목록에 넣어 y에 할당합니다. 이렇게 하면 y는 목록 변수가 됩니다. 다음 그림을 참조합니다.

**08** : y_0을 y[0]으로 변경합니다.
**11** : y_1을 y[1]로 변경합니다.
**14** : y_2를 y[2]로 변경합니다.
**17** : y_3을 y[3]로 변경합니다.
**20** : y_4를 y[4]로 변경합니다.

이전 예제와는 다음과 같이 대응됩니다.

```
for m in range(0,5):                          for m in range(0,5):
    display.set_pixel(x[m],y_0,HIGH)              display.set_pixel(x[m],y[0],HIGH)

for m in range(0,5):                          for m in range(0,5):
    display.set_pixel(x[m],y_1,HIGH)              display.set_pixel(x[m],y[1],HIGH)

for m in range(0,5):                          for m in range(0,5):
    display.set_pixel(x[m],y_2,HIGH)              display.set_pixel(x[m],y[2],HIGH)

for m in range(0,5):                          for m in range(0,5):
    display.set_pixel(x[m],y_3,HIGH)              display.set_pixel(x[m],y[3],HIGH)

for m in range(0,5):                          for m in range(0,5):
    display.set_pixel(x[m],y_4,HIGH)              display.set_pixel(x[m],y[4],HIGH)
```

**02** 🖳 을 눌러 마이크로비트로 다운로드합니다.

**03** 마이크로비트 보드의 디스플레이를 확인합니다. 5 줄의 LED가 켜지는 것을 확인합니다.

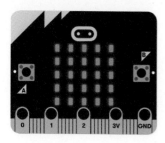

## 이중 for-in 문 사용하기

이전 예제는 다섯 개의 for 문이 반복됩니다. 5개의 for 문에 대해서 y 목록의 항목만 순차적으로 바뀌고 있습니다. 즉, y 목록의 각 항목에 대해 같은 동작이 반복되고 있습니다. 이 경우 또 하나의 for 문을 이용하여 간단하게 표현할 수 있습니다.

**01** `micro:bit` 다음과 같이 예제를 수정합니다.

실습파일 : 145.py

```
01 : from microbit import *
02 :
03 : x =[0,1,2,3,4]
04 : y =[0,1,2,3,4]
05 : HIGH =9
06 :
07 : for n in range(0,5): # list y
08 :     for m in range(0,5): # list x
09 :         display.set_pixel(x[m],y[n],HIGH)
```

**07**: for 문에 의해 n은 차례대로 0, 1, 2, 3, 4로 할당되면서 8, 9번 줄을 수행합니다. 즉, n에 0을 넣고 8, 9번 줄을 수행하고, n에 1을 넣고 8, 9번 줄을 수행하고, 마지막에 n에 4를 넣고 8, 9번 줄을 수행합니다. n이 0일 경우 9번 줄은 y[0]이 되고, n이 1일 경우 9번 줄은 y[1]이 됩니다.

**09**: y목록의 n번 항목인 y[n]을 display 모듈의 set_pixel 함수의 두 번째 인자로 넣습니다. n은 첫 번째 for 문에 의해 차례대로 0~4의 값을 갖게 됩니다. 다음 그림을 참조합니다.

```
for m in range(0,5):
    display.set_pixel(x[m],y[0],HIGH)

for m in range(0,5):
    display.set_pixel(x[m],y[1],HIGH)

for m in range(0,5):
    display.set_pixel(x[m],y[2],HIGH)

for m in range(0,5):
    display.set_pixel(x[m],y[3],HIGH)

for m in range(0,5):
    display.set_pixel(x[m],y[4],HIGH)



for n in range(0,5): # list y
    for m in range(0,5): # list x
        display.set_pixel(x[m],y[n],HIGH)
```

**02** 을 눌러 마이크로비트로 다운로드합니다.

**03** 마이크로비트 보드의 디스플레이를 확인합니다. 5 줄의 LED가 켜지는 것을 확인합니다.

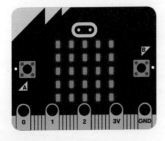

## for-in 문에 목록 사용하기

목록에 대한 반복된 동작을 for 문을 이용하여 간결하게 표현해 봅니다.

**01** `micro:bit` 다음과 같이 예제를 수정합니다.

```
01 : from microbit import *
02 :
03 : x =[0,1,2,3,4]
04 : y =[0,1,2,3,4]
05 : HIGH =9
06 :
07 : for y_n in y:
08 :     for x_m in x:
09 :             display.set_pixel(x_m,y_n,HIGH)
```

**07** : for 문의 in 자리에 목록이 옵니다. y 목록이 옵니다. 이렇게 하면 y_n에 차례대로 y 목록의 각 항목이 할당됩니다. 즉, y_n에 차례대로 y[0]~y[4] 항목이 할당됩니다. 그리고 각 항목에 대해 8, 9번 줄이 수행됩니다. 다음 그림을 참조합니다.

```
for m in range(0,5):
    display.set_pixel(x[m],y[0],HIGH)

for m in range(0,5):
    display.set_pixel(x[m],y[1],HIGH)

for m in range(0,5):
    display.set_pixel(x[m],y[2],HIGH)

for m in range(0,5):
    display.set_pixel(x[m],y[3],HIGH)

for m in range(0,5):
    display.set_pixel(x[m],y[4],HIGH)



for y_n in y: # list y
    for x_m in x: # list x
        display.set_pixel(x_m,y_n,HIGH)
```

**02** 🔧 을 눌러 마이크로비트로 다운로드합니다.

**03** 마이크로비트 보드의 디스플레이를 확인합니다. 5줄의 LED가 켜지는 것을 확인합니다.

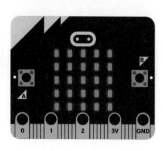

## 별 들판 끄기

이제 이중 for 문을 이용하여 픽셀 다섯 줄 전체를 꺼보도록 합니다.

**01** ⬛micro:bit 다음과 같이 예제를 수정합니다.

```
실습파일 : 148.py

01 : from microbit import *
02 :
03 : x =[0,1,2,3,4]
04 : y =[0,1,2,3,4]
05 : HIGH =9
06 : LOW =0
07 : DELAY =1000
08 :
09 : for n in range(0,5): # list y
10 :     for m in range(0,5): # list x
11 :                     display.set_pixel(x[m],y[n],HIGH)
12 : sleep(DELAY)
13 :
14 : for n in range(0,5): # list y
15 :     for m in range(0,5): # list x
16 :                 display.set_pixel(x[m],y[n],LOW)
```

**06** : LOW 변수를 선언한 후, 0으로 초기화합니다.
**07** : DELAY 변수를 선언한 후, 1000으로 초기화합니다.
**09** : 0에서 5미만의 정수에 있는 n 변수에 대해
**10** : 0에서 5미만의 정수에 있는 m 변수에 대해
**11** : display 모듈의 set_pixel 함수를 호출하여 (x[m], y[n]) 좌표에 해당하는 LED 픽셀을 HIGH로 설정하여 각 LED를 켭니다.
**14** : 0에서 5미만의 정수에 있는 n 변수에 대해
**15** : 0에서 5미만의 정수에 있는 m 변수에 대해
**16** : display 모듈의 set_pixel 함수를 호출하여 (x[m], y[n]) 좌표에 해당하는 LED 픽셀을 LOW로 설정하여 각 LED를 끕니다.

**02** 🅰 을 눌러 마이크로비트로 다운로드합니다.

**03** 마이크로비트 보드의 디스플레이를 확인합니다. 5 줄의 LED가 켜졌다가 1초 후에 꺼집니다.

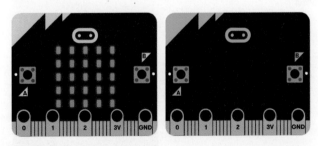

## 별 들판 켜고 끄기 무한 반복하기

while문과 이중 for-in 문을 이용하여 픽셀 다섯 줄 전체를 켜고 끄는 동작을 무한 반복해 보도록 합니다.

**01** ⊂ micro:bit 다음과 같이 예제를 수정합니다.

실습파일 : 149.py

```
01 : from microbit import *
02 :
03 : x =[0,1,2,3,4]
04 : y =[0,1,2,3,4]
05 : HIGH =9
06 : LOW =0
07 : DELAY =1000
08 :
09 : while True:
10 :     for n in range(0,5):
11 :             for m in range(0,5):
12 :                     display.set_pixel(x[m],y[n],HIGH)
13 :     sleep(DELAY)
14 :
15 :     for n in range(0,5):
16 :             for m in range(0,5):
17 :                     display.set_pixel(x[m],y[n],LOW)
18 :     sleep(DELAY)
```

**09**     : while True 문을 이용하여 10~18 줄을 무한 반복합니다.
**10~12** : 25개의 LED를 켠 후,
**13**     : sleep 함수를 호출하여 DELAY 시간에 해당하는 밀리 초만큼 멈춥니다.
**15~17** : 25개의 LED를 끈 후,
**18**     : sleep 함수를 호출하여 DELAY 시간에 해당하는 밀리 초만큼 멈춥니다.

**02** 🔧 을 눌러 마이크로비트로 다운로드합니다.

**03** 마이크로비트 보드의 디스플레이를 확인합니다. 25개의 LED가 1초 간격으로 켜지고 꺼지는 것을 확인합니다.

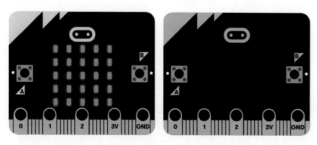

## sleep 한 칸 밀어 넣기

앞의 예제에서 sleep 함수는 while 문의 하위 동작입니다. sleep 함수를 한 칸 밀어 넣어 상위 for-in 문의 하위 동작을 만들어 봅니다. LED가 어떻게 표시될까요?

**01** ⬤micro:bit 다음과 같이 예제를 수정합니다.

실습파일 : 150.py

```
01 : from microbit import *
02 :
03 : x =[0,1,2,3,4]
04 : y =[0,1,2,3,4]
05 : HIGH =9
06 : LOW =0
07 : DELAY =1000 //5
08 :
09 : while True:
10 :     for n in range(0,5):
11 :             for m in range(0,5):
12 :                     display.set_pixel(x[m],y[n],HIGH)
13 :             sleep(DELAY)
14 :
15 :     for n in range(0,5):
16 :             for m in range(0,5):
17 :                     display.set_pixel(x[m],y[n],LOW)
18 :             sleep(DELAY)
```

**07** : DELAY 변수에 1000을 5로 나눈 몫인 200으로 초기화합니다. // 연산자는 정수를 정수로 나눈 몫을 구하는 연산자입니다.

**13** : sleep 함수를 한 칸 밀어 넣어 10번째 줄 상위 for 문의 하위 동작이 되도록 합니다. 이렇게 하면 상위 for 문에 속하는 11,12줄과 13 줄이 순차적으로 수행됩니다. 즉, 첫 번째 줄에 있는 5개의 LED를 켜고 200밀리 초 대기하고 두 번째 줄에 있는 5개의 LED를 켜고 200밀리 초 대기하고 하는 동작을 다섯 번째 줄에 있는 5개의 LED까지 반복합니다. LED를 한줄 켤 때마다 200밀리 초 동안 대기를 합니다.

**18** : sleep 함수를 한 칸 밀어 넣어 15번째 줄 상위 for 문의 하위 동작이 되도록 합니다. 이렇게 하면 상위 for 문에 속하는 16,17줄과 18 줄이 순차적으로 수행됩니다. 즉, 첫 번째 줄에 있는 5개의 LED를 끄고 200밀리 초 대기하고 두 번째 줄에 있는 5개의 LED를 끄고 200밀리 초 대기하고 하는 동작을 다섯 번째 줄에 있는 5개의 LED까지 반복합니다. LED를 한 줄 끌 때마다 200밀리 초 동안 대기를 합니다.

**02** 🅰 을 눌러 마이크로비트로 다운로드합니다.

**03** 마이크로비트 보드의 디스플레이를 확인합니다. LED 5개 한 줄이 0.2초 간격으로 켜지고 꺼지는 것을 확인합니다.

## sleep 한 칸 더 밀어 넣기

앞의 예제에서 sleep 함수는 상위 for-in 문의 하위 동작입니다. sleep 함수를 한 칸 밀어 넣어 하위 for-in 문의 하위 동작을 만들어 봅니다. LED가 어떻게 표시될까요?

**01** `◉micro:bit` 다음과 같이 예제를 수정합니다.

실습파일 : 151.py

```
01 : from microbit import *
02 :
03 : x =[0,1,2,3,4]
04 : y =[0,1,2,3,4]
05 : HIGH =9
06 : LOW =0
07 : DELAY =1000 //5 //5
08 :
09 : while True:
10 :     for n in range(0,5):
11 :             for m in range(0,5):
12 :                     display.set_pixel(x[m],y[n],HIGH)
13 :                     sleep(DELAY)
14 :
15 :     for n in range(0,5):
16 :             for m in range(0,5):
17 :                     display.set_pixel(x[m],y[n],LOW)
18 :                     sleep(DELAY)
```

**07** : DELAY 변수에 1000을 5로 2번 나눈 몫인 40으로 초기화합니다. // 연산자는 정수를 정수로 나눈 몫을 구하는 연산자입니다.

**13** : sleep 함수를 한 칸 밀어 넣어 11번째 줄 for 문의 하위 동작이 되도록 합니다. 이렇게 하면 하위 for 문에 속하는 12, 13 줄이 순차적으로 수행됩니다. 즉, 가로 각 줄에 대해 첫 번째 LED를 켜고 40밀리 초 대기하고 두 번째 LED를 켜고 40밀리 초 대기하고 하는 동작을 다섯 번째 LED까지 반복합니다. LED를 하나 켤 때마다 40밀리 초 동안 대기를 합니다.

**18** : sleep 함수를 한 칸 밀어 넣어 16번째 줄 for 문의 하위 동작이 되도록 합니다. 이렇게 하면 하위 for 문에 속하는 17, 18 줄이 순차적으로 수행됩니다. 즉, 가로 각 줄에 대해 첫 번째 LED를 끄고 40밀리 초 대기하고 두 번째 LED를 끄고 40밀리 초 대기하고 하는 동작을 다섯 번째 LED까지 반복합니다. LED를 하나 끌 때마다 40밀리 초 동안 대기를 합니다.

**02** 🔽 을 눌러 마이크로비트로 다운로드합니다.

**03** 마이크로비트 보드의 디스플레이를 확인합니다. 가로 각 줄에 대해 0~4 위치의 LED가 0.04초 간격으로 하나씩 켜지고 하나씩 꺼지는 것을 확인합니다.

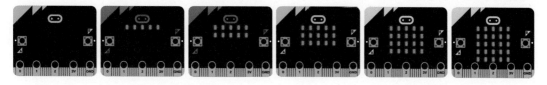

## range 변경하기 1

이전 예제는 가로 각 줄에 대해 LED가 켜지는 순서대로 LED가 꺼집니다. 상위 for 문의 range 클래스를 변경하여 LED가 꺼지는 순서를 바꾸어봅니다. 즉, 가장 먼저 켜진 줄의 LED 5개가 가장 나중에 꺼지고 가장 나중에 켜진 줄의 LED가 5개가 가장 먼저 꺼지도록 해 봅니다.

**01** ⊜micro:bit 다음과 같이 예제를 수정합니다.

실습파일 : 152.py

```
01 : from microbit import *
02 :
03 : x =[0,1,2,3,4]
04 : y =[0,1,2,3,4]
05 : HIGH =9
06 : LOW =0
07 : DELAY =1000 //5 //5
08 :
09 : while True:
10 :     for n in range(0,5):
11 :         for m in range(0,5):
12 :             display.set_pixel(x[m],y[n],HIGH)
13 :             sleep(DELAY)
14 :
15 :     for n in range(4,-1,-1):
16 :         for m in range(0,5):
17 :             display.set_pixel(x[m],y[n],LOW)
18 :             sleep(DELAY)
```

**15** : range 클래스로 넘어가는 인자를 변경합니다. range(4,-1,-1)은 4이하 -1초과 사이에 있는 -1 간격의 정수를 나타냅니다. 즉, 4, 3, 2, 1, 0을 나타냅니다.

**02** 🔧 을 눌러 마이크로비트로 다운로드합니다.

**03** 마이크로비트 보드의 디스플레이를 확인합니다. 가로 각 줄에 대해 0~4 위치의 LED가 0.04초 간격으로 하나씩 켜지고 반대 방향으로 하나씩 꺼지는 것을 확인합니다.

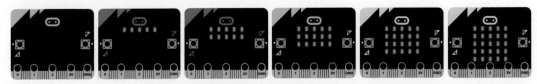

## range 변경하기 2

이전 예제는 각 줄에 대해 LED가 켜지는 순서대로 LED가 꺼집니다. 하위 for 문의 range 클래스를 변경하여 각 줄에 대해 LED가 꺼지는 순서를 바꾸어봅니다. 즉, 각 줄에 대해 가장 먼저 켜진 LED 가 가장 나중에 꺼지고 가장 나중에 켜진 LED가 가정 먼저 꺼지도록 해 봅니다.

**01** **◯◯micro:bit** 다음과 같이 예제를 수정합니다.

**실습파일 : 153.py**

```
01 : from microbit import *
02 :
03 : x =[0,1,2,3,4]
04 : y =[0,1,2,3,4]
05 : HIGH =9
06 : LOW =0
07 : DELAY =1000 //5 //5
08 :
09 : while True:
10 :     for n in range(0,5):
11 :             for m in range(0,5):
12 :                     display.set_pixel(x[m],y[n],HIGH)
13 :                     sleep(DELAY)
14 :
15 :     for n in range(4,-1,-1):
16 :             for m in range(4,-1,-1):
17 :                     display.set_pixel(x[m],y[n],LOW)
18 :                     sleep(DELAY)
```

**16** : range 클래스로 넘어가는 인자를 변경합니다. range(4,-1,-1)은 4이하 -1초과 사이에 있는 -1 간격의 정수를 나타냅니다. 즉, 4, 3, 2, 1, 0을 나타냅니다.

**02** 🔧 을 눌러 마이크로비트로 다운로드합니다.

**03** 마이크로비트 보드의 디스플레이를 확인합니다. 각 줄에 대해 0~4 위치의 LED가 0.04초 간격으로 하나씩 켜지고 반대 방향으로 하나씩 꺼지는 것을 확인합니다.

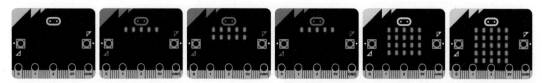

# 04 _ microbit 라이브러리 활용하기

마이크로비트 보드는 25개의 LED, 2개의 버튼, 외부 하드웨어 확장 핀, 빛 센서, 온도 센서, 가속도 센서, 나침반 센서, 라디오와 블루투스 통신 모듈, USB 단자로 구성됩니다.

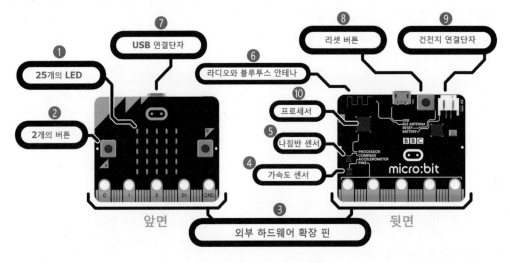

microbit 라이브러리를 이용하여 마이크로비트 보드 상에 있는 버튼, 가속도 센서, 나침반 센서를 읽어보고 활용해 봅니다. 또 시리얼 통신을 수행해 봅니다.

## 04-1 microbit 라이브러리 살펴보기

먼저 microbit 라이브러리를 살펴보도록 합니다.

**01** 다음과 같이 파일을 작성합니다.

microbit 모듈로부터 모든 하위 모듈을 가져옵니다. *(별표)는 모든 것이라는 의미입니다.

**02** 🎛 을 눌러 마이크로비트로 다운로드합니다.

**03** 🖥 putty 창에서 다음과 같이 명령을 수행합니다.

```
>>> dir()
['pin2', 'pin0', 'pin1', 'pin3', 'pin6', 'pin13', 'pin4', 'uart', 'pin5', 'pin7'
, 'temperature', 'sleep', 'pin8', 'pin9', 'button_a', 'button_b', 'reset', '__na
me__', 'i2c', 'pin11', 'pin10', 'spi', 'panic', 'Image', 'running_time', 'compas
s', 'pin12', 'pin14', 'pin15', 'accelerometer', 'display', 'pin16', 'pin19', 'pi
n20']
>>> ▯
```

dir() 명령을 주어 파이썬 쉘의 모듈 목록을 확인합니다. microbit 모듈의 모든 하위 모듈이 모듈 목록에 올라와 있습니다. 이 중 button_a, accelerometer, compass 모듈을 이용하여 버튼 A, 가속도 센서, 나침반 센서를 읽어 보고 활용해 봅니다.

## 04-2 button_a 라이브러리

마이크로비트의 앞면에는 2개의 버튼이 장착되어 있으며, 각각 A, B가 써져 있습니다. 각각의 버튼은 button_a, button_b 라이브러리를 이용하여 버튼이 눌린 상태를 검사할 수 있습니다.

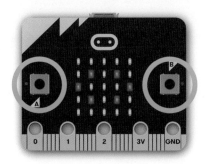

button_a 라이브러리를 이용하여 버튼 A의 입력 상태를 확인한 후, 적당한 동작을 수행해 보도록 합니다.

### is_pressed 함수 사용해 보기

is_pressed는 button_a 라이브러리의 함수로 버튼이 눌려있는지 아닌지를 확인하는 함수입니다. 버튼이 눌려 있을 경우에는 True를 그렇지 않을 경우엔 False를 내어놓는 함수입니다.

❶ display.show 함수로 출력해 보기

버튼 A가 눌리면 T 글자를 그렇지 않으면 F 글자를 마이크로비트의 디스플레이에 출력하도록 합니다.

**01** <micro:bit> 다음과 같이 예제를 작성합니다.

실습파일 : 156.py

```
01 : from microbit import *
02 :
03 : while True:
04 :     if button_a.is_pressed():
05 :             display.show('T')
06 :     else:
07 :             display.show('F')
```

**03** : 계속해서 4~7 줄을 수행합니다.
**04** : button_a.is_pressed 함수를 호출하여 버튼 A가 눌려 있는지를 확인합니다. 눌려 있으면
**05** : display.show 함수를 호출하여 마이크로비트 디스플레이에 T(True)를 출력합니다.
**06** : 그렇지 않으면. 즉, 버튼이 눌려 있지 않으면.
**07** : display.show 함수를 호출하여 마이크로비트 디스플레이에 F(False)를 출력합니다.

**02** 🅰 을 눌러 마이크로비트로 다운로드합니다.
**03** 결과를 확인합니다. A 버튼을 누르지 않은 상태에서는 F 글자가 디스플레이에 표시됩니다. A 버튼을 누른 상태에서는 T 글자가 디스플레이에 표시됩니다.

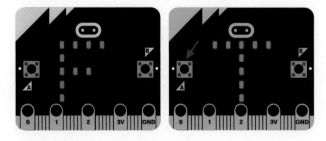

❷ display.set_pixel로 출력해 보기

버튼 A가 눌리면 마이크로비트의 디스플레이 (0, 0) 픽셀의 밝기가 최대가 되게 하고 그렇지 않으면 꺼지도록 합니다.

**01** `micro:bit` 다음과 같이 예제를 작성합니다.

```
01 : from microbit import *
02 :
03 : while True:
04 :     if button_a.is_pressed():
05 :             display.set_pixel(0,0,9)
06 :     else:
07 :             display.set_pixel(0,0,0)
```

**03** : 계속해서 4~7 줄을 수행합니다.

**04** : button_a.is_pressed 함수를 호출하여 버튼 A가 눌려 있는지를 확인합니다. 눌려 있으면

**05** : display.set_pixel 함수를 호출하여 디스플레이 (0, 0) 픽셀의 밝기가 최대가 되게 합니다.

**06** : 그렇지 않으면, 즉, 버튼이 눌려 있지 않으면,

**07** : display.set_pixel 함수를 호출하여 디스플레이 (0, 0) 픽셀의 밝기가 0이 되게 합니다.

**02** 🔃 을 눌러 마이크로비트로 다운로드합니다.

**03** 결과를 확인합니다. A 버튼을 누르지 않은 상태에서는 디스플레이 (0, 0) 픽셀이 꺼집니다. A 버튼을 누른 상태에서는 디스플레이 (0, 0) 픽셀이 최대 밝기로 표시됩니다.

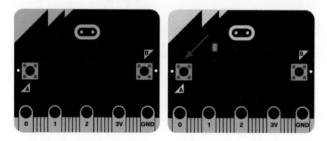

## is_pressed 함수 이해하기

is_pressed 함수에 대해 파이썬 쉘에게 물어봅니다.

🖥 putty 창에서 다음과 같이 차례대로 입력합니다.

```
>>> dir()
['pin2', 'pin0', 'pin1', 'pin3', 'pin6', 'pin13', 'pin4', 'uart', 'pin5', 'pin7'
, 'temperature', 'sleep', 'pin8', 'pin9', 'button_a', 'button_b', 'reset', '__na
me__', 'i2c', 'pin11', 'pin10', 'spi', 'panic', 'Image', 'running_time', 'compas
s', 'pin12', 'pin14', 'pin15', 'accelerometer', 'display', 'pin16', 'pin19', 'pi
n20']
>>> dir(button_a)
['is_pressed', 'was_pressed', 'get_presses']
>>> help(button_a.is_pressed)
If the button is pressed down, is_pressed() is True, else False.
>>>
```

`Ctrl` + `C` 를 눌러 파이썬 스크립트의 동작을 멈춥니다.

dir() 명령을 실행하여 파이썬 쉘의 모듈 목록을 확인합니다.

button_a 라이브러리를 확인합니다.

dir(button_a) 명령을 주어 button_a 라이브러리의 속성을 확인합니다.

is_pressed 함수를 확인합니다.

help(button_a.is_pressed) 명령을 주어 button_a.is_pressed 함수를 살펴봅니다.

버튼이 눌려 있으면, is_pressed()는 True이고 그렇지 않으면 False입니다.

## was_pressed 함수 사용해 보기

was_pressed는 button_a 라이브러리의 함수로 was_pressed 함수가 호출되기 바로 전에 버튼이 눌려졌는지 아닌지를 확인하는 함수입니다. was_pressed 함수가 호출되기 바로 전에 버튼이 눌려졌을 경우에는 True를 그렇지 않을 경우엔 False를 내어놓는 함수입니다.

❶ 버튼 누름 횟수 출력해 보기

버튼 A가 눌린 횟수를 센 후, 출력해 보도록 합니다.

01 ⚫micro:bit 다음과 같이 예제를 작성합니다.

실습파일 : 158.py

```
01 : from microbit import *
02 :
03 : cnt_button_pressed =0
04 :
05 : while True:
06 :     if button_a.was_pressed():
07 :         cnt_button_pressed = cnt_button_pressed +1
08 :         display.show(cnt_button_pressed)
```

03 : cnt_button_pressed 변수를 선언한 후, 0으로 초기화합니다. cnt_button_pressed 변수는 버튼 A가 눌려진 횟수를 저장합니다.

05 : 계속해서 6~8 줄을 수행합니다.

06 : button_a.was_pressed 함수를 호출하여 버튼 A가 눌려 졌는지를 확인합니다. 눌려졌으면

07 : cnt_button_pressed 값을 하나 증가시킵니다.

08 : display.show 함수를 호출하여 cnt_button_pressed 값을 디스플레이에 출력합니다.

02 🔧 을 눌러 마이크로비트로 다운로드합니다.

**03** 결과를 확인합니다. 버튼 A를 눌러 봅니다. 한 번 누를 때마다 숫자가 하나씩 증가합니다. 10 이상의 경우 2개의 숫자가 차례대로 표시됩니다.

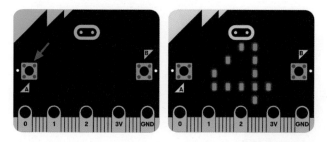

❷ LED 토글하기

버튼 누름 횟수에 따라 마이크로비트의 디스플레이 (0, 0) 픽셀을 켜거나 끄도록 합니다. 즉, 한 번 누르면 켜지고 한 번 더 누르면 꺼지고를 반복해 보도록 합니다.

**01** ⓒmicro:bit 다음과 같이 예제를 작성합니다.

---

실습파일 : 159.py

```
01 : from microbit import *
02 :
03 : cnt_button_pressed =0
04 :
05 : while True:
06 :     if button_a.was_pressed():
07 :             cnt_button_pressed = cnt_button_pressed +1
08 :             if cnt_button_pressed >1:
09 :                     cnt_button_pressed =0
10 :
11 :             if cnt_button_pressed ==1:
12 :                     display.set_pixel(0,0,9)
13 :             elif cnt_button_pressed ==0:
14 :                     display.set_pixel(0,0,0)
```

**03** : cnt_button_pressed 변수를 선언한 후, 0으로 초기화합니다. cnt_button_pressed 변수는 버튼 A가 눌려진 횟수를 저장합니다.

**05** : 계속해서 6~15 줄을 수행합니다.

**06** : button_a.was_pressed 함수를 호출하여 버튼 A가 눌려 졌는지를 확인합니다. 눌려졌으면

**07** : cnt_button_pressed 값을 하나 증가시킵니다.

**08** : cnt_button_pressed 값이 1보다 크면

**09** : cnt_button_pressed 값을 0으로 초기화합니다. 9, 10 번 줄에서 cnt_button_pressed 값은 버튼이 눌릴 때마다 0, 1을 반복합니다.

**11** : cnt_button_pressed 값이 1이면

**12** : display.set_pixel 함수를 호출하여 디스플레이 (0, 0) 픽셀의 밝기가 최대가 되게 합니다.

**13** : 그렇지 않으면, 즉, 버튼이 안눌렸으면,

**14** : display.set_pixel 함수를 호출하여 디스플레이 (0, 0) 픽셀의 밝기가 0이 되게 합니다.

**02** 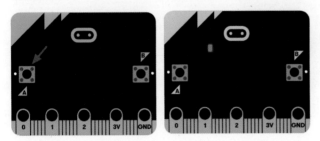 을 눌러 마이크로비트로 다운로드합니다.

**03** 🎮 결과를 확인합니다. 버튼 A를 반복적으로 눌러 봅니다. 버튼 누름 횟수에 따라 마이크로비트의 디스플레이 (0, 0) 픽셀이 켜지거나 꺼집니다.

❸ LED 밝기 조절하기

버튼 누름 횟수에 따라 마이크로비트의 디스플레이 (0, 0) 픽셀의 밝기를 조절해 보도록 합니다.

**01** ▭micro:bit 다음과 같이 예제를 작성합니다.

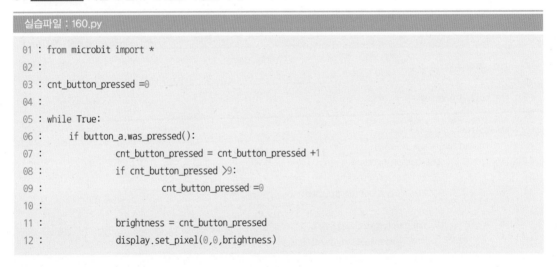

실습파일 : 160.py

```
01 : from microbit import *
02 :
03 : cnt_button_pressed =0
04 :
05 : while True:
06 :     if button_a.was_pressed():
07 :             cnt_button_pressed = cnt_button_pressed +1
08 :             if cnt_button_pressed >9:
09 :                     cnt_button_pressed =0
10 :
11 :             brightness = cnt_button_pressed
12 :             display.set_pixel(0,0,brightness)
```

**03** : cnt_button_pressed 변수를 선언한 후, 0으로 초기화합니다. cnt_button_pressed 변수는 버튼 A가 눌려진 횟수를 저장합니다.

**05** : 계속해서 6~13 줄을 수행합니다.

**06** : button_a.was_pressed 함수를 호출하여 버튼 A가 눌려 졌는지를 확인합니다. 눌려졌으면

**07** : cnt_button_pressed 값을 하나 증가시킵니다.

**08** : cnt_button_pressed 값이 9보다 크면

**09** : cnt_button_pressed 값을 0으로 초기화합니다. 9, 10 번 줄에서 cnt_button_pressed 값은 버튼이 눌릴 때마다 0~9를 반복합니다.

**11** : brightness 변수를 생성한 후, cnt_button_pressed 값을 대입합니다.

**12** : display.set_pixel 함수를 호출하여 디스플레이 (0, 0) 픽셀의 밝기를 brightness 변수 값으로 설정합니다.

**02** 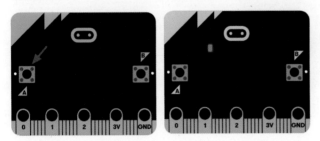 을 눌러 마이크로비트로 다운로드합니다.

**03** 결과를 확인합니다. 버튼 A를 반복적으로 눌러 봅니다. 버튼 누름 횟수에 따라 마이크로비트의 디스플레이 (0, 0) 픽셀의 밝기가 조절됩니다.

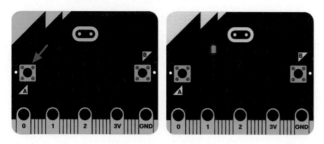

## was_pressed 함수 이해하기

was_pressed 함수는 버튼이 함수 호출 바로 전에 눌렸으면 True를 그렇지 않으면 False를 돌려주는 함수입니다. was_pressed 함수에 대해 파이썬 쉘에게 물어봅니다.

📟 putty 창에서 다음과 같이 차례대로 입력합니다.

```
>>> help(button_a.was_pressed)
Use was_pressed() to learn if the button was pressed since the last time
was_pressed() was called. Returns True or False.
>>>
```

Ctrl + C 를 눌러 파이썬 스크립트의 동작을 멈춥니다.

help(button_a.was_pressed) 명령을 주어 button_a.was_pressed 함수를 살펴봅니다.

바로 전에 was_pressed 함수가 호출된 이후에, 버튼이 눌려졌는지 확인하기 위해 was_pressed 함수를 호출합니다. 즉, 현재 was_pressed 함수 호출과 바로 전 was_pressed 함수 호출 사이에 버튼이 눌려졌으면 현재 호출된 was_pressed 함수는 True를 돌려주고 그렇지 않으면 False를 돌려줍니다. 간단히 말해, 현재 was_pressed 함수 호출 바로 전에 버튼이 눌려졌을 경우에만 True를 돌려줍니다. 다음 그림을 살펴봅니다.

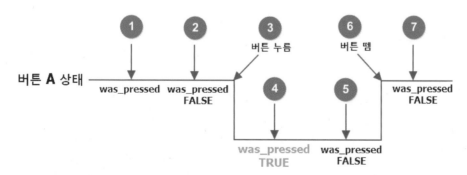

그림에서 빨간 실선은 버튼 A의 눌린 상태를 나타냅니다. 버튼 A의 상태는 버튼이 눌리지 않은 상태로 시작합니다. ❶과 ❷에서 was_pressed 함수가 호출되는데, ❶과 ❷사이에서 버튼 누름이 없었을 경우 ❷의 was_pressed 함수는 False를 돌려줍니다. ❷와 ❹에서도 was_pressed 함수가 호출되는데, ❷와

❹사이인 ❸에서 버튼 누름이 있었을 경우, ❹의 was_pressed 함수는 True를 돌려줍니다. ❹와 ❺에서 was_pressed 함수가 호출되는데, ❹와 ❺사이에서 버튼 누름이 없었을 경우, ❺의 was_pressed 함수는 False를 돌려줍니다. ❺와 ❼에서도 was_pressed 함수가 호출되는데, ❺와 ❼사이인 ❻에서 버튼 뗌이 아닌 버튼 누름이 없었을 경우, ❼의 was_pressed 함수는 True를 돌려줍니다.

## is_pressed 함수로 was_pressed 함수 대체하기

is_pressed 함수를 이용하여 was_pressed 함수를 대체할 수 있는 프로그램을 작성해 봅니다.

**01** ⬭micro:bit 다음과 같이 예제를 작성합니다.

실습파일 : 162.py

```
01 : from microbit import *
02 :
03 : prev_pressed = False
04 : while True:
05 :     curr_pressed = button_a.is_pressed()
06 :     if curr_pressed and not prev_pressed:
07 :             print("just pressed")
08 :     elif not curr_pressed and prev_pressed:
09 :             print("just unpressed")
10 :
11 :     prev_pressed = curr_pressed
```

**03** : prev_pressed 변수를 선언한 후, False로 초기화합니다. prev_pressed 변수는 바로 전 is_pressed 함수가 호출되었을 때의 버튼의 상태 값을 저장하는 변수입니다.

**04** : 계속해서 5~11 줄의 동작을 반복합니다.

**05** : button_a에 대해 is_pressed 함수를 호출하여 A 버튼의 상태를 읽어 curr_pressed 변수에 저장합니다.

**06** : curr_pressed 변수가 True이고, 즉, 현재 버튼이 눌려졌고, prev_pressed 변수가 True가 아니고, 즉, 이전에 버튼이 눌려지지 않았으면,

**07** : "just pressed" 문자열을 출력합니다.

**08** : 그렇지 않고 curr_pressed 변수가 False가 아니고, 즉, 현재 버튼이 눌려져 있지 않고, prev_pressed 변수가 True이고, 즉, 이전에 버튼이 눌려져 있으면,

**09** : "just unpressed" 문자열을 출력합니다.

**11** : prev_pressed 변수의 값을 현재 버튼 상태 값을 가진 curr_pressed 변수 값으로 대체합니다.

**02** 🅐 을 눌러 마이크로비트로 다운로드합니다.

**03** 결과를 확인합니다. A 버튼을 누르거나 뗄 때 다음과 같은 메시지가 출력되는 것을 확인합니다.

```
>>> just pressed
just unpressed
just pressed
just unpressed
just pressed
just unpressed
```

## 04-3 가속도 센서 라이브러리

가속도 센서는 마이크로비트를 흔들거나 움직일 때, 가속도를 측정하는 장치입니다. 가속도 센서를 이용하면 여러 가지 동작들을 감지할 수 있습니다. 예를 들어, 흔들기, 기울이기, 떨어뜨리기(자유낙하) 등을 감지할 수 있습니다.

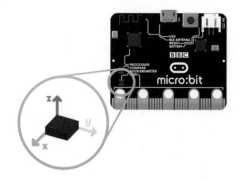

가속도 센서는 다음 그림과 같이 3개의 축 X, Y, Z에 대한 중력을 측정합니다. 각 방향에 대해 중력 값을 측정하기 위해 3개의 센서로 구성됩니다.

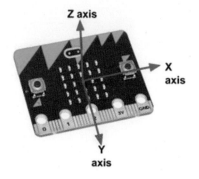

예를 들어 그림에서 Z 축을 중력 방향을 가리키게 하면 Z 축 센서에서 중력 상수 G에 해당하는 값이 흘러나옵니다. Z 축을 중력 반대 방향을 가리키게 하면, 즉, 마이크로비트가 하늘 방향을 보게 하면 Z 축 센서에서 중력 상수 −G에 해당하는 값이 흘러나옵니다. X, Y 축도 마찬가지입니다.
accelerometer 라이브러리를 이용하여 마이크로비트의 기울어진 상태를 확인한 후, 적당한 동작을 수행해 보도록 합니다.

### get_x, get_y, get_z 함수 사용해 보기

❶ 가속도 센서 값 읽어보기

get_x, get_y, get_z 함수를 이용하여 가속도 센서 값을 읽어보도록 합니다.

**01** 🔵micro:bit 다음과 같이 예제를 작성합니다.

실습파일 : 164.py

```
01 : from microbit import *
02 :
03 : while True:
04 :     x = accelerometer.get_x()
05 :     y = accelerometer.get_y()
06 :     z = accelerometer.get_z()
07 :     print("x, y, z:", x, y, z)
08 :     sleep(500)
```

**03** : 계속해서 4~8 줄을 수행합니다.
**04** : accelerometer.get_x 함수를 호출하여 X축 센서 값을 읽은 후, x 변수에 대입합니다.
**05** : accelerometer.get_y 함수를 호출하여 Y축 센서 값을 읽은 후, y 변수에 대입합니다.
**06** : accelerometer.get_z 함수를 호출하여 Z축 센서 값을 읽은 후, z 변수에 대입합니다.
**07** : print 함수를 호출하여 x, y, z 값을 출력합니다.

**02** 🖳 을 눌러 마이크로비트로 다운로드합니다.

**03** 결과를 확인합니다.

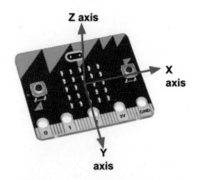

Z 축을 하늘을 보게 합니다. 이렇게 하면 Z축이 중력의 반대 방향을 보게 됩니다.

```
x, y, z:  -44 196 -1048
x, y, z:  -40 196 -1044
x, y, z:  -44 184 -1048
x, y, z:  -52 200 -1056
```

Z 축 센서에서 −1000 정도의 값이 흘러나옵니다. 값의 단위는 mG가 됩니다. mG는 millimeter G(중력 상수)를 나타냅니다. 즉, 1/1000 중력을 나타냅니다. 예를 들어 첫 번째 줄에서는 −1048 값이 흘러나오는데, 이것은 −1048mG=−1.048G가 되며 약 −1G가 됩니다. −1은 중력과의 반대 방향을 나타냅니다.

Z 축을 땅을 보게 합니다. 이렇게 하면 Z축이 중력 방향을 보게 됩니다.

```
x, y, z: -4 92 1024
x, y, z: -8 88 1028
x, y, z: -8 92 1032
x, y, z: -12 92 1028
```

Z 축 센서에서 1000 정도의 값이 흘러나옵니다.


Y 축을 하늘을 보게 합니다. 이렇게 하면 Y축이 중력의 반대 방향을 보게 됩니다.

```
x, y, z: 72 -1020 -44
x, y, z: 68 -1024 -48
x, y, z: 76 -1020 -52
x, y, z: 80 -1032 -44
```

Y 축 센서에서 -1000 정도의 값이 흘러나옵니다.


Y 축을 땅을 보게 합니다. 이렇게 하면 Y축이 중력 방향을 보게 됩니다.

```
x, y, z: 20 1040 188
x, y, z: 36 1032 188
x, y, z: 16 1028 200
x, y, z: 28 1036 192
```

Y 축 센서에서 -1000 정도의 값이 흘러나옵니다.


X 축을 하늘을 보게 합니다. 이렇게 하면 X축이 중력의 반대 방향을 보게 됩니다.

```
x, y, z: -1052 64 -72
x, y, z: -1048 68 -80
x, y, z: -1052 56 -80
x, y, z: -1048 80 -76
```

X 축 센서에서 -1000 정도의 값이 흘러나옵니다.


X 축을 땅을 보게 합니다. 이렇게 하면 X축이 중력 방향을 보게 됩니다.

```
x, y, z: 1028 52 -64
x, y, z: 1028 44 -68
x, y, z: 1036 44 -56
x, y, z: 1028 48 -48
```

X 축 센서에서 -1000 정도의 값이 흘러나옵니다.

❷ 좌우 기울어짐 감지하기

가속도 센서의 X 축 값을 읽어 마이크로비트가 좌로 기울었는지, 우로 기울었는지, 수평 상태인지를
나타내 봅니다.

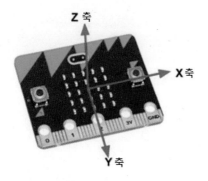

**01** `⊂⊃micro:bit` 다음과 같이 예제를 작성합니다.

실습파일 : 167.py

```
01 : from microbit import *
02 :
03 : while True :
04 :     reading = accelerometer.get_x()
05 :     if reading >50:
06 :             display.show("R")
07 :     elif reading <-50:
08 :             display.show("L")
09 :     else:
10 :             display.show("-")
```

**03** : 계속해서 4~10 줄을 수행합니다.
**04** : accelerometer.get_x 함수를 호출하여 X축 센서 값을 읽은 후, reading 변수에 대입합니다.
**05** : reading 값이 50보다 크면
**06** : display.show 함수를 호출하여 R 글자를 표시합니다.
**07** : 그렇지 않고 reading 값이 -50보다 작으면
**08** : display.show 함수를 호출하여 L 글자를 표시합니다.
**09** : 그렇지 않으면
**10** : display.show 함수를 호출하여 - 문자를 표시합니다.

**02** 🔛 을 눌러 마이크로비트로 다운로드합니다.

**03** 결과를 확인합니다.

마이크로 비트를 수평 상태로 둡니다. 그러면 다음과 같이 표시됩니다.

마이크로 비트를 X 축 방향으로 살짝 기울여 봅니다. 그러면 다음과 같이 표시됩니다.

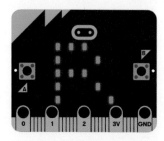

마이크로 비트를 X 축 반대 방향으로 살짝 기울여 봅니다. 그러면 다음과 같이 표시됩니다.

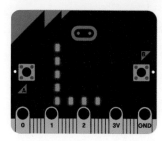

### get_x, get_y, get_z 함수 이해하기

get_x 함수에 대해 파이썬 쉘에게 물어봅니다.

putty 창에서 다음과 같이 차례대로 입력합니다.

```
>>> dir(accelerometer)
['get_x', 'get_y', 'get_z', 'get_values', 'current_gesture', 'is_gesture', 'was_
gesture', 'get_gestures']
>>> help(accelerometer.get_x)
Return micro:bit's tilt (X acceleration) in milli-g's.
>>>
```

Ctrl + C 를 눌러 파이썬 스크립트의 동작을 멈춥니다.

dir(accelerometer) 명령을 주어 accelerometer 라이브러리를 살펴봅니다.

get_x, get_y, get_z 속성을 가진 것을 확인합니다.

help(accelerometer.get_x) 명령을 주어 accelerometer.get_x 함수를 살펴봅니다.

마이크로비트의 기울기(X 가속도)를 milli-g로 돌려줍니다. get_x 함수는 X 축에 대한 가속도 측정값을 얻을 때 사용합니다. 방향에 따라 양의 정수나 음의 정수를 얻을 수 있습니다. 측정값은 milli-g로 나옵니다. 기본 상태에서 가속도 센서는 +/- 2g 범위로 설정되어 있습니다. 그래서 get_x 함수는 +/- 2000mg의 범위 내에서 값을 돌려줍니다.

## 가속도 센서 공

가속도 센서 값에 따라, 즉, 마이크로비트가 기울어진 상태와 방향에 따라 LED 디스플레이 상에 있는 LED가 공처럼 움직이도록 프로그램을 작성해봅니다.

**01** ⊙micro:bit 다음과 같이 예제를 작성합니다.

실습파일 : 169.py

```
01 : from microbit import *
02 :
03 : prev_dsp_x =0
04 : prev_dsp_y =0
05 : dsp_x =0
06 : dsp_y =0
07 : while True:
08 :     x = accelerometer.get_x()
09 :     y = accelerometer.get_y()
10 :
11 :     if x >400: x =400
12 :     elif x <-400: x =-400
13 :     if y >400: y =400
14 :     elif y <-400: y =-400
15 :     x = x +400
16 :     y = y +400
17 :
18 :     prev_dsp_x = dsp_x
19 :     prev_dsp_y = dsp_y
20 :     dsp_x = x //200
21 :     dsp_y = y //200
22 :     print("(x,y)=(%d,%d)" %(dsp_x, dsp_y))
23 :
24 :     if prev_dsp_x != dsp_x or prev_dsp_y != dsp_y:
25 :             display.set_pixel(prev_dsp_x, prev_dsp_y, 0)
26 :             display.set_pixel(dsp_x, dsp_y, 9)
```

**03, 04** : 가속도 센서 값에 따라 디스플레이 상에서 켜져 있는 LED의 바로 전 위치입니다.

**05, 06** : 가속도 센서 값에 따라 디스플레이 상에서 켜져 있는 LED의 현재 위치입니다.

**07** : 계속해서 8~26줄을 수행합니다.

**08, 09** : 가속도 센서에 대해, get_x, get_y 함수를 호출하여 가속도 센서의 X, Y 축으로 기울어진 값을 x, y 변수로 읽어 옵니다. 가속도 센서의 값은 빠른 움직임이 없는 상태에서는 중력 가속도만 영향을 주기 때문에 -1000~1000사이의 값이 흘러나옵니다.

| | |
|---|---|
| **11** | : x 값이 400보다 크면 400으로 보정합니다. |
| **12** | : x 값이 −400보다 작으면 −400으로 보정합니다. |
| **13** | : y 값이 400보다 크면 400으로 보정합니다. |
| **14** | : y 값이 −400보다 작으면 −400으로 보정합니다. |
| **15** | : x 값에 400을 더해 주어 −400~400 사이의 값을 0~800 사이의 값으로 보정합니다. 디스플레이의 좌표에 적용하기 위해 보정합니다. |
| **16** | : y 값에 400을 더해 주어 −400~400 사이의 값을 0~800 사이의 값으로 보정합니다. 디스플레이의 좌표에 적용하기 위해 보정합니다. |
| **18, 19** | : 현재의 dsp_x, dsp_y 값을 prev_dsp_x, prev_dsp_y 변수에 저장합니다. |
| **20, 21** | : x, y 값을 200으로 나눈 몫을 dsp_x, dsp_y 변수에 저장합니다. 이렇게 하면 dsp_x, dsp_y 변수에는 0~4 사이의 값을 갖게 됩니다. |
| **22** | : dsp_x, dsp_y 변수 값을 putty 창에 출력합니다. |
| **24** | : 디스플레이 상에서 켜져 있는 LED의 이전 위치와 현재 위치가 다르면 |
| **25** | : 이전 위치의 LED를 끄고 |
| **26** | : 현재 위치의 LED를 켭니다. |

**02**  을 눌러 마이크로비트로 다운로드합니다.

**03** 결과를 확인합니다. 마이크로비트를 기울이면 LED가 옮겨 다니는 것을 확인합니다. 동시에 putty 창에도 현재 켜져 있는 LED의 위치가 표시되는 것을 확인합니다.

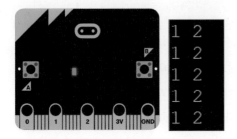

## 04-4 나침반 센서 라이브러리

나침반 센서는 지구 자기장을 감지하는 센서로 마이크로비트가 놓여 있는 방향을 알 수 있습니다. 나침반 센서를 사용하려면, 사용하기 전에 보정시켜 초기화해야 합니다.

compass 라이브러리를 이용하여 마이크로비트의 방향을 확인한 후, 적당한 동작을 수행해 보도록 합니다.

## heading 함수 사용해 보기

**❶ heading 함수 값 읽어보기**

compass 라이브러리의 heading 함수를 이용하여 나침반 센서 값을 읽어보도록 합니다.

**01** `micro:bit` 다음과 같이 예제를 작성합니다.

```
실습파일 : 171.py

01 : from microbit import *
02 :
03 : compass.calibrate()
04 :
05 : while True:
06 :     reading = compass.heading()
07 :     print(reading)
```

**03** : compass.calibrate 함수를 호출해 나침반 센서를 보정합니다. 나침반 센서를 사용하려면, 사용하기 전에 보정해 주어야 합니다. 보정은 오차를 없애고 정확한 값을 얻기 위해 필요합니다.

**05** : 계속해서 6, 7 줄을 수행합니다.

**06** : compass.heading 함수를 호출하여 나침반 센서 값을 읽은 후, reading 변수에 대입합니다.

**07** : print 함수를 호출하여 reading 값을 출력합니다.

**02** 🐾 을 눌러 마이크로비트로 다운로드합니다.

**03** 결과를 확인합니다. 처음엔 "TILT TO FILL SCREEN"이라는 메시지가 마이크로비트 디스플레이에 표시됩니다. 보정을 위해 마이크로비트를 사방으로 회전시켜 디스플레이에 다음과 같이 표시되도록 합니다. 디스플레이의 깜빡이는 LED 하나를 마이크로비트를 움직이면서 디스플레이 전체로 굴립니다.

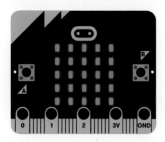

보정이 완료되면 다음과 같이 웃는 그림이 표시됩니다.

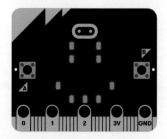

보정이 완료되었으면 putty 창을 통해 현재 방향을 확인합니다.

마이크로비트가 북쪽을 기준으로 89도 방향을 가리키고 있습니다.

아래 그림에서 화살표 방향을 북쪽으로 가리키게 하면 0도에 가까운 값이 나오게 됩니다.

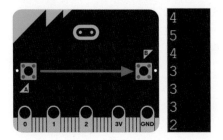

❷ 북쪽 방향 화살표로 표시하기

디스플레이에 화살표를 표시하여 북쪽을 가리키게 해 봅니다.

01 ⓒmicro:bit 다음과 같이 예제를 작성합니다.

실습파일 : 172.py

```
01 : from microbit import *
02 :
03 : if not compass.is_calibrated():
04 :     print("Perform calibration please!")
05 :     compass.calibrate()
06 :
07 : while True:
08 :     h = compass.heading()
09 :     print(h)
10 :     if h >22.5 and h <67.5:
11 :             display.show(Image.ARROW_NE)
12 :     elif h >67.5 and h <112.5:
13 :             display.show(Image.ARROW_N)
14 :     elif h >112.5 and h <157.5:
15 :             display.show(Image.ARROW_NW)
16 :     elif h >157.5 and h <202.5:
17 :             display.show(Image.ARROW_W)
18 :     elif h >202.5 and h <247.5:
19 :             display.show(Image.ARROW_SW)
20 :     elif h >247.5 and h <292.5:
```

```
21 :            display.show(Image.ARROW_S)
22 :    elif h >292.5 and h <337.5:
23 :            display.show(Image.ARROW_SE)
24 :    else:
25 :            display.show(Image.ARROW_E)
26 :    sleep(10)
```

**03**  : 만약에 지자계 센서가 보정이 안 되었다면

**04**  : putty 창에 보정을 수행하라는 메시지를 출력하고

**05**  : 지자계 센서를 보정합니다.

**07**  : 계속해서 8~26 줄을 수행합니다.

**08**  : compass.heading 함수를 호출하여 나침반 센서 값을 읽은 후, h 변수에 대입합니다.

**07**  : print 함수를 호출하여 h 값을 출력합니다.

**10**  : 만약 h 값이 22.5보다 크고 67.5보다 작으면

**11**  : display.show 함수를 호출해 마이크로비트의 오른쪽 위 방향을 가리키는 화살표를 표시합니다. 다음 그림을 참
        조합니다.

**12**  : 만약 h 값이 67.5보다 크고 112.5보다 작으면

**13**  : display.show 함수를 호출해 마이크로비트의 위 방향을 가리키는 화살표를 표시합니다.

**14~25** : 나머지의 경우도 같은 방식으로 처리합니다.

**26**  : 10 밀리 초 동안 멈춥니다.

**02** 🔌 을 눌러 마이크로비트로 다운로드합니다.

**03** 결과를 확인합니다. 처음엔 "TILT TO FILL SCREEN"이라는 메시지가 마이크로비트 디스플레이에 표시
됩니다. 이전 예제에서 했던 방식으로 나침반 센서를 보정합니다. 마이크로비트 보드를 회전시켜 봅니다. 화
살표가 북쪽 방향으로 표시되는 것을 확인합니다.

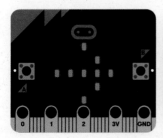 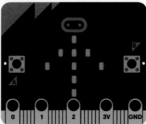 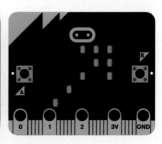

## heading 함수 이해하기

heading 함수에 대해 파이썬 쉘에게 물어봅니다.

🖥️ putty 창에서 다음과 같이 차례대로 입력합니다.

```
>>> dir(compass)
['heading', 'is_calibrated', 'calibrate', 'clear_calibration', 'get_x', 'get_y',
'get_z', 'get_field_strength']
>>> help(compass.calibrate)
If micro:bit is confused, calibrate() the compass to adjust the its accuracy.
It will ask you to rotate the device to draw a circle on the display.
>>> help(compass.heading)
Gives a compass heading between 0-360 with 0 as north.
>>>
```

Ctrl + C 를 눌러 파이썬 스크립트의 동작을 멈춥니다.

dir(compass) 명령을 주어 compass 라이브러리를 살펴봅니다.

heading, calibrate 속성을 가진 것을 확인합니다.

help(compass.calibrate) 명령을 주어 compass.calibrate 함수를 살펴봅니다.

마이크로비트가 분명치 않은 상태라면, calibrate 함수를 호출하여 나침반 센서를 보정하여 정확도를 조정하도록 합니다. 나침반 센서 보정을 위해 마이크로비트는 디바이스(나침반 센서)를 회전시켜 디스플레이에 원을 그리도록 요청할 겁니다.

help(compass.heading) 명령을 주어 compass.heading 함수를 살펴봅니다.

compass.heading 함수는 나침반 센서의 방향을 0~360도 사이의 값으로 줍니다. 0도일 경우 북쪽을 가리킵니다.

## 04-5 시리얼 통신 라이브러리

마이크로비트는 USB 연결 단자를 통해 시리얼 통신을 수행합니다. 앞에서 사용했던 print 함수도 시리얼을 통해 문자열을 출력합니다.

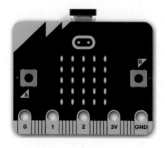

사용자의 입력을 받는 input 함수를 사용해 보며, uart 라이브러리를 이용하여 마이크로비트와 PC 간에 데이터를 주고 받아봅니다.

## input 함수

먼저 input 함수를 살펴봅니다. input 함수는 사용자 입력을 받는 역할을 하는 함수이기 때문에 중요합니다.

**01**  **micro:bit** 다음과 같이 예제를 작성합니다.

> **실습파일 : 175.py**

```
01 : while True:
02 :     local_input = input()
03 :     print(local_input)
```

**01** : 계속해서 2,3줄을 반복합니다.
**02** : input 함수를 호출하여 사용자 입력을 기다립니다. 사용자 입력이 있을 때까지 마이크로비트는 함수 내에서 빠져 나오지 않습니다. 사용자가 입력하면 입력 값을 돌려주며 함수를 빠져 나옵니다. 이렇게 입력이 있을 때까지 내부에서 대기하는 함수를 대기함수라고 합니다.
**03** : print 함수를 호출하여 사용자 입력을 출력합니다.

**02** 🖳 을 눌러 마이크로비트로 다운로드합니다.

**03** 🖳 putty 창에서 다음과 같이 a, b, c, d를 차례대로 입력해 봅니다. 차례대로 a, b, c, d가 출력되는 것을 확인합니다.

```
a
a
b
b
c
c
d
d
```

## uart.read 함수

input 함수는 사용자 입력이 있을 때까지 함수 내에서 대기합니다. sleep 함수가 정해진 시간이 될 때까지 함수 내에서 대기하는 것처럼 input 함수는 사용자 입력이 있을 때까지 함수 내에서 대기하게 됩니다. 이런 형태의 함수들을 대기함수라고 합니다. uart.read 함수를 사용해 봅니다. uart. read 함수는 대기하지 않는 함수입니다. 즉, 사용자 입력이 있으면 입력 값을 돌려주며 함수를 빠져 나오고, 입력 값이 없으면 아무것도 없다는 의미로 None을 돌려주며 함수를 빠져 나옵니다.

**01** ⊂∋micro:bit 다음과 같이 예제를 작성합니다.

```
01 : from microbit import *
02 :
03 : while True:
04 :     local_input = uart.read()
05 :     print(local_input)
```

**01** : microbit 라이브러리 내에 uart 라이브러리가 있으므로 microbit 라이브러리를 가져옵니다.
**03** : 계속해서 2,3줄을 반복합니다.
**04** : uart.read 함수를 호출하여 사용자 입력이 있을 경우 입력 값을 받아옵니다. 사용자 입력이 없을 경우 None을 돌려줍니다.
**05** : print 함수를 호출하여 사용자 입력을 출력합니다.

**02** 🖳 을 눌러 마이크로비트로 다운로드합니다.

**03** 🖳 putty 창을 확인합니다. 다음과 같이 None을 빠른 속도로 표시합니다.

```
None
None
None
None
None
None
None
```

putty 창에서 다음과 같이 a, b, c, d를 차례대로 입력해 봅니다. 너무 빨라 지나가버립니다.

**04** ⊂∋micro:bit 다음과 같이 예제를 수정합니다.

```
01 : from microbit import *
02 :
03 : while True:
04 :     local_input = uart.read()
05 :     if local_input != None:
06 :             print(local_input)
```

**05** : 사용자 입력 값이 None이 아니면
**06** : print 함수를 호출하여 사용자 입력을 출력합니다.

**05** 🖳 을 눌러 마이크로비트로 다운로드합니다.

**06**  putty 창에서 다음과 같이 a, b, c, d를 차례대로 입력해 봅니다. 다음과 같이 출력되는 것을 확인합니다.

```
b'a'
b'b'
b'c'
b'd'
```

b'a', b'b', b'c', b'd'라고 표시됩니다. 앞에 표시되는 b는 바이트라는 의미입니다.


**07** 6번째 줄을 다음과 같이 수정합니다.

```
06 :            print(str(local_input,'utf8'))
```

bytes 형의 데이터를 문자열로 변환하기 위해서 str 클래스를 이용합니다. utf8은 바이트 형태의 코드를 문자열 형태의 코드로 변환하는 방식을 나타냅니다.


**08** 🅐 을 눌러 마이크로비트로 다운로드합니다.

**09**  putty 창에서 다음과 같이 a, b, c, d를 차례대로 입력해 봅니다. 다음과 같이 출력되는 것을 확인합니다.

```
a
b
c
d
```


# 04-6 버튼, 센서, 사용자 입력 동시에 읽기

버튼, 가속도, 나침반, 사용자 입력을 동시에 읽고 출력해 봅니다.


**01** ⓒmicro:bit 다음과 같이 예제를 작성합니다.

실습파일 : 177.py

```
01 : from microbit import *
02 :
03 : while True:
04 :     b = button_a.is_pressed()
05 :     x = accelerometer.get_x()
06 :     h = compass.heading()
07 :     #u = input()
08 :     u = uart.read()
09 :
```

```
10 :     print(b)
11 :     print(x)
12 :     print(h)
13 :     if u != None:
14 :             print(u)
```

**03** : 계속해서 4~14줄을 반복 수행합니다.

**04** : A 버튼 값을 읽습니다.

**05** : 가속도 센서 X 값을 읽습니다.

**06** : 나침반 센서 값을 읽습니다.

**08** : 시리얼 값을 읽습니다. 7 줄에 있는 input 함수는 대기함수이므로 사용자 입력이 없을 경우 기다리게 되며, 그럴 경우 나머지 센서 값을 읽을 수 없습니다. 그래서 사용자 입력을 받아야 할 경우 대기하지 않는 uart.read 함수를 사용하여야 합니다.

**10** : 버튼 값을 출력 합니다.

**11** : 가속도 센서 X 값을 출력합니다.

**12** : 나침반 센서 값을 출력합니다.

**13, 14** : 시리얼 값이 있을 경우 출력합니다.

**02** 🖳 을 눌러 마이크로비트로 다운로드합니다.

**03** 🖥 putty 창을 확인합니다. 처음엔 나침반 센서 보정을 해 주도록 합니다.

```
Perform calibration please!
```

나침반 센서 보정이 끝나면 다음과 같이 버튼, 가속도, 나침반, 사용자 입력 값이 출력됩니다. 사용자 입력은 사용자 입력이 있을 경우에만 출력됩니다.

```
False
-36
56
False
-36
56
False
-36
56
```

# 05 _ 마이크로비트 확장하기

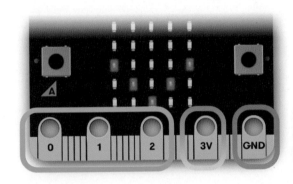

마이크로비트의 하단부에는 25개의 외부 장치 연결용 핀이 있습니다. 이 확장 핀에 모터, LED, 센서 등과 같은 전기 부품을 연결시킨 후, 여러분이 작성한 프로그램으로 동작시킬 수 있습니다. 외부 하드웨어 확장 핀을 사용하기 위해서는 마이크로비트 전용 쉴드가 필요합니다. 우리 책에서는 오른쪽 그림과 같은 쉴드를 사용합니다.

첫째, 마이크로비트 확장 핀에 대해서 살펴봅니다. 둘째, LED, 저항, 브레드 보드를 살펴봅니다. 셋째, 간단한 LED 회로를 구성하는 방법을 살펴봅니다. 넷째, 6개의 LED를 한 줄로 연결한 후 몇 가지 예제를 작성해 봅니다. 마지막으로 하트 모양으로 LED 회로를 구성한 후 예제를 작성해 테스트해 봅니다.

## 05-1 마이크로비트 확장 핀 살펴보기

마이크로비트의 하단부에는 다음과 같이 25개의 외부 장치 연결용 핀이 있습니다. 이 핀들은 microbit 모듈의 하위 모듈인 pin0~pin20(pin17, pin18 제외)을 통해 접근할 수 있습니다.

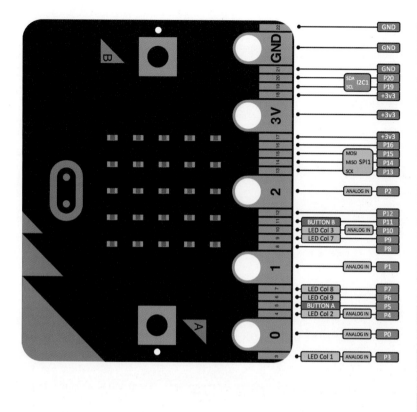

| Pin | Type | Function |
|-----|--------|----------|
| 0 | Touch | Pad0 |
| 1 | Touch | Pad1 |
| 2 | Touch | Pad2 |
| 3 | Analog | Column1 |
| 4 | Analog | Column2 |
| 5 | Digital | Button A |
| 6 | Digital | Row2 |
| 7 | Digital | Row1 |
| 8 | Digital | |
| 9 | Digital | Row3 |
| 10 | Digital | Column3 |
| 11 | Digital | Button B |
| 12 | Digital | |
| 13 | Digital | SPI MOSI |
| 14 | Digital | SPI MOSI |
| 15 | Digital | SPI SCK |
| 16 | Digital | |
| | | |
| 19 | Digital | I2C SCL |
| 20 | | I2C SDA |

BBC 마이크로비트는 보드의 아래쪽 엣지 커넥터에 외부 장치들을 연결할 수 있는 25개의 '핀'이 있습니다. 엣지 커넥터는 위 그림의 오른쪽에 있는 회색 부분입니다. 구멍에도 함께 연결이 되어있는 5개(0, 1, 2, 3V, GND)의 큰 핀이 있습니다. 그리고 같은 줄에 20개의 작은 핀들이 함께 더 있기 때문에 아랫 부분을 엣지 커넥터에 연결시켜 사용할 수 있습니다.

### 큰 핀들

악어 클립이나 4mm 바나나 플러그를 이용해서 5개의 큰 핀에 쉽게 연결할 수 있습니다.

0, 1, 2라고 쓰여있는 3개의 핀들은 때에 따라 다른 기능으로 바꾸어 사용할 수 있습니다. '범용 입출력(general purpose input and output)' (GPIO) 포트라고 부릅니다. 이 3개의 핀들은 아날로그-디지털 변환 컨버터(ADC)라고 불리는 회로를 통해 아날로그 형태의 전압을 읽을 수 있습니다. 이 핀들은 모두 다음과 같은 기능을 가집니다.

- 0 번 포트: ADC 기능이 있는 GPIO 포트
- 1 번 포트: ADC 기능이 있는 GPIO 포트
- 2 번 포트: ADC 기능이 있는 GPIO 포트
- 다른 2개의 큰 핀(3V 와 GND)은 용도가 매우 다릅니다.

## 3V, GND

조심하세요! 3V와 GND라고 쓰여있는 2개의 핀은 전원 공급과 관련되어 있기 때문에 절대로!! 서로 바꾸어 연결하면 안됩니다.

- **전원 출력**: USB 또는 배터리를 연결해 BBC 마이크로비트를 동작시키면 3V를 전원 출력으로 사용해 주변기기에 전원을 공급하는 목적으로 사용할 수 있습니다.
- **3V 포트**: 3V 전원 입력 모드나 전원 출력 모드로 사용할 수 있습니다. (1) 전원 출력 모드: BBC 마이크로비트를 USB 또는 배터리에 연결하는 경우, 외부 주변 장치에 전원을 공급해 주기 위한 목적으로 3V 핀을 사용할 수 있습니다. (2) 전원 입력 모드: BBC 마이크로비트를 USB 또는 배터리에 연결하지 않은 경우, 3V 핀을 마이크로비트에 전기를 공급하기 위한 전원 입력 포트로 사용할 수 있습니다
- **GND 포트**: 전기 회로를 완성시키기 위해 −극(GND) 으로 연결합니다.(3V 핀을 사용하는 경우 함께 사용해야 합니다.)

한 손으로 'GND' 핀을 잡고 있을 때, 다른 한 손으로 0, 1, 2 핀 중 하나를 잡아 3가지 버튼 형태로 감지하도록 BBC 마이크로 비트를 프로그래밍 할 수 있습니다.(몸이 +극과 −극에 연결된 하나의 전기 회로와 같은 역할을 하게 됩니다.)

## 작은 핀들

3개의 큰 핀들(0, 1, 2 번 포트 구멍)이 외부 장치를 연결하기 위해서 사용이 되는 것과 다르게, 작은 핀들의 일부는 BBC 마이크로비트 보드의 부품들과 함께 연결되어 있습니다. 예를 들어 작은 3번 핀은 마이크로비트 LED 화면의 일부와 함께 연결되어 있기 때문에 LED 화면에 글자들을 스크롤시키고 있는 경우에는 3번 핀을 사용할 수 없습니다.

- 3번 핀 : 마이크로비트 아래쪽 GPIO 포트에 있는 3번 핀은 마이크로비트 LED 스크린의 1번 세로줄 LED 들과 함께 연결되어 있습니다. 마이크로비트의 LED 스크린이 꺼져있는 경우에만 ADC 기능이나 디지털 입출력(I/O) 기능을 위해 사용될 수 있습니다.

- 4번 핀 : 마이크로비트 아래쪽 GPIO 포트에 있는 4번 핀은 마이크로비트 LED 스크린의 2번 세로줄 LED 들과 함께 연결되어 있습니다. 마이크로비트의 LED 스크린이 꺼져있는 경우에만 ADC 기능이나 디지털 입출력(I/O) 기능을 위해 사용될 수 있습니다.

- 5번 핀 : 마이크로비트 아래쪽 GPIO 포트에 있는 5번 핀은 마이크로비트의 A버튼과 함께 연결되어 있습니다. 외부 장치를 이용해 "A"번 버튼을 클릭한 것과 같은 효과를 만들어 내거나 "A"번 버튼 클릭을 감지할 수 있습니다. 이 핀은 풀-업(pull-up) 저항 형태로 회로가 구성되어 있기 때문에 누르지 않은 상태에서 3V 전류가 흐르고 있습니다. 버튼을 누르면 저항 값이 올라가 3V 전류가 흐르지 않게 됩니다. BBC 마이크로비트의 A버튼 대신 외부 장치를 연결해 같은 기능을 하도록 사용하고 싶다면 이 5번 핀을 외부 장치(버튼)에 연결하고 그 장치(버튼)의 다른 쪽 (−)연결 선을 GND 포트에 연결시키면 됩니다. 그렇게 연결한 장치(버튼)을 누르면 5번 핀을 통해 흐르는 전류가 0V가 되고 버튼을 클릭한 것과 같은 이벤트를 만들어내게 됩니다.

- 6번 핀 : 마이크로비트 아래쪽 GPIO 포트에 있는 6번 핀은 마이크로비트 LED 스크린의 9번 세로줄 LED들과 함께 연결되어 있습니다. 마이크로비트의 LED 스크린이 꺼져 있는 경우에만 디지털 입출력(I/O) 기능을 위해 사용될 수 있습니다.

- 7번 핀 : 마이크로비트 아래쪽 GPIO 포트에 있는 7번 핀은 마이크로비트 LED 스크린의 8번 세로줄 LED들과 함께 연결되어 있습니다. 마이크로비트의 LED 스크린이 꺼져있는 경우에만 디지털 입출력(I/O) 기능을 위해 사용될 수 있습니다.

- 8번 핀 : 마이크로비트 아래쪽 GPIO 포트에 있는 8번 핀은 디지털 신호들을 보내고 감지하는데 전용으로 사용됩니다.

- 9번 핀 : 마이크로비트 아래쪽 GPIO 포트에 있는 9번 핀은 마이크로비트 LED 스크린의 7번 세로줄 LED 들과 함께 연결되어 있습니다. 마이크로비트의 LED 스크린이 꺼져있는 경우에만 디지털 입출력(I/O) 기능을 위해 사용될 수 있습니다.

- 10번 핀 : 마이크로비트 아래쪽 GPIO 포트에 있는 10번 핀은 마이크로비트 LED 스크린의 3번 세로줄 LED들과 함께 연결되어 있습니다. 마이크로비트의 LED 스크린이 꺼져있는 경우에만 ADC 기능이나 디지털 입출력(I/O) 기능을 위해 사용될 수 있습니다.

- 11번 핀 : 마이크로비트 아래쪽 GPIO 포트에 있는 11번 핀은 마이크로비트의 B버튼과 함께 연결되어 있습니다. 외부 장치를 이용해 "B"번 버튼을 클릭한 것과 같은 효과를 만들어내거나 "B"번 버튼 클릭을 감지할 수 있습니다.

- 12번 핀 : 마이크로비트 아래쪽 GPIO 포트에 있는 12번 핀은 디지털 신호들을 보내고 감지하는데 전용으로 사용됩니다.

- **13번 핀** : 마이크로비트 아래쪽 GPIO 포트에 있는 13번 핀은 일반적으로 3-선 직렬 주변장치 버스(3-wire Serial Peripheral Interface, SPI)의 직렬 시간 클록(SCK) 신호를 위해 사용됩니다.
- **14번 핀** : 마이크로비트 아래쪽 GPIO 포트에 있는 14번 핀은 일반적으로 SPI 버스의 MISO(Master In Slave Out) 신호를 위해 사용됩니다.
- **15번 핀** : 마이크로비트 아래쪽 GPIO 포트에 있는 15번 핀은 일반적으로 SPI 버스의 MOSI(Master Out Slave In) 신호를 위해 사용됩니다.
- **16번 핀** : 마이크로비트 아래쪽 GPIO 포트에 있는 16번 핀은 전용 핀입니다.(일반적으로 SPI '칩 선택' 기능에도 함께 사용됩니다.)
- **17, 18번 핀** : 이 핀들은 대형 '3V' 패드와 같은 것에 3V 전원을 공급하기 위해 사용됩니다.
- **19, 20번 핀** : 시간 클록 신호(SCL)와 I2C 버스 통신 프로토콜의 데이터 전송 라인(SDA)을 위해 사용됩니다. I2C를 사용하면 하나의 같은 버스에 여러 장치들을 동시에 연결시켜 CPU로부터 메시지들을 주고 받을 수 있습니다. 마이크로비트 내부적으로는 가속도 센서와 나침반 센서가 I2C에 연결되어 있습니다.
- **21, 22번 핀** : 이 핀들은 GND 핀에 함께 연결되어 있으며 다른 기능은 제공하지 않습니다.(GND 포트 연결이 모자란 경우 추가적으로 사용할 수 있습니다.)

## 작은 핀들 연결하기

작은 핀들에 연결시키기 위해서는 엣지 커넥터를 사용하는 것을 추천합니다. 다음과 같은 형태의 커넥터가 있습니다.

이 책에서는 다음 커넥터를 사용합니다.

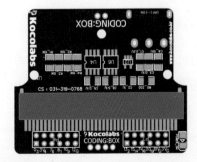

## 마이크로비트 장착하기

다음과 같이 마이크로비트 확장 보드에 마이크로비트를 장착합니다.

헐겁지 않도록 단단히 장착합니다.

## 커넥터 핀 살펴보기

이 책에서 사용할 커넥터 핀 번호는 다음과 같습니다.

그림에서 하단에 있는 숫자는 핀 번호를 나타내며 다음 그림과 같이 대응됩니다.

파란 숫자는 핀 번호를 나타냅니다. 3V는 3.3V 전압을 나타내며, G는 GND를 나타냅니다. BV는 배터리 전압(Battery Voltage)을 나타냅니다. BV는 그림 우측 상단 핀 오른쪽에서 2번째 핀입니다. 외부 전원이 필요할 경우 이 핀을 사용합니다.

## 05-2 LED, 저항, 브레드 보드 살펴보기

LED, 저항, 브레드 보드에 대해 살펴봅니다.

### LED

LED는 크기나 색깔, 동작 전압에 따라 여러 가지 형태가 존재합니다.

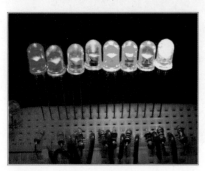

LED의 모양은 다음과 같으며, 긴 핀과 짧은 핀을 갖습니다.

LED는 방향성이 있습니다. 즉, 회로에 연결할 때 방향을 고려해야 합니다. 긴 핀을 전원의 양극
(VCC, 3V), 짧은 핀을 음극(GND, 0V)으로 연결합니다. 반대로 연결할 경우 전류가 흐르지 못해
LED가 켜지지 않습니다.

LED를 나타내는 기호는 다음과 같습니다. 양극(+)에서 음극(−)으로 전류가 흐릅니다.

LED는 저항과 직렬로 연결해야 하며, 마이크로비트 보드에서는 3V와 0V 사이에 연결해 줍니다.
LED를 위한 저항은 보통 220 Ohm 또는 330 Ohm을 사용합니다.

## 저항

저항은 전류의 양을 조절하는 역할을 합니다. 저항은 방향성이 없기 때문에 VCC와 GND에 어떤 방향으로도 연결할 수 있습니다. 다음 저항은 220 Ohm 저항입니다.

다음은 저항 기호를 나타냅니다.

### ❶ 저항 읽는 법

저항 값은 저항에 표시된 띠를 보고 확인할 수 있습니다. 다음 그림을 이용하면 저항 값을 알 수 있습니다. 저항은 4~5개의 색상 띠가 표시되어 있고, 그 띠색을 보고 저항 값을 읽을 수 있습니다. 저항 띠색 반대쪽에 금색 또는 은색 띠가 표시되어 있는데 금색은 5%의 오차, 은색은 10%의 오차가 있다는 의미입니다.

| 색 | 값 |
|---|---|
| 검정색 | 0 |
| 갈색 | 1 |
| 빨강색 | 2 |
| 주황색 | 3 |
| 노란색 | 4 |
| 초록색 | 5 |
| 파란색 | 6 |
| 보라색 | 7 |
| 회색 | 8 |
| 흰색 | 9 |
| 은색 | ±10% |
| 금색 | ±5% |

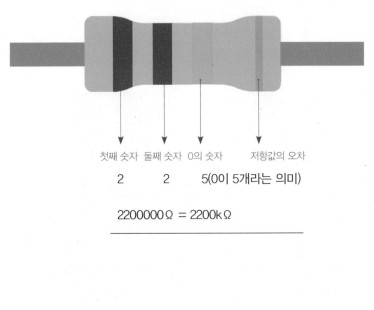

## ❷ 자주 사용하는 저항

다음은 이 책에서 주로 사용하는 저항의 종류입니다.

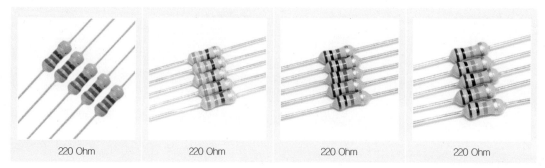

| 220 Ohm | 220 Ohm | 220 Ohm | 220 Ohm |

## 브레드 보드

다음은 브레드 보드입니다. 브레드 보드를 사용하면 납땜을 하지 않고, 시험용 회로를 구성할 수 있습니다. 일반적으로 빨간 선을 VCC, 파란 선을 GND에 연결합니다.

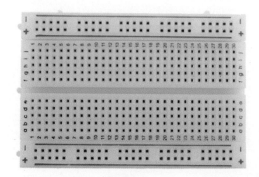

브레드 보드의 내부 구조는 다음과 같으며, 전선의 집합으로 이해할 수 있습니다.

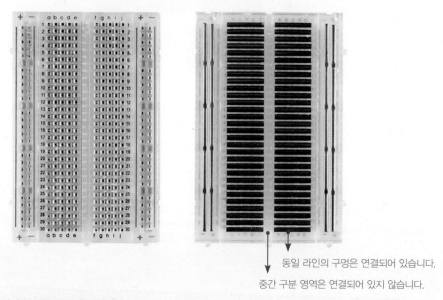

동일 라인의 구멍은 연결되어 있습니다.

중간 구분 영역은 연결되어 있지 않습니다.

## 05-3 write_digital 함수 살펴보기

P0 핀에 LED를 연결한 후, pin0 모듈의 write_ditial 함수를 이용하여 LED를 켜고 꺼 봅니다. 그 과정에서 LED 회로 연결법도 이해해 봅니다.

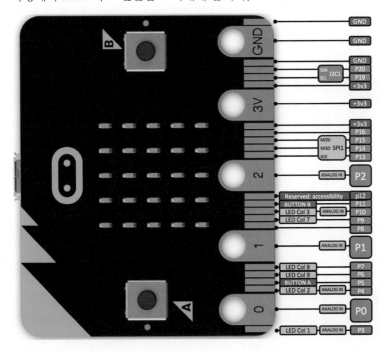

write_digital 함수는 P0~P20(P5, 11, 17, 18 제외) 핀에 대해서 사용할 수 있습니다. 이 핀들은 microbit 모듈의 하위 모듈인 pin0~pin20(pin5, 11, 17, pin18 제외) 모듈을 이용하여 접근할 수 있습니다.

### 회로 구성하기

다음과 같이 회로를 구성합니다.

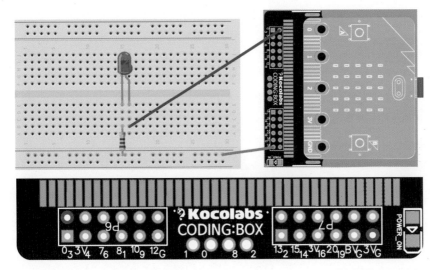

LED의 긴 핀(+)을 마이크로비트 확장 보드의 0번 핀에 연결합니다. LED의 짧은 핀(−)은 220 또는 330 Ohm 저항을 통해 G 핀에 연결합니다.

회로 구성 시 LED와 저항의 핀은 니퍼를 이용해 다음과 같이 적당하게 잘라줍니다.

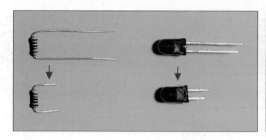 

## LED 켜기

마이크로비트 확장 핀 0번에 연결된 LED를 켜봅니다. LED를 켜기 위해서는 microbit 모듈에 포함된 pin0 모듈을 사용해야 합니다. pin0 모듈은 write_digital이라는 함수를 가지고 있는데 이 함수를 이용하여 LED를 켜거나 끌 수 있습니다.

**01** ⬤micro:bit 다음과 같이 예제를 작성합니다.

```
실습파일 : 189.py

01 : from microbit import *
02 :
03 : led =pin0
04 : HIGH =1
05 :
06 : led.write_digital(HIGH)
```

**03** : led 변수를 선언한 후, pin0 모듈로 초기화합니다.
**04** : HIGH 변수를 선언한 후, 1을 할당합니다.
**06** : write_digital 함수를 이용해 led에 HIGH 값을 씁니다. 그러면 다음과 같이 LED에 전류가 흐르면서 켜지게 됩니다.

**02** 🅰 을 눌러 마이크로비트로 다운로드합니다.
**03** LED의 동작을 확인합니다. LED가 켜진 것을 확인합니다.

## write_digital 함수 살펴보기

write_digital 함수는 pin0 모듈의 하위 함수입니다. write_digital 함수에 대해 살펴봅니다.

🖥 putty 창에서 다음과 같이 명령을 수행해 봅니다.

```
>>> dir()
['pin2', 'pin0', 'pin1', 'pin3', 'pin6', 'pin13', 'pin4', 'uart', 'pin5', 'pin7'
, 'temperature', 'sleep', 'pin8', 'pin9', 'button_a', 'button_b', 'reset', '__na
me__', 'i2c', 'pin11', 'pin10', 'spi', 'panic', 'Image', 'running_time', 'compas
s', 'pin12', 'pin14', 'pin15', 'accelerometer', 'display', 'pin16', 'pin19', 'pi
n20', 'led', 'HIGH']
>>> pin0
<MicroBitTouchPin>
>>> dir(pin0)
['write_digital', 'read_digital', 'write_analog', 'read_analog', 'set_analog_per
iod', 'set_analog_period_microseconds', 'is_touched', 'PULL_UP', 'PULL_DOWN', 'N
O_PULL', 'get_pull', 'set_pull', 'get_mode']
>>> pin0.write_digital
<bound_method>
>>> help(pin0.write_digital)
micro:bit, write_digital(choice) to the pin. You have two 'choice' values,
0 (lo) or 1 (hi).
>>>
```

dir() 명령을 수행하여 파이썬 쉘의 모듈 목록을 확인합니다. 밑줄 친 부분에 pin0 모듈이 표시되어 있습니다. pin0 모듈은 microbit 모듈에 포함된 하위 모듈입니다. pin0을 입력해 봅니다. 파이썬 쉘이 MicroBitTouchPin 모듈이라고 표시합니다. dir(pin0) 명령을 수행합니다. 밑줄 친 부분에 write_digital 함수가 표시되어 있습니다. write_digital 함수는 pin0 모듈에 포함된 함수입니다. pin0.write_digital 명령을 입력해 봅니다. 〈bound_method〉로 표시됩니다. pin0 모듈에 묶여있는 방법, 즉, pin0 모듈의 하위 함수라는 뜻입니다. help(pin0.write_digital) 명령을 입력해 봅니다. pin0.write_digital 함수에 대한 설명이 나옵니다. 0 또는 1을 pin에 쓴다는 뜻입니다.

write_digital 함수는 P0~P20(P17, 18 제외) 핀에 대해서 사용할 수 있습니다. 이 핀들은 microbit 모듈의 하위 모듈인 pin0~pin20(pin17, pin18 제외) 모듈을 이용하여 접근할 수 있습니다.

## LED 끄기

write_digital 함수를 이용하여 LED를 꺼봅니다.

01 **ⓒmicro:bit** 다음과 같이 예제를 작성합니다.

실습파일 : 190.py

```
01 : from microbit import *
02 :
03 : led =pin0
04 : HIGH =1
05 : LOW =0
06 : DELAY =1000
07 :
08 : led.write_digital(HIGH)
09 : sleep(DELAY)
10 : led.write_digital(LOW)
```

**05** : LOW 변수를 선언한 후, 0을 할당합니다.

**06** : DELAY 변수를 선언한 후, 1000을 할당합니다.

**08** : write_digital 함수를 이용해 led에 HIGH 값을 씁니다. 그러면 LED에 전류가 흐르면서 켜지게 됩니다.

**09** : sleep 함수를 호출하여 DELAY 밀리 초만큼 기다립니다.

**10** : write_digital 함수를 이용해 led에 LOW 값을 줍니다. 그러면 다음과 같이 LED에 전류의 흐름이 멈추면서 꺼집니다.

**02** 🔗 을 눌러 마이크로비트로 다운로드합니다.

**03** LED의 동작을 확인합니다. LED가 켜지고 1초 후에 꺼지는 것을 확인합니다.

## LED 켜고 끄기 무한 반복하기

write_digital 함수를 이용하여 LED 켜고 *끄기*를 무한 반복해 봅니다.

**01** ⓒmicro:bit 다음과 같이 예제를 작성합니다.

실습파일 : 191.py

```
01 : from microbit import *
02 :
03 : led =pin0
04 : HIGH =1
05 : LOW =0
06 : DELAY =1000
07 :
08 : while True:
09 :     led.write_digital(HIGH)
10 :     sleep(DELAY)
11 :     led.write_digital(LOW)
12 :     sleep(DELAY)
```

**08** : while True 문을 이용하여 9~12 줄을 무한 반복합니다.

**09** : write_digital 함수에 HIGH 값을 주어 LED를 켭니다.

**10** : sleep 함수를 호출하여 DELAY 밀리 초만큼 기다립니다.

**11** : write_digital 함수에 LOW 값을 주어 LED를 끕니다.

**12** : sleep 함수를 호출하여 DELAY 밀리 초만큼 기다립니다.

**02** 🔗 을 눌러 마이크로비트로 다운로드합니다.

**03** LED의 동작을 확인합니다. LED가 1초 간격으로 켜지고 꺼지는 것을 확인합니다.

## 05-4 복잡한 LED 회로 제어하기

6개의 LED를 한 줄로 연결해 보고 몇 가지 예제를 작성해 봅니다. 이 과정에서 6개의 LED를 효율적으로 표현하기 위해 목록을 활용해 봅니다.

### 회로 구성하기

다음과 같이 회로를 구성합니다.

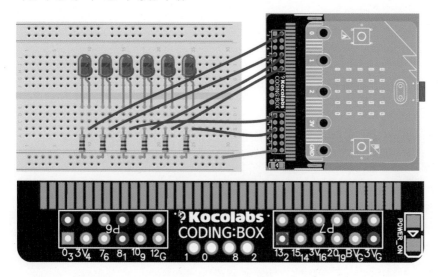

6개의 LED를 그림과 같이 배치합니다. 각각의 LED의 음극은 저항을 통해 GND로 연결합니다. 6개의 LED의 양극을 왼쪽부터 차례대로 마이크로비트 확장 보드의 0,1,2,8,12,16 번 핀에 그림과 같이 전선으로 연결합니다.

### 전체 LED 켜기

6개의 LED 전체를 초기화하고 켜 보도록 합니다.

01 ⓒmicro:bit 다음과 같이 예제를 수정합니다.

```
실습파일 : 192.py
01 : from microbit import *
02 :
03 : led_0 =pin0
04 : led_1 =pin1
05 : led_2 =pin2
06 : led_3 =pin8
07 : led_4 =pin12
08 : led_5 =pin16
```

```
09 : HIGH =1
10 :
11 : led_0.write_digital(HIGH)
12 : led_1.write_digital(HIGH)
13 : led_2.write_digital(HIGH)
14 : led_3.write_digital(HIGH)
15 : led_4.write_digital(HIGH)
16 : led_5.write_digital(HIGH)
```

**01 :** microbit 모듈로부터 모든 하위 모듈을 가져옵니다.
**03 :** led_0 변수를 선언한 후, pin0값을 대입합니다.
**04 :** led_1 변수를 선언한 후, pin1값을 대입합니다.
**05 :** led_2 변수를 선언한 후, pin2값을 대입합니다.
**06 :** led_3 변수를 선언한 후, pin8값을 대입합니다.
**07 :** led_4 변수를 선언한 후, pin12값을 대입합니다.
**08 :** led_5 변수를 선언한 후, pin16값을 대입합니다.
**09 :** HIGH 변수를 선언한 후, 1값을 대입합니다.
**11 :** led0 모듈의 write_digital 함수를 호출하여 LED에 HIGH 값을 줍니다.
**12 :** led1 모듈의 write_digital 함수를 호출하여 LED에 HIGH 값을 줍니다.
**13 :** led2 모듈의 write_digital 함수를 호출하여 LED에 HIGH 값을 줍니다.
**14 :** led3 모듈의 write_digital 함수를 호출하여 LED에 HIGH 값을 줍니다.
**15 :** led4 모듈의 write_digital 함수를 호출하여 LED에 HIGH 값을 줍니다.
**16 :** led5 모듈의 write_digital 함수를 호출하여 LED에 HIGH 값을 줍니다.

**02** 🖫 을 눌러 마이크로비트로 다운로드합니다.

**03** 결과를 확인합니다. 6개의 LED가 모두 켜지는 것을 확인합니다.

## 목록 사용하기

이전 예제의 led_0~led_5 변수를 1차 목록으로 표현해 봅니다.

**01** micro:bit 다음과 같이 예제를 수정합니다.

실습파일 : 193.py

```
01 : from microbit import *
02 :
03 : led =[pin0,pin1,pin2,pin8,pin12,pin16]
04 : HIGH =1
05 :
06 : led[0].write_digital(HIGH)
07 : led[1].write_digital(HIGH)
08 : led[2].write_digital(HIGH)
09 : led[3].write_digital(HIGH)
10 : led[4].write_digital(HIGH)
11 : led[5].write_digital(HIGH)
```

**03** : pin0,pin1,pin2,pin8,pin12,pin16을 목록[]에 넣어 led에 할당합니다. 이렇게 하면 led는 목록 변수가 됩니다. 다음 그림을 참조합니다.

```
led_0 =pin0
led_1 =pin1
led_2 =pin2
led_3 =pin8
led_4 =pin12
led_5 =pin16

led =[pin0,pin1,pin2,pin8,pin12,pin16]
```

**06~11** : led목록의 0~5번 항목인 led[0]~led[5] 모듈의 write_digital 함수를 호출하여 6개의 LED에 HIGH 값을 줍니다. 꼭 기억해야 할 것은 목록의 항목은 1이 아닌 0에서 시작합니다. 즉, 이 예제에서 목록의 개수는 6개 이지만 목록의 번호는 0~5가 됩니다. 이전 예제와는 다음과 같이 대응됩니다.

```
led_0.write_digital(HIGH)
led_1.write_digital(HIGH)
led_2.write_digital(HIGH)
led_3.write_digital(HIGH)
led_4.write_digital(HIGH)
led_5.write_digital(HIGH)

led[0].write_digital(HIGH)
led[1].write_digital(HIGH)
led[2].write_digital(HIGH)
led[3].write_digital(HIGH)
led[4].write_digital(HIGH)
led[5].write_digital(HIGH)
```

**02** 🔧 을 눌러 마이크로비트로 다운로드합니다.

**03** 결과를 확인합니다. 이전과 같이 6개의 LED가 모두 켜지는 것을 확인합니다.

## for-in 문으로 정리해보기

목록은 for-in 문과 아주 밀접한 관계가 있습니다. 목록이 같은 형태의 자료의 집합이라면, for-in 문은 같은 동작의 반복 실행을 위한 제어문입니다. 그래서 목록과 for-in 문은 같이 사용되는 경우가 많습니다. for-in 문을 이용하여 목록에 대한 처리를 간단하게 합니다.

**01** ⓒmicro:bit 다음과 같이 예제를 수정합니다.

```
실습파일 : 194.py

01 : from microbit import *
02 :
03 : led =[pin0,pin1,pin2,pin8,pin12,pin16]
04 : HIGH =1
05 :
06 : for m in range(0,6):
07 :     led[m].write_digital(HIGH)
```

**06, 07** : for-in 문을 이용하여 led목록의 0~5번 항목인 led[0]~led[5] 모듈에 대해 write_digital 함수를 호출하여 6개의
LED에 HIGH 값을 줍니다. 이렇게 하면 6개의 LED가 켜집니다.

```
led[0].write_digital(HIGH)
led[1].write_digital(HIGH)
led[2].write_digital(HIGH)
led[3].write_digital(HIGH)
led[4].write_digital(HIGH)
led[5].write_digital(HIGH)


for m in range(0,6):
    led[m].write_digital(HIGH)
```

**02** 🔽 을 눌러 마이크로비트로 다운로드합니다.

**03** 결과를 확인합니다. 이전과 같이 6개의 LED가 모두 켜지는 것을 확인합니다.

for 문을 사용하면 LED의 개수가 바뀌더라도 for 문에서는 숫자만 변경해주면 됩니다. 이와 같이
for 문을 사용하면 간단하고 효율적으로 표현할 수 있습니다. 앞에서도 말했지만 목록과 for 문은 단
짝과도 같은 관계입니다. 목록은 반복된 자료, for 문은 반복된 동작이기 때문입니다.

## 전체 LED 끄기

6개의 LED 전체를 초기화하고 꺼 보도록 합니다.

**01** ⬤micro:bit 다음과 같이 예제를 수정합니다.

실습파일 : 195.py

```
01 : from microbit import *
02 :
03 : led =[pin0,pin1,pin2,pin8,pin12,pin16]
04 : HIGH =1
05 : LOW =0
06 : DELAY =1000
07 :
08 : for m in range(0,6):
09 :     led[m].write_digital(HIGH)
10 : sleep(DELAY)
11 :
12 : for m in range(0,6):
13 :     led[m].write_digital(LOW)
```

**05** : LOW 변수를 선언한 후, 1값을 대입합니다.

**06** : DELAY 변수를 선언한 후, 1000값을 대입합니다.

**08, 09** : for-in 문을 이용하여 led목록의 0~5번 항목인 led[0]~led[5] 모듈에 대해 write_digital 함수를 호출하여 6개의
LED에 HIGH 값을 줍니다. 이렇게 하면 6개의 LED가 켜집니다.

**10** : sleep 함수를 호출하여 DELAY 밀리 초만큼 기다립니다.

**12, 13** : for-in 문을 이용하여 led목록의 0~5번 항목인 led[0]~led[5] 모듈에 대해 write_digital 함수를 호출하여 6개의
LED에 LOW 값을 줍니다. 이렇게 하면 6개의 LED가 꺼집니다.

**02** 🖥 을 눌러 마이크로비트로 다운로드합니다.

**03** 결과를 확인합니다. 6개의 LED가 동시에 모두 켜지고 1초 후에 모두 꺼지는 것을 확인합니다.

## 전체 LED 켜고 끄기 무한 반복하기

6개의 LED 전체를 켜고 끄고를 반복해 보도록 합니다.

**01** `◎micro:bit` 다음과 같이 예제를 수정합니다.

**실습파일 : 196.py**

```
01 : from microbit import *
02 :
03 : led =[pin0,pin1,pin2,pin8,pin12,pin16]
04 : HIGH =1
05 : LOW =0
06 : DELAY =1000
07 :
08 : while True:
09 :     for m in range(0,6):
10 :             led[m].write_digital(HIGH)
11 :     sleep(DELAY)
12 :
13 :     for m in range(0,6):
14 :             led[m].write_digital(LOW)
15 :     sleep(DELAY)
```

**08** : while True 문을 이용하여 9~15 줄을 무한 반복합니다.

**09, 10** : led[0]~led[5] 모듈에 연결된 6개의 LED를 켠 후,

**11** : sleep 함수를 호출하여 DELAY 시간에 해당하는 밀리 초만큼 멈춥니다.

**13, 14** : led[0]~led[5] 모듈에 연결된 6개의 LED를 끈 후,

**15** : sleep 함수를 호출하여 DELAY 시간에 해당하는 밀리 초만큼 멈춥니다.

**02** 🖥 을 눌러 마이크로비트로 다운로드합니다.

**03** 결과를 확인합니다. 6개의 LED가 1초 간격으로 켜지고 꺼지는 동작을 반복하는 것을 확인합니다.

## sleep 밀어 넣기

앞의 예제에서 sleep 함수는 while 문의 하위 동작입니다. sleep 함수를 한 칸 밀어 넣어 for-in 문의 하위 동작을 만들어 봅니다.

**01** `micro:bit` 다음과 같이 예제를 수정합니다.

실습파일 : 197py

```
01 : from microbit import *
02 :
03 : led =[pin0,pin1,pin2,pin8,pin12,pin16]
04 : HIGH =1
05 : LOW =0
06 : DELAY =1000
07 :
08 : while True:
09 :     for m in range(0,6):
10 :             led[m].write_digital(HIGH)
11 :             sleep(DELAY)
12 :
13 :     for m in range(0,6):
14 :             led[m].write_digital(LOW)
15 :             sleep(DELAY)
```

**11** : sleep 함수를 한 칸 밀어 넣어 9번째 줄 for-in 문의 하위 동작이 되도록 합니다. 이렇게 하면 for-in 문에 속하는 10, 11 줄이 순차적으로 수행됩니다. 즉, 첫 번째 LED를 켜고 1000밀리 초 대기하고 두 번째 LED를 켜고 1000밀리 초 대기하고 하는 동작을 여섯 번째 LED까지 반복합니다. LED를 하나 켤 때마다 1000밀리 초 동안 대기를 합니다.

**15** : sleep 함수를 한 칸 밀어 넣어 13번째 줄 for-in 문의 하위 동작이 되도록 합니다. 이렇게 하면 for-in 문에 속하는 14, 15 줄이 순차적으로 수행됩니다. 즉, 첫 번째 LED를 끄고 1000밀리 초 대기하고 두 번째 LED를 끄고 1000밀리 초 대기하고 하는 동작을 여섯 번째 LED까지 반복합니다. LED를 하나 끌 때마다 1000밀리 초 동안 대기를 합니다.

**02** 🔽 을 눌러 마이크로비트로 다운로드합니다.

**03** 결과를 확인합니다. 6개의 LED가 1초 간격으로 하나씩 켜지고 하나씩 꺼지는 것을 확인합니다.

## range 반대로 하기

이전 예제는 LED가 켜지는 순서대로 LED가 꺼집니다. range 클래스를 변경하여 LED가 꺼지는 순서를 바꾸어봅니다. 즉, 가장 먼저 켜진 LED가 가장 나중에 꺼지고 가장 나중에 켜진 LED가 가장 먼저 꺼지도록 해 봅니다.

**01** ◎micro:bit 다음과 같이 예제를 수정합니다.

```
01 : from microbit import *
02 :
03 : led =[pin0,pin1,pin2,pin8,pin12,pin16]
04 : HIGH =1
05 : LOW =0
06 : DELAY =1000
07 :
08 : while True:
09 :     for m in range(0,6):
10 :             led[m].write_digital(HIGH)
11 :             sleep(DELAY)
12 :
13 :     for m in range(5,-1,-1):
14 :             led[m].write_digital(LOW)
15 :             sleep(DELAY)
```

**13 :** range 클래스로 넘어가는 인자를 변경합니다. range(5,-1,-1)은 5이하 -1초과 사이에 있는 -1 간격의 정수를 나타냅니다. 즉, 5, 4, 3, 2, 1, 0을 나타냅니다.

**02** 🔼 을 눌러 마이크로비트로 다운로드합니다.

**03** 결과를 확인합니다. 6개의 LED가 1초 간격으로 하나씩 켜지고 반대 방향으로 하나씩 꺼지는 것을 확인합니다.

## 05-5 하트 LED 회로 제어하기

10 개의 LED를 하트 모양으로 연결해 보고 몇 가지 예제를 작성해 봅니다. 여기서도 10개의 LED를 제어하기 위해 목록과 for-in문을 사용합니다.
회로 구성이 복잡해 몇 단계로 나누어 회로 구성을 해 봅니다.

**01** 먼저 다음과 같이 LED를 배치합니다. 각 LED의 꺾인 다리 부분이 양극입니다.

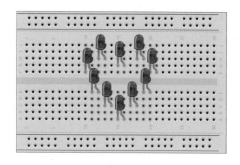

**02** 다음과 같이 저항을 배치합니다. 저항은 각 LED의 음극과
연결된 후, 브레드 보드의 공통 음극에 연결합니다.

**03** 다음과 같이 선을 연결합니다. 선을
LED의 양극에 그림과 같이 연결합니다.

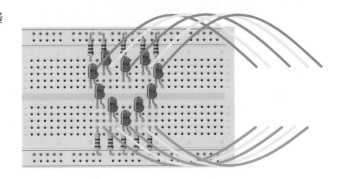

**04** 다음과 같이 마이크로비트 확장 보드와 연결합니다.

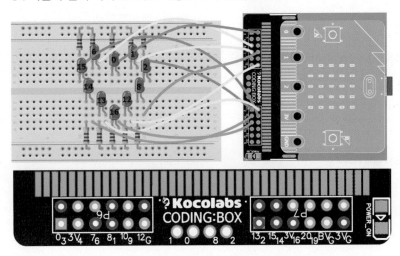

**05** 다음과 같이 GND를
연결합니다.

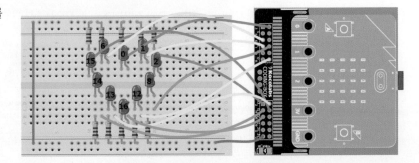

이상 회로 구성을 마쳤습니다.

※ 회로 구성 시 저항이나 LED의 핀이 서로 닿으면 합선이 될 수 있으니 주의합니다.

## 하트 LED 켜고 꺼보기

하트 LED 전체를 초기화하고 켜 보도록 합니다.

**01** `micro:bit` 다음과 같이 예제를 수정합니다.

실습파일 : 200.py

```
01 : from microbit import *
02 :
03 : led =[pin0,pin1,pin2,pin8,pin12,pin16,pin13,pin14,pin15,pin6]
04 : HIGH =1
05 : LOW =0
06 : DELAY =100
07 :
08 : display.off()
09 : while True:
10 :     for m in range(0,10):
11 :             led[m].write_digital(HIGH)
12 :             sleep(DELAY)
13 :
14 :     for m in range(9,-1,-1):
15 :             led[m].write_digital(LOW)
16 :             sleep(DELAY)
```

**03** : pin0,pin1,pin2,pin8,pin12,pin16,pin13,pin14,pin15,pin6을 목록[]에 넣어 led에 할당합니다.
**04** : HIGH 변수를 선언한 후, 1로 초기화합니다.
**05** : LOW 변수를 선언한 후, 0으로 초기화합니다.
**06** : DELAY 변수를 선언한 후, 100으로 초기화합니다.
**08** : display.off 함수를 호출하여 디스플레이에 연결된 핀을 해제합니다. pin6, pin7, pin9를 사용하기 위해서는 display.off 함수를 호출하여야 합니다.

**02** 🔽 을 눌러 마이크로비트로 다운로드합니다.

**03** 결과를 확인합니다. 하트 모양의 LED가 0.1초 간격으로 차례대로 켜지고 반대방향으로 차례대로 꺼지는 것을 확인합니다.

# Microbit
# Python

여기서는 마이크로비트 상에 있는 LED의 밝기를 조절하는 예제를 수행해 보면서 목록, for-in 문, 함수를 반복적으로 사용해 봅니다. 그래서 파이썬 코딩에 이것들을 적용하는 능력을 키워보도록 합니다.

# 파이썬 중급 도약하기

# 01 _ 목록, for-in 도약하기

여기서는 목록, for-in 문을 반복적으로 사용해 보면서 목록, for-in 문을 활용할 수 있는 능력을 키워보도록 합니다.

## 01-1 for-in 도약하기

### 별 하나 점점 밝게 무한 반복하기

여기서는 반복해서 마이크로비트의 LED 하나의 밝기를 조절해 보도록 합니다. 다음 그림과 같이 가로 0, 세로 0 위치에 있는 LED 하나의 밝기를 조절해 보도록 합니다.

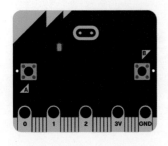

마이크로비트의 LED의 밝기를 조절하기 위해서는 microbit 모듈에 포함된 display 모듈을 사용해야 합니다. display 모듈은 set_pixel이라는 함수를 가지고 있는데 이 함수를 이용하여 LED의 밝기를 조절할 수 있습니다.

❶ 0~1 단계 조절

먼저 LED의 밝기를 0.5초 간격으로 0단계, 1단계로 조절해 봅니다.

01 💿micro:bit 다음과 같이 예제를 작성합니다.

실습파일 : 204.py

```
01 : from microbit import *
02 :
03 : x_0 =0
04 : y_0 =0
```

```
05 : DELAY =500
06 :
07 : while True:
08 :     display.set_pixel(x_0,y_0,0)
09 :     sleep(DELAY)
10 :     display.set_pixel(x_0,y_0,1)
11 :     sleep(DELAY)
```

**01** : from, import 키워드를 이용하여 microbit 모듈이 가진 모든 하위 모듈(*)을 가져옵니다.

**03** : x_0 변수를 선언한 후, 0으로 초기화합니다. x_0 변수는 마이크로비트 디스플레이의 가로 0 번 위치 값을 갖습니다.

**04** : y_0 변수를 선언한 후, 0으로 초기화합니다. y_0 변수는 마이크로비트 디스플레이의 세로 0 번 위치 값을 갖습니다.

**05** : DELAY 변수를 선언한 후, 500으로 초기화합니다. LED의 밝기가 변하는 시간 간격을 위한 값으로 밀리초 단위입니다.

**07** : while True 문을 사용하여 8~11 줄을 무한 반복합니다.

**08** : display 모듈의 set_pixel 함수를 호출하여 (x_0, y_0)위치에 있는 LED에 0 값을 줍니다. 이렇게 하면 LED의 밝기가 0단계이며, 꺼진 상태가 됩니다.

**09** : sleep 함수를 호출하여 DELAY 시간만큼 대기합니다. 즉, 0.5초만큼 대기합니다.

**10** : display 모듈의 set_pixel 함수를 호출하여 (x_0, y_0)위치에 있는 LED에 1 값을 줍니다. 이렇게 하면 LED의 밝기가 1단계의 밝기가 됩니다.

**11** : sleep 함수를 호출하여 DELAY 시간만큼 대기합니다. 즉, 0.5초만큼 대기합니다.

**02** 🖳 을 눌러 마이크로비트로 다운로드합니다.

**03** 마이크로비트 보드의 디스플레이를 확인합니다. (0, 0)번 위치에 있는 LED가 0.5초 간격으로 0단계, 1단계의 밝기를 반복합니다.

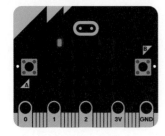

❷ 0~3 단계 조절

다음은 LED의 밝기를 0.5초 간격으로 0~3단계로 조절해 봅니다.

**01** ⬡micro:bit 다음과 같이 예제를 작성합니다.

실습파일 : 205.py

```
01 : from microbit import *
02 :
03 : x_0 =0
04 : y_0 =0
```

```
05 : DELAY =500
06 :
07 : while True:
08 :     display.set_pixel(x_0,y_0,0)
09 :     sleep(DELAY)
10 :     display.set_pixel(x_0,y_0,1)
11 :     sleep(DELAY)
12 :     display.set_pixel(x_0,y_0,2)
13 :     sleep(DELAY)
14 :     display.set_pixel(x_0,y_0,3)
15 :     sleep(DELAY)
```

**01~11** : 이전 예제와 같습니다.

**12** : display 모듈의 set_pixel 함수를 호출하여 (x_0, y_0)위치에 있는 LED에 2 값을 줍니다. 이렇게 하면 LED의 밝기가 2단계의 밝기가 됩니다.

**13** : sleep 함수를 호출하여 DELAY 시간만큼 대기합니다. 즉, 0.5초만큼 대기합니다.

**14** : display 모듈의 set_pixel 함수를 호출하여 (x_0, y_0)위치에 있는 LED에 3 값을 줍니다. 이렇게 하면 LED의 밝기가 3단계의 밝기가 됩니다.

**15** : sleep 함수를 호출하여 DELAY 시간만큼 대기합니다. 즉, 0.5초만큼 대기합니다.

**02** 🅐 을 눌러 마이크로비트로 다운로드합니다.

**03** 마이크로비트 보드의 디스플레이를 확인합니다. (0, 0)번 위치에 있는 LED가 0.5초 간격으로 0~3 단계의 밝기를 반복합니다.

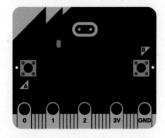

❸ 0~7 단계 조절

다음은 LED의 밝기를 0.5초 간격으로 0~7단계로 조절해 봅니다.

**01** ▣micro:bit 다음과 같이 예제를 작성합니다.

> 실습파일 : 206.py

```
01 : from microbit import *
02 :
03 : x_0 =0
04 : y_0 =0
```

```
05 : DELAY =500
06 :
07 : while True:
08 :     display.set_pixel(x_0,y_0,0)
09 :     sleep(DELAY)
10 :     display.set_pixel(x_0,y_0,1)
11 :     sleep(DELAY)
12 :     display.set_pixel(x_0,y_0,2)
13 :     sleep(DELAY)
14 :     display.set_pixel(x_0,y_0,3)
15 :     sleep(DELAY)
16 :     display.set_pixel(x_0,y_0,4)
17 :     sleep(DELAY)
18 :     display.set_pixel(x_0,y_0,5)
19 :     sleep(DELAY)
20 :     display.set_pixel(x_0,y_0,6)
21 :     sleep(DELAY)
22 :     display.set_pixel(x_0,y_0,7)
23 :     sleep(DELAY)
```

**01~15** : 이전 예제와 같습니다.

**16**　: display 모듈의 set_pixel 함수를 호출하여 (x_0, y_0)위치에 있는 LED에 4 값을 줍니다. 이렇게 하면 LED의 밝기가 4단계의 밝기가 됩니다.

**17**　: sleep 함수를 호출하여 DELAY 시간만큼 대기합니다. 즉, 0.5초만큼 대기합니다.

**18**　: display 모듈의 set_pixel 함수를 호출하여 (x_0, y_0)위치에 있는 LED에 5 값을 줍니다. 이렇게 하면 LED의 밝기가 5단계의 밝기가 됩니다.

**19**　: sleep 함수를 호출하여 DELAY 시간만큼 대기합니다. 즉, 0.5초만큼 대기합니다.

**20**　: display 모듈의 set_pixel 함수를 호출하여 (x_0, y_0)위치에 있는 LED에 6 값을 줍니다. 이렇게 하면 LED의 밝기가 6단계의 밝기가 됩니다.

**21**　: sleep 함수를 호출하여 DELAY 시간만큼 대기합니다. 즉, 0.5초만큼 대기합니다.

**22**　: display 모듈의 set_pixel 함수를 호출하여 (x_0, y_0)위치에 있는 LED에 7 값을 줍니다. 이렇게 하면 LED의 밝기가 7단계의 밝기가 됩니다.

**23**　: sleep 함수를 호출하여 DELAY 시간만큼 대기합니다. 즉, 0.5초만큼 대기합니다.

**02** 🔧 을 눌러 마이크로비트로 다운로드합니다.

**03** 마이크로비트 보드의 디스플레이를 확인합니다. (0, 0)번 위치에 있는 LED가 0.5초 간격으로 0~7 단계의 밝기를 반복합니다.

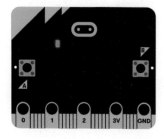

**❹ 0~9 단계 조절**

다음은 LED의 밝기를 0.5초 간격으로 0~9단계로 조절해 봅니다.

**01** `micro:bit` 다음과 같이 예제를 작성합니다.

실습파일 : 207.py

```python
01 : from microbit import *
02 :
03 : x_0 =0
04 : y_0 =0
05 : DELAY =500
06 :
07 : while True:
08 :     display.set_pixel(x_0,y_0,0)
09 :     sleep(DELAY)
10 :     display.set_pixel(x_0,y_0,1)
11 :     sleep(DELAY)
12 :     display.set_pixel(x_0,y_0,2)
13 :     sleep(DELAY)
14 :     display.set_pixel(x_0,y_0,3)
15 :     sleep(DELAY)
16 :     display.set_pixel(x_0,y_0,4)
17 :     sleep(DELAY)
18 :     display.set_pixel(x_0,y_0,5)
19 :     sleep(DELAY)
20 :     display.set_pixel(x_0,y_0,6)
21 :     sleep(DELAY)
22 :     display.set_pixel(x_0,y_0,7)
23 :     sleep(DELAY)
24 :     display.set_pixel(x_0,y_0,8)
25 :     sleep(DELAY)
26 :     display.set_pixel(x_0,y_0,9)
27 :     sleep(DELAY)
```

**01~23** : 이전 예제와 같습니다.

**24** : display 모듈의 set_pixel 함수를 호출하여 (x_0, y_0)위치에 있는 LED에 8 값을 줍니다. 이렇게 하면 LED의 밝기가 8단계의 밝기가 됩니다.

**25** : sleep 함수를 호출하여 DELAY 시간만큼 대기합니다. 즉, 0.5초만큼 대기합니다.

**26** : display 모듈의 set_pixel 함수를 호출하여 (x_0, y_0)위치에 있는 LED에 9 값을 줍니다. 이렇게 하면 LED의 밝기가 9단계의 밝기가 됩니다.

**27** : sleep 함수를 호출하여 DELAY 시간만큼 대기합니다. 즉, 0.5초만큼 대기합니다.

**02** 🔲 을 눌러 마이크로비트로 다운로드합니다.

**03** 마이크로비트 보드의 디스플레이를 확인합니다. (0, 0)번 위치에 있는 LED가 0.5초 간격으로 0~9 단계의 밝기를 반복합니다.

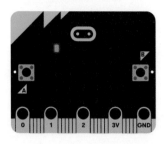

## for-in 문으로 정리하기

이전 예제는 LED의 밝기에 따라 같은 동작을 10번 반복합니다. 같은 동작이 반복될 경우엔 for-in 문을 이용하여 간단하게 정리할 수 있습니다. 여기서는 이전 예제를 for-in 문으로 정리해 봅니다.

**01** ⬤micro:bit 다음과 같이 예제를 작성합니다.

**실습파일 : 208.py**

```
01 : from microbit import *
02 :
03 : x_0 =0
04 : y_0 =0
05 : DELAY =500
06 :
07 : while True:
08 :     for b in range(0,10):
09 :             display.set_pixel(x_0,y_0,b)
10 :             sleep(DELAY)
```

**08~10** : 10개의 반복된 동작을 for-in 문 하나로 표현합니다. 다음 그림을 참조합니다.

```
display.set_pixel(x_0,y_0,0) ⎤ 0        for b in range(0,10):
sleep(DELAY)                 ⎦              display.set_pixel(x_0,y_0,b)
display.set_pixel(x_0,y_0,1) ⎤ 1              sleep(DELAY)
sleep(DELAY)                 ⎦                           하나의 동작으로 일반화
display.set_pixel(x_0,y_0,2) ⎤ 2
sleep(DELAY)                 ⎦
display.set_pixel(x_0,y_0,3) ⎤ 3
sleep(DELAY)                 ⎦
display.set_pixel(x_0,y_0,4) ⎤ 4
sleep(DELAY)                 ⎦
display.set_pixel(x_0,y_0,5) ⎤ 5    10개의 반복된 동작 => for 문
sleep(DELAY)                 ⎦
display.set_pixel(x_0,y_0,6) ⎤ 6
sleep(DELAY)                 ⎦
display.set_pixel(x_0,y_0,7) ⎤ 7
sleep(DELAY)                 ⎦
display.set_pixel(x_0,y_0,8) ⎤ 8
sleep(DELAY)                 ⎦
display.set_pixel(x_0,y_0,9) ⎤ 9
sleep(DELAY)                 ⎦
```

**02** 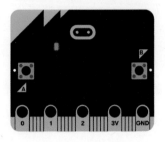 을 눌러 마이크로비트로 다운로드합니다.

**03** 마이크로비트 보드의 디스플레이를 확인합니다. (0, 0)번 위치에 있는 LED가 0.5초 간격으로 0~9 단계의 밝기를 무한 반복합니다.

**04** DELAY 값을 다음과 같이 줄인 후, 마이크로비트 보드의 디스플레이를 확인합니다.

```
DELAY=100
```

## 별 하나 점점 어둡게 무한 반복하기

여기서는 LED 하나의 밝기를 9단계에서 0단계까지 0.1초 간격으로 점점 어둡게 하는 동작을 무한 반복하도록 해 봅니다.

**01** ⬤micro:bit 다음과 같이 예제를 작성합니다.

실습파일 : 210.py

```
01 : from microbit import *
02 :
03 : x_0 =0
04 : y_0 =0
05 : DELAY =100
06 :
07 : while True:
08 :     for b in range(9,-1,-1):
09 :             display.set_pixel(x_0,y_0,b)
10 :             sleep(DELAY)
```

**05** : DELAY 변수를 선언한 후 100으로 초기화합니다.
**08** : range 클래스로 넘어가는 인자를 변경합니다. range(9,-1,-1)은 9이하 -1초과 사이에 있는 -1 간격의 정수를 나타냅니다. 즉, 9, 8, 7, 6, 5, 4, 3, 2, 1, 0을 나타냅니다.

**02**  을 눌러 마이크로비트로 다운로드합니다.

**03** 마이크로비트 보드의 디스플레이를 확인합니다. (0, 0)번 위치에 있는 LED가 0.1초 간격으로 9~0단계의 밝기를 무한 반복합니다.

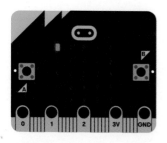

## 별 하나 점점 밝게 점점 어둡게 무한 반복하기

여기서는 LED 하나의 밝기를 0단계에서 9단계까지 0.1초 간격으로 점점 밝아졌다 점점 어두워지는 동작을 무한 반복하도록 해 봅니다.

**01** ⬤micro:bit 다음과 같이 예제를 작성합니다.

실습파일 :

```
01 : from microbit import *
02 :
03 : x_0 =0
04 : y_0 =0
05 : DELAY =100
06 :
07 : while True:
08 :     for b in range(0,10):
09 :             display.set_pixel(x_0,y_0,b)
10 :             sleep(DELAY)
11 :
12 :     for b in range(9,-1,-1):
13 :             display.set_pixel(x_0,y_0,b)
14 :             sleep(DELAY)
```

**07**　　: while True 문에 의해 8~14 줄을 무한 반복합니다.
**08~10** : LED의 밝기가 0단계에서 9단계까지 0.1초 간격으로 점점 밝아집니다.
**12~14** : LED의 밝기가 9단계에서 0단계까지 0.1초 간격으로 점점 어두워집니다.

**02** 🔧 을 눌러 마이크로비트로 다운로드합니다.

**03** 마이크로비트 보드의 디스플레이를 확인합니다. (0, 0)번 위치에 있는 LED가 0.1초 간격으로 점점 밝아졌다 점점 어두워지는 동작을 무한 반복합니다.

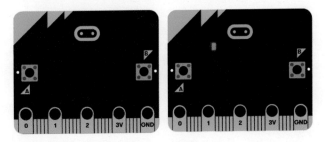

## 별 한줄 점점 밝게 무한 반복하기

이제 픽셀 한 줄 전체가 0~9단계까지 0.1초 간격으로 점점 밝아지는 동작을 무한 반복하도록 해 봅니다.

**01** ⬭micro:bit 다음과 같이 예제를 작성합니다.

```
실습파일 : 211.py

01 : from microbit import *
02 :
03 : x_0 =0
04 : y_0 =0
05 : DELAY =100
06 :
07 : while True:
08 :     for b in range(0,10):
09 :             display.set_pixel(x_0,y_0,b)
10 :             sleep(DELAY)
```

이 예제는 이전에 작성한 예제로 하나의 LED가 0~9단계까지 0.1초 간격으로 점점 밝아지는 예제입니다.
**08 :** 0~9 단계까지의 밝기 값 b로
**09 :** (x_0,y_0) 위치에 있는 LED의 밝기를 설정하고,
**10 :** DELAY 밀리 초만큼 대기합니다.

**02** ⬭ 을 눌러 마이크로비트로 다운로드합니다.

**03** 마이크로비트 보드의 디스플레이를 확인합니다. (0, 0)번 위치에 있는 LED가 0.1초 간격으로 0~9 단계의 밝기를 무한 반복합니다.

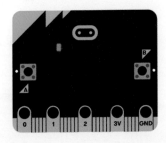

**04** ⬤ micro:bit 다음과 같이 예제를 수정합니다.

실습파일 : 212.py

```
01 : from microbit import *
02 :
03 : x_0 =0
04 : x_1 =1
05 : x_2 =2
06 : x_3 =3
07 : x_4 =4
08 : y_0 =0
09 : DELAY =100
10 :
11 : while True:
12 :     for b in range(0,10):
13 :             display.set_pixel(x_0,y_0,b)
14 :             display.set_pixel(x_1,y_0,b)
15 :             display.set_pixel(x_2,y_0,b)
16 :             display.set_pixel(x_3,y_0,b)
17 :             display.set_pixel(x_4,y_0,b)
18 :             sleep(DELAY)
```

**04** : x_1 변수를 추가한 후, 1 값을 대입합니다.
**05** : x_2 변수를 추가한 후, 2 값을 대입합니다.
**06** : x_3 변수를 추가한 후, 3 값을 대입합니다.
**07** : x_4 변수를 추가한 후, 4 값을 대입합니다.
**14** : display 모듈의 set_pixel 함수를 호출하여 (x_1, y_0)위치에 있는 LED에 b 값을 줍니다.
**15** : display 모듈의 set_pixel 함수를 호출하여 (x_2, y_0)위치에 있는 LED에 b 값을 줍니다.
**16** : display 모듈의 set_pixel 함수를 호출하여 (x_3, y_0)위치에 있는 LED에 b 값을 줍니다.
**17** : display 모듈의 set_pixel 함수를 호출하여 (x_4, y_0)위치에 있는 LED에 b 값을 줍니다.

**02** 🅰 을 눌러 마이크로비트로 다운로드합니다.

**03** 마이크로비트 보드의 디스플레이를 확인합니다. (0, 0), (1, 0), (2, 0), (3, 0), (4, 0)번 위치에 있는 5개의 LED가 0~9 단계까지 0.1초 간격으로 점점 밝아지는 동작을 무한 반복합니다.

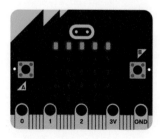

## 목록 사용하기

여기서는 목록을 사용하여 x_0~x_4를 하나로 묶어봅니다.

**01** ⊝micro:bit 다음과 같이 예제를 작성합니다.

```
실습파일 : 213.py

01 : from microbit import *
02 :
03 : x =[0,1,2,3,4]
04 : y_0 =0
05 : DELAY =100
06 :
07 : while True:
08 :     for b in range(0,10):
09 :             display.set_pixel(x[0],y_0,b)
10 :             display.set_pixel(x[1],y_0,b)
11 :             display.set_pixel(x[2],y_0,b)
12 :             display.set_pixel(x[3],y_0,b)
13 :             display.set_pixel(x[4],y_0,b)
14 :             sleep(DELAY)
```

**03**   : x좌표의 집합 0,1,2,3,4를 목록에 넣어 x에 할당합니다. 이렇게 하면 x는 목록 변수가 됩니다.

**09~13** : x목록의 0~4번 항목인 x[0]~x[4]를 display 모듈의 set_pixel 함수의 첫 번째 인자로 넣습니다. 꼭 기억해야 할
것은 목록의 항목은 1이 아닌 0에서 시작합니다. 즉, 이 예제에서 목록의 개수는 5개 이지만 목록의 번호는 0~4
가 됩니다.

**02** 🖫 을 눌러 마이크로비트로 다운로드합니다.

**03** 마이크로비트 보드의 디스플레이를 확인합니다. 이전 예제와 같이 (0, 0), (1, 0), (2, 0), (3, 0), (4, 0)번 위
치에 있는 5개의 LED가 0~9 단계까지 0.1초 간격으로 점점 밝아지는 동작을 무한 반복합니다.

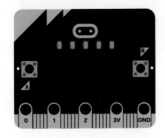

## for-in 문 적용하기

이제 목록에 대한 반복된 동작을 for-in 문을 이용하여 간결하게 표현해 봅니다.

**01** `micro:bit` 다음과 같이 예제를 수정합니다.

실습파일 : 214.py

```
01 : from microbit import *
02 :
03 : x =[0,1,2,3,4]
04 : y_0 =0
05 : DELAY =100
06 :
07 : while True:
08 :     for b in range(0,10):
09 :         for m in range(0,5):
10 :             display.set_pixel(x[m],y_0,b)
11 :         sleep(DELAY)
```

**09, 10** : 이전 예제의 9~13 줄의 반복된 동작을 for-in 문을 이용하여 정리합니다. 다음 그림을 참조합니다.

```
while True:
    for b in range(0,10):
        display.set_pixel(x[0],y_0,b)
        display.set_pixel(x[1],y_0,b)
        display.set_pixel(x[2],y_0,b)
        display.set_pixel(x[3],y_0,b)
        display.set_pixel(x[4],y_0,b)
        sleep(DELAY)


while True:
    for b in range(0,10):
        for m in range(0,5):
            display.set_pixel(x[m],y_0,b)
        sleep(DELAY)
```

**02** 🔽 을 눌러 마이크로비트로 다운로드합니다.

**03** 마이크로비트 보드의 디스플레이를 확인합니다. (0, 0), (1, 0), (2, 0), (3, 0), (4, 0)번 위치에 있는 5개의 LED가 0~9 단계까지 0.1초 간격으로 점점 밝아지는 동작을 무한 반복합니다.

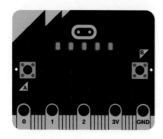

## 별 한줄 점점 어둡게 무한 반복하기

이제 픽셀 한 줄 전체가 9~0단계까지 0.1초 간격으로 점점 어두워지는 동작을 무한 반복하도록 해 봅니다.

**01** ⊂⊃micro:bit 다음과 같이 예제를 수정합니다.

실습파일 : 215.py

```
01 : from microbit import *
02 :
03 : x =[0,1,2,3,4]
04 : y_0 =0
05 : DELAY =100
06 :
07 : while True:
08 :     for b in range(9,-1,-1):
09 :             for m in range(0,5):
10 :                     display.set_pixel(x[m],y_0,b)
11 :             sleep(DELAY)
```

**08** : range 클래스로 넘어가는 인자를 변경합니다. range(9,-1,-1)은 9이하 -1초과 사이에 있는 -1 간격의 정수를 나타냅니다. 즉, 9, 8, 7, 6, 5, 4, 3, 2, 1, 0을 나타냅니다.

**02** ⬇ 을 눌러 마이크로비트로 다운로드합니다.

**03** 마이크로비트 보드의 디스플레이를 확인합니다. (0, 0), (1, 0), (2, 0), (3, 0), (4, 0)번 위치에 있는 5개의 LED가 9~0 단계까지 0.1초 간격으로 점점 어두워지는 동작을 무한 반복합니다.

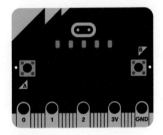

## 별 한줄 점점 밝게 점점 어둡게 무한 반복하기

여기서는 LED 한 줄의 밝기를 0단계에서 9단계까지 0.1초 간격으로 점점 밝아졌다 점점 어두워지는 동작을 무한 반복하도록 해 봅니다.

**01** ⊂⊃micro:bit 다음과 같이 예제를 수정합니다.

실습파일 : 216.py

```
01 : from microbit import *
02 :
03 : x =[0,1,2,3,4]
04 : y_0 =0
05 : DELAY =100
06 :
07 : while True:
```

```
08 :        for b in range(0,10):
09 :            for m in range(0,5):
10 :                display.set_pixel(x[m],y_0,b)
11 :            sleep(DELAY)
12 :
13 :        for b in range(9,-1,-1):
14 :            for m in range(0,5):
15 :                display.set_pixel(x[m],y_0,b)
16 :            sleep(DELAY)
```

**07** : while True 문에 의해 8~16 줄을 무한 반복합니다.
**08~11** : LED 한 줄의 밝기가 0단계에서 9단계까지 0.1초 간격으로 점점 밝아집니다.
**13~16** : LED 한 줄의 밝기가 9단계에서 0단계까지 0.1초 간격으로 점점 어두워집니다.

**02** 🖥 을 눌러 마이크로비트로 다운로드합니다.

**03** 마이크로비트 보드의 디스플레이를 확인합니다. (0, 0), (1, 0), (2, 0), (3, 0), (4, 0)번 위치에 있는 5개의
LED가 0~9 단계까지 0.1초 간격으로 점점 밝아졌다 어두워지는 동작을 무한 반복합니다.

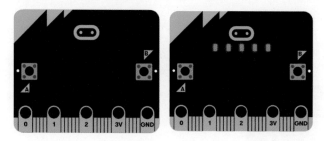

## sleep 함수 한 칸 밀어 넣기

앞의 예제에서 sleep 함수는 상위 for-in 문의 하위 동작입니다. 여기서는 sleep 함수를 한 칸 밀어
넣어 하위 for 문의 하위 동작을 만들어 봅니다. LED가 어떻게 표시될까요?

**01** ⓒmicro:bit 다음과 같이 예제를 수정합니다.

실습파일 : 217.py

```
01 : from microbit import *
02 :
03 : x =[0,1,2,3,4]
04 : y_0 =0
05 : DELAY =100
06 :
07 : while True:
08 :        for b in range(0,10):
09 :            for m in range(0,5):
10 :                display.set_pixel(x[m],y_0,b)
```

```
11 :                      sleep(DELAY)
12 :
13 :      for b in range(9,-1,-1):
14 :             for m in range(0,5):
15 :                      display.set_pixel(x[m],y_0,b)
16 :                      sleep(DELAY)
```

**11** : sleep 함수를 한 칸 밀어 넣어 9번째 줄에 있는 하위 for 문의 하위 동작이 되도록 합니다. 이렇게 하면 하위 for-in 문에 속하는 10, 11 줄이 순차적으로 수행됩니다. 예를 들어, 0 단계의 LED 밝기에 대해, 첫 번째 LED를 설정하고 100밀리 초 대기하고 두 번째 LED를 설정하고 100밀리 초 대기하고 하는 동작을 다섯 번째 LED까지 반복합니다. LED를 0 단계의 밝기에 대해 하나 설정할 때마다 100밀리 초 동안 대기를 합니다. 이렇게 하면 100밀리 초 간격으로 한 줄의 LED가 차례대로 밝아지며, 이러한 단계가 0~9단계까지 반복됩니다.

**16** : sleep 함수를 한 칸 밀어 넣어 14번째 줄에 있는 하위 for-in 문의 하위 동작이 되도록 합니다. 이렇게 하면 하위 for-in 문에 속하는 15, 16 줄이 순차적으로 수행됩니다. 예를 들어, 9 단계의 LED 밝기에 대해, 첫 번째 LED를 설정하고 100밀리 초 대기하고 두 번째 LED를 설정하고 100밀리 초 대기하고 하는 동작을 다섯 번째 LED까지 반복합니다. LED를 9 단계의 밝기에 대해 하나 설정할 때마다 100밀리 초 동안 대기를 합니다. 이렇게 하면 100밀리 초 간격으로 한 줄의 LED가 차례대로 어두워지며, 이러한 단계가 9~0단계까지 반복됩니다.

**02** 을 눌러 마이크로비트로 다운로드합니다.

**03** 마이크로비트 보드의 디스플레이를 확인합니다. (0, 0), (1, 0), (2, 0), (3, 0), (4, 0)번 위치에 있는 5개의 LED가 0~9 단계까지 0.1초 간격으로 점점 밝아졌다 어두워지는 동작을 무한 반복합니다.

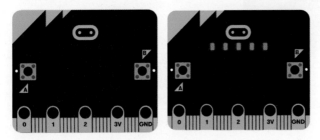

## for-in 문 상하 바꿔보기 : b와 m 바꾸기

이전 예제는 LED의 밝기 하나하나에 대해 각각의 LED를 0.1초 간격으로 적용하였습니다. 예를 들어, 1단계의 밝기에 대해 LED 한 줄을 0.1초 간격으로 모두 적용한 후, 2단계의 밝기를 같은 방식으로 적용하였습니다. 여기서는 LED 하나하나에 대해 LED의 밝기를 0.1초 간격으로 적용해 봅니다. 예를 들어, 첫 번째 LED에 대해 0.1초 간격으로 LED의 밝기를 차례대로 적용하고, 두 번째 LED에 대해 같은 방식으로 적용해 봅니다.

**01** ⊙micro:bit 다음과 같이 예제를 수정합니다.

실습파일 : 218.py

```
01 : from microbit import *
02 :
03 : x =[0,1,2,3,4]
04 : y_0 =0
05 : DELAY =100
06 :
07 : while True:
08 :      for m in range(0,5):
09 :            for b in range(0,10):
10 :                  display.set_pixel(x[m],y_0,b)
11 :                  sleep(DELAY)
12 :
13 :      for m in range(0,5):
14 :            for b in range(9,-1,-1):
15 :                  display.set_pixel(x[m],y_0,b)
16 :                  sleep(DELAY)
```

**08**　　　: LED 한 줄에 있는 각각의 LED가 차례대로
**09**　　　: 밝기가 0단계에서 9단계까지
**10, 11** : 0.1초 간격으로 점점 밝아집니다.
**13**　　　: LED 한 줄에 있는 각각의 LED가 차례대로
**14**　　　: 밝기가 9단계에서 0단계까지
**15, 16** : 0.1초 간격으로 점점 어두워집니다.

이전 예제에 대해 b와 m을 바꿨습니다. 다음 그림을 참조합니다.

```
while True:                                      while True:
    for b in range(0,10): ⋯⋯⋯⋯⋯⋯⋯⋯⋯⋯⋯⋯⋯▸    for m in range(0,5):
        for m in range(0,5): ⋯⋯⋯⋯⋯⋯⋯⋯⋯⋯⋯▸        for b in range(0,10):
            display.set_pixel(x[m],y_0,b)              display.set_pixel(x[m],y_0,b)
            sleep(DELAY)                               sleep(DELAY)

    for b in range(9,-1,-1): ⋯⋯⋯⋯⋯⋯⋯⋯⋯⋯▸    for m in range(0,5):
        for m in range(0,5): ⋯⋯⋯⋯⋯⋯⋯⋯⋯⋯⋯▸        for b in range(9,-1,-1):
            display.set_pixel(x[m],y_0,b)              display.set_pixel(x[m],y_0,b)
            sleep(DELAY)                               sleep(DELAY)
```

**02** ⬇ 을 눌러 마이크로비트로 다운로드합니다.

**03** 마이크로비트 보드의 디스플레이를 확인합니다. (0, 0), (1, 0), (2, 0), (3, 0), (4, 0)번 위치에 있는 5개의
LED가 차례대로 0~9단계까지 0.1초 간격으로 점점 밝아졌다 어두워지는 동작을 무한 반복합니다.

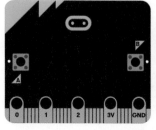 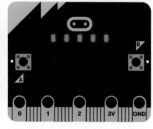

## range 반대로 하기

이전 예제는 LED가 밝아지는 순서대로 LED가 어두워집니다. 여기서는 range 클래스를 변경하여 LED가 어두워지는 순서를 바꾸어봅니다. 즉, 가장 먼저 밝아진 LED가 가장 나중에 어두워지고 가장 나중에 밝아진 LED가 가장 먼저 어두워지도록 해 봅니다.

**01** ⬤⬤micro:bit 다음과 같이 예제를 수정합니다.

실습파일 : 220.py

```
01 : from microbit import *
02 :
03 : x =[0,1,2,3,4]
04 : y_0 =0
05 : DELAY =100
06 :
07 : while True:
08 :     for m in range(0,5):
09 :             for b in range(0,10):
10 :                     display.set_pixel(x[m],y_0,b)
11 :                     sleep(DELAY)
12 :
13 :     for m in range(4,-1,-1):
14 :             for b in range(9,-1,-1):
15 :                     display.set_pixel(x[m],y_0,b)
16 :                     sleep(DELAY)
```

**13** : range 클래스로 넘어가는 인자를 변경합니다. range(4,-1,-1)은 4이하 -1초과 사이에 있는 -1 간격의 정수를 나타냅니다. 즉, 4, 3, 2, 1, 0을 나타냅니다.

**02** 🔌 을 눌러 마이크로비트로 다운로드합니다.

**03** 마이크로비트 보드의 디스플레이를 확인합니다. 가로 첫 번째 줄에 있는 LED가 하나씩 밝아지고 반대 방향으로 하나씩 어두워지는 것을 확인합니다.

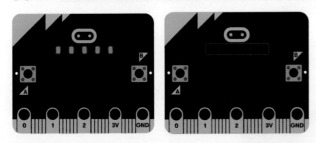

## 01-2 삼중 for-in 문 사용하기

여기서는 삼중 for-in 문을 이용하여 다섯줄의 LED의 밝기를 모두 조절해 보도록 합니다.

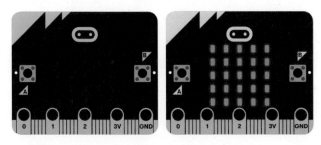

### 별 한 줄 점점 밝게 무한 반복하기

먼저 for-in 문 2개를 이용하여 LED 한 줄의 밝기를 조절해 보도록 합니다.

**01** ⬤micro:bit 다음과 같이 예제를 작성합니다.

```
실습파일 : 221.py

01 : from microbit import *
02 :
03 : x =[0,1,2,3,4]
04 : y_0 =0
05 : DELAY =100
06 :
07 : while True:
08 :     for b in range(0,10):
09 :             for m in range(0,5):
10 :                     display.set_pixel(x[m],y_0,b)
11 :             sleep(DELAY)
```

이 예제는 이전에 작성한 예제로 한줄의 LED가 0~9단계까지 0.1초 간격으로 점점 밝아지는 예제입니다.

**08**     : 0~9 단계까지의 밝기 값 b로

**09, 10** : 0~4 위치에 대해 (x[m],y_0) 위치에 있는 LED의 밝기를 설정하고,

**11**     : DELAY 밀리 초만큼 대기합니다.

**02** 🔧 을 눌러 마이크로비트로 다운로드합니다.

**03** 마이크로비트 보드의 디스플레이를 확인합니다. (0, 0), (1, 0), (2, 0),
(3, 0), (4, 0)번 위치에 있는 5개의 LED가 0~9 단계까지 0.1초 간격으로
점점 밝아지는 동작을 무한 반복합니다.

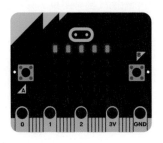

## 별 들판 점점 밝게 무한 반복하기

이제 하위 for-in 문 4줄을 추가하여 LED 다섯줄의 밝기를 조절해 보도록 합니다.

**01** ⊂micro:bit 다음과 같이 예제를 수정합니다.

실습파일 : 222.py

```
01 : from microbit import *
02 :
03 : x =[0,1,2,3,4]
04 : y_0 =0
05 : y_1 =1
06 : y_2 =2
07 : y_3 =3
08 : y_4 =4
09 : DELAY =100
10 :
11 : while True:
12 :     for b in range(0,10):
13 :         for m in range(0,5):
14 :             display.set_pixel(x[m],y_0,b)
15 :         for m in range(0,5):
16 :             display.set_pixel(x[m],y_1,b)
17 :         for m in range(0,5):
18 :             display.set_pixel(x[m],y_2,b)
19 :         for m in range(0,5):
20 :             display.set_pixel(x[m],y_3,b)
21 :         for m in range(0,5):
22 :             display.set_pixel(x[m],y_4,b)
23 :         sleep(DELAY)
```

**05~08** : 세로 1,2,3,4 위치를 나타내는 y_1, y_2, y_3, y_4 변수를 선언한 후, 1, 2, 3, 4로 초기화합니다.
**15, 16** : for 문을 이용하여 세로 1 위치에 해당하는 5개의 LED를 밝기를 조절합니다.
**17, 18** : for 문을 이용하여 세로 2 위치에 해당하는 5개의 LED를 밝기를 조절합니다.
**19, 20** : for 문을 이용하여 세로 3 위치에 해당하는 5개의 LED를 밝기를 조절합니다.
**21, 22** : for 문을 이용하여 세로 4 위치에 해당하는 5개의 LED를 밝기를 조절합니다.

**02** 🔄 을 눌러 마이크로비트로 다운로드합니다.

**03** 마이크로비트 보드의 디스플레이를 확인합니다. 5 줄의 LED가 0~9
단계까지 0.1초 간격으로 점점 밝아지는 동작을 무한 반복합니다.

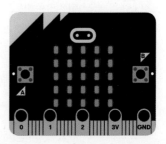

## 목록 적용하기

앞의 예제에서 y_0~y_4는 마이크로비트 상에 있는 디스플레이의 세로 위치 0~4를 나타냅니다. 따라서 y_0~y_4는 같은 성격의 변수이며 목록에 넣을 수 있습니다. 여기서는 목록을 사용하여 y_0~y_4를 하나로 묶어봅니다.

**01** ⬤micro:bit 다음과 같이 예제를 수정합니다.

실습파일 : 223.py

```
01 : from microbit import *
02 :
03 : x =[0,1,2,3,4]
04 : y =[0,1,2,3,4]
05 : DELAY =100
06 :
07 : while True:
08 :     for b in range(0,10):
09 :         for m in range(0,5):
10 :             display.set_pixel(x[m],y[0],b)
11 :         for m in range(0,5):
12 :             display.set_pixel(x[m],y[1],b)
13 :         for m in range(0,5):
14 :             display.set_pixel(x[m],y[2],b)
15 :         for m in range(0,5):
16 :             display.set_pixel(x[m],y[3],b)
17 :         for m in range(0,5):
18 :             display.set_pixel(x[m],y[4],b)
19 :     sleep(DELAY)
```

**04** : y좌표의 집합 0,1,2,3,4를 목록에 넣어 y에 할당합니다. 이렇게 하면 y는 목록 변수가 됩니다. 다음 그림을 참조합니다.

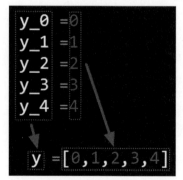

**10** : y_0을 y[0]으로 변경합니다.
**12** : y_1을 y[1]로 변경합니다.
**14** : y_2를 y[2]로 변경합니다.
**16** : y_3을 y[3]로 변경합니다.
**18** : y_4를 y[4]로 변경합니다.

이전 예제와는 달리 다음과 같이 대응됩니다.

```
while True:                          while True:
    for b in range(0,10):                for b in range(0,10):
        for m in range(0,5):                 for m in range(0,5):
            display.set_pixel(x[m],y_0,b)        display.set_pixel(x[m],y[0],b)
        for m in range(0,5):                 for m in range(0,5):
            display.set_pixel(x[m],y_1,b)        display.set_pixel(x[m],y[1],b)
        for m in range(0,5):                 for m in range(0,5):
            display.set_pixel(x[m],y_2,b)        display.set_pixel(x[m],y[2],b)
        for m in range(0,5):                 for m in range(0,5):
            display.set_pixel(x[m],y_3,b)        display.set_pixel(x[m],y[3],b)
        for m in range(0,5):                 for m in range(0,5):
            display.set_pixel(x[m],y_4,b)        display.set_pixel(x[m],y[4],b)
        sleep(DELAY)                         sleep(DELAY)
```

**02** 🔽 을 눌러 마이크로비트로 다운로드합니다.

**03** 마이크로비트 보드의 디스플레이를 확인합니다. 5줄의 LED가 0~9 단계까지 0.1초 간격으로 점점 밝아지는 동작을 무한 반복합니다.

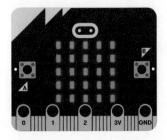

## 삼중 for-in 문 적용하기

이전 예제는 다섯개의 for-in 문이 반복됩니다. 5개의 for-in 문에 대해서 y 목록의 항목만 순차적으로 바뀌고 있습니다. 즉, y 목록의 각 항목에 대해 같은 동작이 반복되고 있습니다. 이 경우 또 하나의 for-in 문을 이용하여 간단하게 표현할 수 있습니다.

**01** ⬤ micro:bit 다음과 같이 예제를 수정합니다.

실습파일 : 225.py

```
01 : from microbit import *
02 :
03 : x =[0,1,2,3,4]
04 : y =[0,1,2,3,4]
05 : DELAY =100
06 :
07 : while True:
08 :     for b in range(0,10):
```

```
09 :             for n in range(0,5):
10 :                 for m in range(0,5):
11 :                     display.set_pixel(x[m],y[n],b)
12 :             sleep(DELAY)
```

**09 :** for-in 문에 의해 n은 차례대로 0, 1, 2, 3, 4로 할당되면서 10,11과 12번 줄을 수행합니다. 즉, n에 0을 넣고 10,11과 12번 줄을 수행하고, n에 1을 넣고 10,11과 12번 줄을 수행하고, 마지막에 n에 4를 넣고 10,11과 12번 줄을 수행합니다. n이 0일 경우 11번 줄은 y[0]이 되고, n이 1일 경우 11번 줄은 y[1]이 됩니다.

**11 :** y목록의 n번 항목인 y[n]을 display 모듈의 set_pixel 함수의 두 번째 인자로 넣습니다. n은 첫 번째 for-in 문에 의해 차례대로 0~4의 값을 갖게 됩니다. 다음 그림을 참조합니다.

```
while True:
    for b in range(0,10):
        for m in range(0,5):
            display.set_pixel(x[m],y[0],b)
        for m in range(0,5):
            display.set_pixel(x[m],y[1],b)
        for m in range(0,5):
            display.set_pixel(x[m],y[2],b)
        for m in range(0,5):
            display.set_pixel(x[m],y[3],b)
        for m in range(0,5):
            display.set_pixel(x[m],y[4],b)
        sleep(DELAY)



while True:
    for b in range(0,10):
        for n in range(0,5):
            for m in range(0,5):
                display.set_pixel(x[m],y[n],b)
        sleep(DELAY)
```

**02** ▣ 을 눌러 마이크로비트로 다운로드합니다.

**03** 마이크로비트 보드의 디스플레이를 확인합니다. 5 줄의 LED가 0~9 단계까지 0.1초 간격으로 점점 밝아지는 동작을 무한 반복합니다.

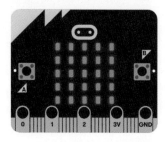

## 별 들판 점점 어둡게 무한 반복하기

이제 삼중 for-in 문을 이용하여 픽셀 다섯줄 전체를 점점 어둡게 무한 반복해보도록 합니다.

**01** ⬤micro:bit 다음과 같이 예제를 수정합니다.

```
실습파일 : 226.py

01 : from microbit import *
02 :
03 : x =[0,1,2,3,4]
04 : y =[0,1,2,3,4]
05 : DELAY =100
06 :
07 : while True:
08 :     for b in range(9,-1,-1):
09 :             for n in range(0,5):
10 :                     for m in range(0,5):
11 :                             display.set_pixel(x[m],y[n],b)
12 :             sleep(DELAY)
```

**08** : range 클래스로 넘어가는 인자를 변경합니다. range(9,-1,-1)은 9이하 -1초과 사이에 있는 -1 간격의 정수를 나타냅니다. 즉, 9, 8, 7, 6, 5, 4, 3, 2, 1, 0을 나타냅니다.

**02** 🔽 을 눌러 마이크로비트로 다운로드합니다.

**03** 마이크로비트 보드의 디스플레이를 확인합니다. 5줄의 LED가 9~0 단계까지 0.1초 간격으로 점점 어두워지는 동작을 무한 반복합니다.

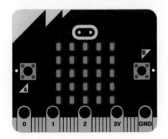

## 별 들판 점점 밝게 점점 어둡게 무한 반복하기

삼중 for-in 문을 2개를 이용하여 픽셀 다섯줄 전체를 점점 밝게 점점 어둡게 동작을 무한 반복해보도록 합니다.

**01** ⬤ micro:bit 다음과 같이 예제를 수정합니다.

실습파일 : 227.py

```
01 : from microbit import *
02 :
03 : x =[0,1,2,3,4]
04 : y =[0,1,2,3,4]
05 : DELAY =100
06 :
07 : while True:
08 :     for b in range(0,10):
09 :         for n in range(0,5):
10 :             for m in range(0,5):
11 :                 display.set_pixel(x[m],y[n],b)
12 :         sleep(DELAY)
13 :
14 :     for b in range(9,-1,-1):
15 :         for n in range(0,5):
16 :             for m in range(0,5):
17 :                 display.set_pixel(x[m],y[n],b)
18 :         sleep(DELAY)
```

**07**      : while True 문을 이용하여 8~18줄을 무한 반복합니다.
**08~12** : 25개의 LED의 밝기를 점점 밝게 합니다.
**14~18** : 25개의 LED의 밝기를 점점 어둡게 합니다.

**02** 🔂 을 눌러 마이크로비트로 다운로드합니다.

**03** 마이크로비트 보드의 디스플레이를 확인합니다. 5줄의 LED가 0~9 단계까지 0.1초 간격으로 점점 밝아지고 9~0 단계까지 0.1초 간격으로 점점 어두워지는 동작을 무한 반복합니다.

## sleep 함수 한 칸 밀어 넣기

앞의 예제에서 sleep 함수는 상위 for-in 문의 하위 동작입니다. 여기서는 sleep 함수를 한 칸 밀어 넣어 중위 for-in 문의 하위 동작을 만들어 봅니다. LED가 어떻게 표시될까요?

**01** `○micro:bit` 다음과 같이 예제를 수정합니다.

```
01 : from microbit import *
02 :
03 : x =[0,1,2,3,4]
04 : y =[0,1,2,3,4]
05 : DELAY =100
06 :
07 : while True:
08 :     for b in range(0,10):
09 :             for n in range(0,5):
10 :                     for m in range(0,5):
11 :                             display.set_pixel(x[m],y[n],b)
12 :             sleep(DELAY)
13 :
14 :     for b in range(9,-1,-1):
15 :             for n in range(0,5):
16 :                     for m in range(0,5):
17 :                             display.set_pixel(x[m],y[n],b)
18 :             sleep(DELAY)
```

**12 :** sleep 함수를 한 칸 밀어 넣어 9번째 줄 중위 for 문의 하위 동작이 되도록 합니다. 이렇게 하면 중위 for 문에 속하는 10,11줄과 12줄이 순차적으로 수행됩니다. 즉, 첫 번째 줄에 있는 5개의 LED의 밝기를 b로 설정하고 100밀리 초 대기하고 두 번째 줄에 있는 5개의 LED의 밝기를 b로 설정하고 100밀리 초 대기하고 하는 동작을 다섯 번째 줄에 있는 5개의 LED까지 반복합니다. LED 한 줄의 밝기를 b로 조절할 때마다 100밀리 초 동안 대기를 합니다.

**18 :** sleep 함수를 한 칸 밀어 넣어 15번째 줄 중위 for 문의 하위 동작이 되도록 합니다. 이렇게 하면 중위 for 문에 속하는 16,17줄과 18줄이 순차적으로 수행됩니다. 즉, 첫 번째 줄에 있는 5개의 LED의 밝기를 b로 설정하고 100밀리 초 대기하고 두 번째 줄에 있는 5개의 LED의 밝기를 b로 설정하고 100밀리 초 대기하고 하는 동작을 다섯 번째 줄에 있는 5개의 LED까지 반복합니다. LED 한 줄의 밝기를 b로 조절할 때마다 100밀리 초 동안 대기를 합니다.

**02** 🖫 을 눌러 마이크로비트로 다운로드합니다.

**03** 마이크로비트 보드의 디스플레이를 확인합니다. LED 5개 한 줄이 0.1초 간격으로 점점 밝아지고 점점 어두워지는 것을 확인합니다.

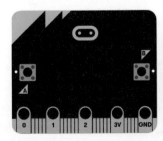 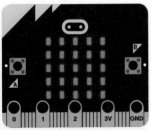

## sleep 함수 한 칸 더 밀어 넣기

앞의 예제에서 sleep 함수는 중위 for-in 문의 하위 동작입니다. 여기서는 sleep 함수를 한 칸 밀어 넣어 하위 for-in 문의 하위 동작을 만들어 봅니다. LED가 어떻게 표시될까요?

**01** ⬡micro:bit 다음과 같이 예제를 수정합니다.

**실습파일 : 230.py**

```
01 : from microbit import *
02 :
03 : x =[0,1,2,3,4]
04 : y =[0,1,2,3,4]
05 : DELAY =100
06 :
07 : while True:
08 :     for b in range(0,10):
09 :             for n in range(0,5):
10 :                     for m in range(0,5):
11 :                             display.set_pixel(x[m],y[n],b)
12 :                     sleep(DELAY)
13 :
14 :     for b in range(9,-1,-1):
15 :             for n in range(0,5):
16 :                     for m in range(0,5):
17 :                             display.set_pixel(x[m],y[n],b)
18 :                     sleep(DELAY)
```

**12** : sleep 함수를 한 칸 밀어 넣어 10번째 줄 for-in 문의 하위 동작이 되도록 합니다. 이렇게 하면 하위 for-in 문에 속하는 12, 13 줄이 순차적으로 수행됩니다. 즉, 가로 각 줄에 대해 첫 번째 LED의 밝기를 b로 설정하고 100밀리 초 대기하고 두 번째 LED의 밝기를 b로 설정하고 10밀리 초 대기하고 하는 동작을 다섯 번째 LED까지 반복합니다. LED 하나의 밝기를 b로 조절할 때마다 100밀리 초 동안 대기를 합니다.

**18** : sleep 함수를 한 칸 밀어 넣어 16번째 줄 for-in 문의 하위 동작이 되도록 합니다. 이렇게 하면 하위 for-in 문에 속하는 17, 18 줄이 순차적으로 수행됩니다. 즉, 가로 각 줄에 대해 첫 번째 LED의 밝기를 b로 설정하고 100밀리 초 대기하고 두 번째 LED의 밝기를 b로 설정하고 10밀리 초 대기하고 하는 동작을 다섯 번째 LED까지 반복합니다. LED 하나의 밝기를 b로 조절할 때마다 100밀리 초 동안 대기를 합니다.

**02** 🅰 을 눌러 마이크로비트로 다운로드합니다.

**03** 마이크로비트 보드의 디스플레이를 확인합니다. 가로 각 줄에 대해 0~4 위치의 LED가 0.1초 간격으로 하나씩 같은 단계로 점차 밝아지고 하나씩 같은 단계로 점차 어두워지는 것을 확인합니다.

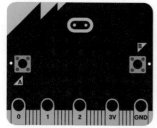
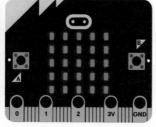

## for-in 문 상하 바꿔보기 : b와 n, m 바꾸기

이전 예제는 LED의 밝기 하나하나에 대해 각각의 LED를 0.1초 간격으로 적용하였습니다. 예를 들어, 1단계의 밝기에 대해 LED 전체를 0.1초 간격으로 모두 적용한 후, 2 단계의 밝기를 같은 방식으로 적용하였습니다. 여기서는 LED 하나하나에 대해 LED의 밝기를 0.1초 간격으로 적용해 봅니다. 예를 들어, 첫 번째 LED에 대해 0.1초 간격으로 LED의 밝기를 차례대로 적용하고, 두 번째 LED에 대해 같은 방식으로 적용해 봅니다.

**01** ⓒmicro:bit 다음과 같이 예제를 수정합니다.

---

**실습파일 : 231.py**

```
01 : from microbit import *
02 :
03 : x =[0,1,2,3,4]
04 : y =[0,1,2,3,4]
05 : DELAY =100
06 :
07 : while True:
08 :     for n in range(0,5):
09 :             for m in range(0,5):
10 :                     for b in range(0,10):
11 :                             display.set_pixel(x[m],y[n],b)
12 :                             sleep(DELAY)
13 :
14 :     for n in range(0,5):
15 :             for m in range(0,5):
16 :                     for b in range(9,-1,-1):
17 :                             display.set_pixel(x[m],y[n],b)
18 :                             sleep(DELAY)
```

**08** : 세로로 0~4 까지 차례대로
**09** : 가로로 0~4 까지 차례대로
**10** : 밝기가 0~9 까지 차례대로
**11, 12** : 현재 위치에 있는 LED의 밝기를 설정하고 100밀리 초만큼 대기합니다.

이렇게 하면 각각의 LED에 대해 차례대로 최대 밝기까지 밝아지고 다음 LED로 넘어갑니다.

**14** : 세로로 0~4 까지 차례대로
**15** : 가로로 0~4 까지 차례대로
**16** : 밝기가 0~9 까지 차례대로
**17, 18** : 현재 위치에 있는 LED의 밝기를 설정하고 100밀리 초만큼 대기합니다.

이렇게 하면 각각의 LED에 대해 차례대로 최소 밝기까지 어두워지고 다음 LED로 넘어갑니다.

이전 예제에 대해 b와 m, n을 바꿨습니다. 다음 그림을 참조합니다.

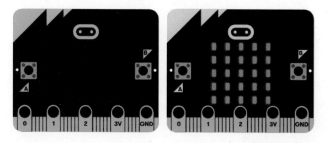

```
while True:                                          while True:
    for b in range(0,10):                        ►      for n in range(0,5):
        for n in range(0,5):                     ►          for m in range(0,5):
            for m in range(0,5):                 ►              for b in range(0,10):
                display.set_pixel(x[m],y[n],b)                      display.set_pixel(x[m],y[n],b)
                sleep(DELAY)                                        sleep(DELAY)

    for b in range(0,-1,-1):                     ►      for n in range(0,5):
        for n in range(0,5):                     ►          for m in range(0,5):
            for m in range(0,5):                 ►              for b in range(9,-1,-1):
                display.set_pixel(x[m],y[n],b)                      display.set_pixel(x[m],y[n],b)
                sleep(DELAY)                                        sleep(DELAY)
```

**02** ⬇ 을 눌러 마이크로비트로 다운로드합니다.

**03** 마이크로비트 보드의 디스플레이를 확인합니다. 세로로 0~4까지, 가로로 0~4까지 LED가 차례대로 0~9 단계까지 0.1초 간격으로 점점 밝아졌다 점점 어두워지는 동작을 무한 반복합니다.

**04** DELAY 변수 값을 다음과 같이 수정한 후, 디스플레이의 동작을 확인합니다.

```
DELAY=20
```

## 세로 range 반대로 하기

이전 예제는 LED가 밝아지는 줄 순서대로 LED가 어두워집니다. 여기서는 세로에 해당하는 range 클래스를 변경하여 LED가 어두워지는 순서를 바꾸어봅니다. 즉, 가장 먼저 밝아진 줄의 LED가 가장 나중에 어두워지고 가장 나중에 밝아진 줄의 LED가 가장 먼저 어두워지도록 해 봅니다.

**01** ⬤micro:bit 다음과 같이 예제를 수정합니다.

실습파일 : 232.py

```
01 : from microbit import *
02 :
03 : x =[0,1,2,3,4]
04 : y =[0,1,2,3,4]
05 : DELAY =20
06 :
07 : while True:
```

```
08 :        for n in range(0,5):
09 :                for m in range(0,5):
10 :                        for b in range(0,10):
11 :                                display.set_pixel(x[m],y[n],b)
12 :                                sleep(DELAY)
13 :
14 :        for n in range(4,-1,-1):
15 :                for m in range(0,5):
16 :                        for b in range(9,-1,-1):
17 :                                display.set_pixel(x[m],y[n],b)
18 :                                sleep(DELAY)
```

**14** : 세로 range 클래스로 넘어가는 인자를 변경합니다. range(4,-1,-1)은 4이하 -1초과 사이에 있는 -1 간격의 정수를 나타냅니다. 즉, 4, 3, 2, 1, 0을 나타냅니다.

**02** 📥 을 눌러 마이크로비트로 다운로드합니다.

**03** 마이크로비트 보드의 디스플레이를 확인합니다. 먼저 밝아진 줄에 있는 LED가 나중에 어두워지고 나중에 밝아진 줄에 있는 LED가 먼저 어두워지는 것을 확인합니다.

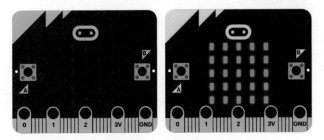

## 가로 range 반대로 하기

여기서는 LED의 각 줄에 대해 가장 먼저 밝아진 LED가 가장 나중에 어두워지고 가장 나중에 밝아진 LED가 가장 먼저 어두워지도록 해 봅니다.

**01** ▣micro:bit 다음과 같이 예제를 수정합니다.

실습파일 : 233.py

```
01 : from microbit import *
02 :
03 : x =[0,1,2,3,4]
04 : y =[0,1,2,3,4]
05 : DELAY =20
06 :
07 : while True:
08 :        for n in range(0,5):
09 :                for m in range(0,5):
10 :                        for b in range(0,10):
```

```
11 :                              display.set_pixel(x[m],y[n],b)
12 :                              sleep(DELAY)
13 :
14 :      for n in range(4,-1,-1):
15 :          for m in range(4,-1,-1):
16 :              for b in range(9,-1,-1):
17 :                  display.set_pixel(x[m],y[n],b)
18 :                  sleep(DELAY)
```

**15** : 가로 range 클래스로 넘어가는 인자를 변경합니다. range(4,-1,-1)은 4이하 -1초과 사이에 있는 -1 간격의 정수를 나타냅니다. 즉, 4, 3, 2, 1, 0을 나타냅니다.

**02** 🔧 을 눌러 마이크로비트로 다운로드합니다.

**03** 마이크로비트 보드의 디스플레이를 확인합니다. 가장 먼저 밝아진 LED가 가장 나중에 어두워지고 가장 나중에 밝아진 LED가 가장 먼저 어두워지는 것을 확인합니다.

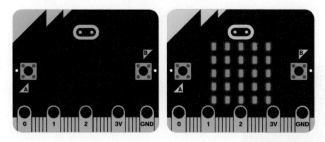

## 점점 밝아지는 하트

여기서는 마이크로비트의 디스플레이의 가로 세로에 대한 2개의 1차 목록을 이용하여 0~9단계로 밝아지는 하트를 그려봅니다. 이 과정에서 목록과 for-in 문을 활용해 봅니다.

**01** micro:bit 다음과 같이 예제를 수정합니다.

실습파일 : 234.py

```
01 : from microbit import *
02 :
03 : x =[1,3,0,2,4,0,4,1,3,2]
04 : y =[0,0,1,1,1,2,2,3,3,4]
05 : DELAY =100
06 :
07 : while True:
08 :     for b in range(0,10):
09 :             display.set_pixel(x[0],y[0],b)
10 :             display.set_pixel(x[1],y[1],b)
11 :             display.set_pixel(x[2],y[2],b)
12 :             display.set_pixel(x[3],y[3],b)
13 :             display.set_pixel(x[4],y[4],b)
```

```
14 :        display.set_pixel(x[5],y[5],b)
15 :        display.set_pixel(x[6],y[6],b)
16 :        display.set_pixel(x[7],y[7],b)
17 :        display.set_pixel(x[8],y[8],b)
18 :        display.set_pixel(x[9],y[9],b)
19 :        sleep(DELAY)
```

**03**    : 하트 그림의 x 위치의 목록입니다.

**04**    : 하트 그림의 y 위치의 목록입니다.

**07**    : 반복해서 8~19줄을 수행합니다.

**08**    : 0~9까지의 밝기에 대해

**09 :**    (x[0],y[0]) 위치에 대해. 즉, (1, 0) 위치에 있는 LED에 대해 b 밝기로 설정합니다.

**10~18** : 나머지 위치에 있는 LED에 대해서도 b 밝기로 설정합니다.

**19**    : DELAY 밀리 초만큼 대기합니다.

**02** 🔼 을 눌러 마이크로비트로 다운로드합니다.

**03** 마이크로비트 보드의 디스플레이를 확인합니다. 0~9단계까지 0.1초 간격으로 하트 모양의 LED가 점점 밝아지는 동작을 무한 반복합니다.

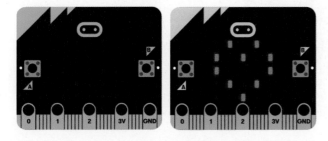

## for-in 문으로 정리하기

이전 예제는 10개의 display.set_pixel 함수가 반복됩니다. 10개의 display.set_pixel 함수에 대해서 x, y 목록의 항목이 순차적으로 바뀌고 있습니다. 즉, x, y 목록의 각 항목에 대해 같은 동작이 반복되고 있습니다. 이 경우 for 문을 이용하여 간단하게 표현할 수 있습니다.

**01** ⬤micro:bit 다음과 같이 예제를 수정합니다.

실습파일 : 236.py

```
01 : from microbit import *
02 :
03 : x =[1,3,0,2,4,0,4,1,3,2]
04 : y =[0,0,1,1,1,2,2,3,3,4]
05 : DELAY =100
06 :
07 : while True:
```

```
08 :        for b in range(0,10):
09 :            for m in range(0,10):
10 :                display.set_pixel(x[m],y[m],b)
11 :            sleep(DELAY)
```

**09** : for-in 문에 의해 m은 차례대로 0~10으로 할당되면서 10번 줄을 수행합니다. 즉, m에 0을 넣고 10번 줄을 수행하고, m에 1을 넣고 10번 줄을 수행하고, 마지막에 m에 10를 넣고 10번 줄을 수행합니다. m이 0일 경우 10번 줄은 (x[0], y[0])이 되고, m이 1일 경우 10번 줄은 (x[1], y[1])이 됩니다.

**10** : x, y목록의 m번 항목인 x[m], y[m]을 display 모듈의 set_pixel 함수의 첫 번째와 두 번째 인자로 넣습니다. m은 for 문에 의해 차례대로 0~10의 값을 갖게 됩니다. 다음 그림을 참조합니다.

```
while True:
    for b in range(0,10,1):
        display.set_pixel(x[0],y[0],b)
        display.set_pixel(x[1],y[1],b)
        display.set_pixel(x[2],y[2],b)
        display.set_pixel(x[3],y[3],b)
        display.set_pixel(x[4],y[4],b)
        display.set_pixel(x[5],y[5],b)
        display.set_pixel(x[6],y[6],b)
        display.set_pixel(x[7],y[7],b)
        display.set_pixel(x[8],y[8],b)
        display.set_pixel(x[9],y[9],b)
        sleep(DELAY)


while True:
    for b in range(0,10):
        for m in range(0,10):
            display.set_pixel(x[m],y[m],b)
        sleep(DELAY)
```

**02** 🅐 을 눌러 마이크로비트로 다운로드합니다.

**03** 마이크로비트 보드의 디스플레이를 확인합니다. 0~9단계까지 0.1초 간격으로 하트 모양의 LED가 점점 밝아지는 동작을 무한 반복합니다.

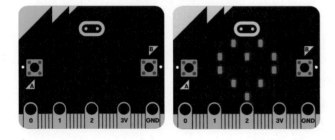

## 점점 어두워지는 하트

이번에는 9~0단계로 점점 어두워지는 하트를 그려봅니다.

**01** ☺️micro:bit 다음과 같이 예제를 수정합니다.

실습파일 : 237.py

```
01 : from microbit import *
02 :
03 : x =[1,3,0,2,4,0,4,1,3,2]
04 : y =[0,0,1,1,1,2,2,3,3,4]
05 : DELAY =100
06 :
07 : while True:
08 :     for b in range(9,-1,-1):
09 :             for m in range(0,10):
10 :                     display.set_pixel(x[m],y[m],b)
11 :             sleep(DELAY)
```

**08** : range 클래스로 넘어가는 인자를 변경합니다. range(9,-1,-1)은 9이하 -1초과 사이에 있는 -1 간격의 정수를 나타냅니다. 즉, 9~0을 나타냅니다.

**02** ⚙️ 을 눌러 마이크로비트로 다운로드합니다.

**03** 마이크로비트 보드의 디스플레이를 확인합니다. 0~9단계까지 0.1초 간격으로 하트 모양의 LED가 점점 어두워지는 동작을 무한 반복합니다.

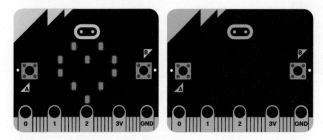

## 점점 밝아졌다 어두워졌다하는 하트

여기서는 하트를 점점 밝게 점점 어둡게 동작을 무한 반복해보도록 합니다.

**01** ☺️micro:bit 다음과 같이 예제를 수정합니다.

실습파일 : 238.py

```
01 : from microbit import *
02 :
03 : x =[1,3,0,2,4,0,4,1,3,2]
04 : y =[0,0,1,1,1,2,2,3,3,4]
05 : DELAY =100
06 :
07 : while True:
```

```
08 :        for b in range(0,10):
09 :                for m in range(0,10):
10 :                        display.set_pixel(x[m],y[m],b)
11 :                sleep(DELAY)
12 :
13 :        for b in range(9,-1,-1):
14 :                for m in range(0,10):
15 :                        display.set_pixel(x[m],y[m],b)
16 :                sleep(DELAY)
```

**07** : while True 문을 이용하여 8~16줄을 무한 반복합니다.
**08~11** : 하트의 밝기를 점점 밝게 합니다.
**13~16** : 하트의 밝기를 점점 어둡게 합니다.

**02** 🔙 을 눌러 마이크로비트로 다운로드합니다.

**03** 마이크로비트 보드의 디스플레이를 확인합니다. 0~9단계까지 0.1초 간격으로 하트 모양의 LED가 점점 밝아졌다 점점 어두워지는 동작을 무한 반복합니다.

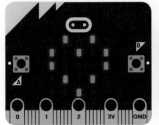 

## sleep 함수 한 칸 밀어 넣기

앞의 예제에서 sleep 함수는 상위 for 문의 하위 동작입니다. 여기서는 sleep 함수를 한 칸 밀어 넣어 하위 for 문의 하위 동작을 만들어 봅니다. 하트가 어떻게 표시될까요?

**01** micro:bit 다음과 같이 예제를 수정합니다.

실습파일 : 239.py

```
01 : from microbit import *
02 :
03 : x =[1,3,0,2,4,0,4,1,3,2]
04 : y =[0,0,1,1,1,2,2,3,3,4]
05 : DELAY =100
06 :
07 : while True:
08 :        for b in range(0,10):
09 :                for m in range(0,10):
```

```
10 :                    display.set_pixel(x[m],y[m],b)
11 :                    sleep(DELAY)
12 :
13 :     for b in range(9,-1,-1):
14 :         for m in range(0,10):
15 :                    display.set_pixel(x[m],y[m],b)
16 :                    sleep(DELAY)
```

**11** :sleep 함수를 한 칸 밀어 넣어 9번째 줄 하위 for 문의 하위 동작이 되도록 합니다. 이렇게 하면 하위 for 문에 속하는 10줄과 11줄이 순차적으로 수행됩니다. 즉, x, y 하트 목록의 첫 번째 LED의 밝기를 b로 설정하고 100밀리 초 대기하고 두 번째 LED의 밝기를 b로 설정하고 100밀리 초 대기하고 하는 동작을 열 번째 LED까지 반복합니다. LED 한 개의 밝기를 b로 조절할 때마다 100밀리 초 동안 대기를 합니다.

**16** : sleep 함수를 한 칸 밀어 넣어 14번째 줄 하위 for 문의 하위 동작이 되도록 합니다. 이렇게 하면 하위 for 문에 속하는 15줄과 16줄이 순차적으로 수행됩니다. 즉, x, y 하트 목록의 첫 번째 LED의 밝기를 b로 설정하고 100밀리 초 대기하고 두 번째 LED의 밝기를 b로 설정하고 100밀리 초 대기하고 하는 동작을 열 번째 LED까지 반복합니다. LED 한 개의 밝기를 b로 조절할 때마다 100밀리 초 동안 대기를 합니다.

**02** 을 눌러 마이크로비트로 다운로드합니다.

**03** 마이크로비트 보드의 디스플레이를 확인합니다. 0~9단계까지 각 단계에 대해 0.1초 간격으로 하트 모양의 LED가 하나씩 밝아지는 동작을 무한 반복합니다.

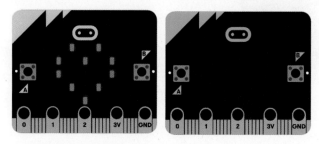

## for-in 문 상하 바꿔보기 : b와 m 바꾸기

이전 예제는 하트 모양의 LED의 밝기 하나하나에 대해 각각의 LED를 0.1초 간격으로 적용하였습니다. 예를 들어, 1단계의 밝기에 대해 하트 모양의 LED에 0.1초 간격으로 모두 적용한 후, 2단계의 밝기를 같은 방식으로 적용하였습니다. 여기서는 LED 하나하나에 대해 LED의 밝기를 0.1초 간격으로 적용해 봅니다. 예를 들어, 첫 번째 LED에 대해 0.1초 간격으로 LED의 밝기를 차례대로 적용하고, 두 번째 LED에 대해 같은 방식으로 적용해 봅니다.

**01** micro:bit 다음과 같이 예제를 수정합니다.

실습파일 : 240.py

```
01 : from microbit import *
02 :
03 : x =[1,3,0,2,4,0,4,1,3,2]
04 : y =[0,0,1,1,1,2,2,3,3,4]
05 : DELAY =100
06 :
07 : while True:
08 :     for m in range(0,10):
09 :             for b in range(0,10):
10 :                     display.set_pixel(x[m],y[m],b)
11 :                     sleep(DELAY)
12 :
13 :     for m in range(0,10):
14 :             for b in range(9,-1,-1):
15 :                     display.set_pixel(x[m],y[m],b)
16 :                     sleep(DELAY)
```

**08** : 하트 모양의 LED 각각에 대해
**09** : 밝기가 0단계에서 9단계까지
**10, 11** : 0.1초 간격으로 점점 밝아집니다.
**13** : 하트 모양의 LED 각각에 대해
**14** : 밝기가 9단계에서 0단계까지
**15, 16** : 0.1초 간격으로 점점 어두워집니다.

이전 예제에 대해 b와 m을 바꿨습니다. 다음 그림을 참조합니다.

```
while True:                                    while True:
    for b in range(0,10):        ............    ▶ for m in range(0,10):
        for m in range(0,10):    ............    ▶ for b in range(0,10):
            display.set_pixel(x[m],y[m],b)           display.set_pixel(x[m],y[m],b)
            sleep(DELAY)                             sleep(DELAY)

    for b in range(9,-1,-1):     ............    ▶ for m in range(0,10):
        for m in range(0,10):    ............    ▶ for b in range(9,-1,-1):
            display.set_pixel(x[m],y[m],b)           display.set_pixel(x[m],y[m],b)
            sleep(DELAY)                             sleep(DELAY)
```

**02** 📥 을 눌러 마이크로비트로 다운로드합니다.

**03** 마이크로비트 보드의 디스플레이를 확인합니다. 하트 모양의 LED가 차례대로 0~9단계까지 0.1초 간격
으로 점점 밝아졌다 어두워지는 동작을 무한 반복합니다.

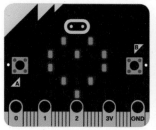 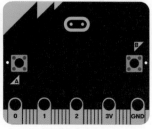

**04** DELAY 변수 값을 다음과 같이 수정한 후, 디스플레이의 동작을 확인합니다.

DELAY=50

## range 반대로 하기

이전 예제는 하트 LED가 밝아지는 순서대로 LED가 어두워집니다. 여기서는 range 클래스를 변경하여 하트 LED가 어두워지는 순서를 바꾸어봅니다. 즉, 가장 먼저 밝아진 LED가 가장 나중에 어두워지고 가장 나중에 밝아진 LED가 가장 먼저 어두워지도록 해 봅니다.

**01** ⊂◯micro:bit 다음과 같이 예제를 수정합니다.

---
실습파일 : 242.py

```
01 : from microbit import *
02 :
03 : x =[1,3,0,2,4,0,4,1,3,2]
04 : y =[0,0,1,1,1,2,2,3,3,4]
05 : DELAY =50
06 :
07 : while True:
08 :     for m in range(0,10):
09 :             for b in range(0,10):
10 :                     display.set_pixel(x[m],y[m],b)
11 :                     sleep(DELAY)
12 :
13 :     for m in range(9,-1,-1):
14 :             for b in range(9,-1,-1):
15 :                     display.set_pixel(x[m],y[m],b)
16 :                     sleep(DELAY)
```

**13** : range 클래스로 넘어가는 인자를 변경합니다. range(9,-1,-1)은 9이하 -1초과 사이에 있는 -1 간격의 정수를 나타냅니다. 즉, 9~0을 나타냅니다.

**02** 🔊 을 눌러 마이크로비트로 다운로드합니다.

**03** 마이크로비트 보드의 디스플레이를 확인합니다. 하트 모양의 LED가 하나씩 밝아지고 반대 방향으로 하나씩 어두워지는 것을 확인합니다.

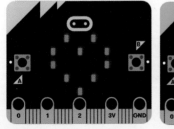
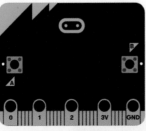

## 하트 그리는 순서 바꾸기

이전 예제는 좌측에서 우측 방향으로 위쪽에서 아래쪽 방향으로 하트를 그립니다. 여기서는 하트 모양을 따라 그려보도록 합니다.

**01** `micro:bit` 다음과 같이 예제를 수정합니다.

```
실습파일 : 243.py
01 : from microbit import *
02 :
03 : x =[2,3,4,4,3,2,1,0,0,1]
04 : y =[1,0,1,2,3,4,3,2,1,0]
05 : DELAY =50
06 :
07 : while True:
08 :     for m in range(0,10):
09 :             for b in range(0,10):
10 :                     display.set_pixel(x[m],y[m],b)
11 :                     sleep(DELAY)
12 :
13 :     for m in range(9,-1,-1):
14 :             for b in range(9,-1,-1):
15 :                     display.set_pixel(x[m],y[m],b)
16 :                     sleep(DELAY)
```

**03** : x 목록의 좌표 값의 순서를 바꿉니다.
**04** : y 목록의 좌표 값의 순서를 바꿉니다.

**02** 🄰 을 눌러 마이크로비트로 다운로드합니다.

**03** 마이크로비트 보드의 디스플레이를 확인합니다. 하트 모양의 LED가 하나씩 밝아지고 반대 방향으로 하나씩 어두워지는 것을 확인합니다. 하트 모양의 순서대로 밝아지고 어두워집니다.

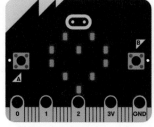
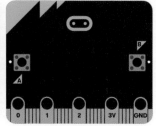

# 02 _ 함수 도약하기

여기서는 LED의 밝아지고 어두워지는 동작을 함수로 만들어 사용해 봅니다. 함수는 어떤 목적에 맞게 구성된 작은 동작들을 대표되는 동작 하나로 묶는 방법입니다. 함수로 만들면 코드에 대한 가독성을 높일 수 있고, 재사용 할 수 있습니다. 또 목록을 인자로 받을 수 있는 함수를 정의한 후, 목록을 함수로 넘겨봅니다.

## 02-1 함수로 정리하기

먼저 LED의 밝아지고 어두워지는 동작을 함수로 정의한 후 사용해 봅니다. 함수는 어떤 목적에 맞게 구성된 작은 동작들을 대표되는 동작 하나로 묶는 역할을 합니다. 일반적으로 함수를 수행하는 목적이 함수의 이름이 됩니다. 함수로 정리하면 프로그램 상에서 무엇을 하는지 간략하게 표현할 수 있으며 따라서 코드의 가독성을 높여줍니다. 이것이 함수를 사용하는 첫 번째 이유입니다.

**01** **micro:bit** 다음과 같이 예제를 수정합니다.

실습파일 : 244.py

```
01 : from microbit import *
02 :
03 : x =[2,3,4,4,3,2,1,0,0,1]
04 : y =[1,0,1,2,3,4,3,2,1,0]
05 : DELAY =50
06 :
07 : def get_bright():
08 :     for m in range(0,10):
09 :             for b in range(0,10):
10 :                     display.set_pixel(x[m],y[m],b)
11 :                     sleep(DELAY)
12 :
13 : def get_dark():
14 :     for m in range(9,-1,-1):
15 :             for b in range(9,-1,-1):
16 :                     display.set_pixel(x[m],y[m],b)
17 :                     sleep(DELAY)
18 :
19 : while True:
20 :     get_bright()
21 :
22 :     get_dark()
```

**07~11** : get_bright 함수를 정의합니다. 일단 인자는 받지 않도록 합니다. 함수는 쌍점에서 정의를 시작한 후, 한 칸 이
상의 들여쓰기가 적용된 부분이 모두 해당 됩니다. 여기서는 8~11 줄까지가 get_bright 함수의 정의 부분입니다.
이 예제에서 get_bright 함수는 하트 모양 상의 LED를 차례대로 점점 밝아지게 하는 함수입니다. 10번 줄에 있는
x, y 변수는 3, 4 번 줄에 있는 x, y를 나타냅니다.

**13~17** : get_dark 함수를 정의합니다. 인자는 받지 않도록 합니다. 이 예제에서 get_dark 함수는 하트 모양 상의 LED를
차례대로 점점 어두워지게 하는 함수입니다. 16번 줄에 있는 x, y 변수는 3, 4 번 줄에 있는 x, y를 나타냅니다.

**20** : get_bright 함수를 호출합니다. 함수는 명령이며 호출은 함수로 이동해 함수 내의 하위 명령을 수행하는 동작을
말합니다.

**22** : get_dark 함수를 호출합니다.

**02** 🔊 을 눌러 마이크로비트로 다운로드합니다.

**03** 마이크로비트 보드의 디스플레이를 확인합니다. 하트 모양의 LED가 하나씩 밝아지고 반대 방향으로 하
나씩 어두워지는 것을 확인합니다. 하트 모양의 순서대로 밝아지고 어두워집니다.

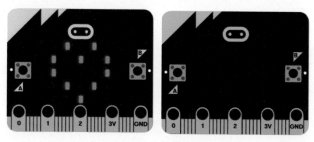

## 02-2 함수 인자 주고받기

이번엔 함수의 인자로 목록 변수를 넘기고 받을 수 있도록 해 봅니다. 앞에서 우리는 하나의 정수 값
이나 실수 값을 갖는 변수를 인자로 넘기고 받는 예제를 해 보았습니다. 여기서는 목록 변수를 인자
로 넘기고 받는 함수를 작성해 봅니다. 인자를 사용하면 같은 종류의 인자에 대한 처리를 할 수 있습
니다. 이것을 함수의 일반화라고 하고 다른 인자에 대해 함수를 재사용할 수 있습니다.

**01** ⬤micro:bit 다음과 같이 예제를 수정합니다.

**실습파일 : 245.py**

```
01 : from microbit import *
02 :
03 : x =[2,3,4,4,3,2,1,0,0,1]
04 : y =[1,0,1,2,3,4,3,2,1,0]
05 : DELAY =50
06 :
07 : def get_bright(x,y,DELAY):
08 :     for m in range(0,10):
09 :             for b in range(0,10):
```

```
10 :                        display.set_pixel(x[m],y[m],b)
11 :                        sleep(DELAY)
12 :
13 : def get_dark(x,y,DELAY):
14 :     for m in range(9,-1,-1):
15 :             for b in range(9,-1,-1):
16 :                        display.set_pixel(x[m],y[m],b)
17 :                        sleep(DELAY)
18 :
19 : while True:
20 :     get_bright(x,y,DELAY)
21 :
22 :     get_dark(x,y,DELAY)
```

**07** : get_bright 함수의 인자로 x, y, DELAY를 추가합니다. get_bright 함수의 인자인 x, y, DELAY는 3~5줄에 있는 x, y, DELAY 변수와 이름은 같지만 서로 다른 변수입니다. 10,11 번 줄에 있는 x, y, DELAY는 7번 줄에 있는 함수의 인자인 x, y, DELAY를 나타냅니다.

**13** : get_dark 함수의 인자로 x, y, DELAY를 추가합니다. get_dark 함수의 인자인 x, y, DELAY는 3~5줄에 있는 x, y, DELAY 변수와 이름은 같지만 서로 다른 변수입니다. 16,17 번 줄에 있는 x, y, DELAY는 13번 줄에 있는 함수의 인자인 x, y, DELAY를 나타냅니다.

**20** : get_bright 함수를 호출합니다. 함수를 호출할 때, 인자로 x, y, DELAY 변수를 넘겨줍니다. 여기서 x, y, DELAY 변수는 3~5 번째 줄의 x, y, DELAY를 나타냅니다.

**22** : get_dark 함수를 호출합니다. 함수를 호출할 때, 인자로 x, y, DELAY 변수를 넘겨줍니다. 여기서 x, y, DELAY 변수는 3~5 번째 줄의 x, y, DELAY를 나타냅니다.

**02** 🄰 을 눌러 마이크로비트로 다운로드합니다.

**03** 마이크로비트 보드의 디스플레이를 확인합니다. 하트 모양의 LED가 하나씩 밝아지고 반대 방향으로 하나씩 어두워지는 것을 확인합니다. 하트 모양의 순서대로 밝아지고 어두워집니다.

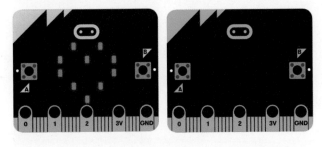

## 파이썬 쉘에서 변수 살펴보기

파이썬 스크립트에서 추가한 변수 x_0, y_0, HIGH는 파이썬 쉘에게 어떻게 반영될까요?
다음과 같이 명령을 수행해 봅니다.

```
>>> dir() ←
['HIGH', 'pin2', 'pin0', 'pin1', 'pin3', 'pin6', 'pin13', 'pin4', 'uart', 'pin5'
, 'pin7', 'temperature', 'sleep', 'pin8', 'pin9', 'button_a', 'button_b', 'reset
', '__name__', 'i2c', 'pin11', 'pin10', 'spi', 'panic', 'Image', 'running_time',
'compass', 'pin12', 'pin14', 'pin15', 'accelerometer', 'display', 'pin16', 'pin
19', 'pin20', 'x_0', 'y_0']
>>> x_0 ←
0
>>> y_0 ←
0
>>> HIGH ←
9
```

dir() 명령을 수행해 봅니다. 빨간 줄로 표시된 HIGH, x_0, y_0 변수가 파이썬 쉘의 모듈 목록에 담겨져 있는 걸 볼 수 있습니다. 변수도 모듈과 마찬가지로 파이썬 쉘의 모듈 목록에 저장되는 것을 확인할 수 있습니다. x_0에 대해 파이썬 쉘에게 물어봅니다. x_0의 값인 0이 표시됩니다. y_0, HIGH 변수 값에 대해서도 물어봅니다. 각각, 0, 9로 표시됩니다.

## 02-3 함수 인자 변경해 보기

이전 예제에서 함수의 매개변수는 함수 밖에서 선언된 변수와 이름은 같더라도 다른 변수라고 하였습니다. 정말 그런지 확인하기 위해 여기서는 함수 매개변수의 이름을 바꿔보도록 합니다. 이것은 매개변수의 일반화이기도 합니다. 매개변수는 인자로 넘어오는 변수에 대한 일반화이며 함수는 매개변수를 통해 넘겨받은 변수에 대해 일반적인 동작을 할 수 있습니다.

01 micro:bit 다음과 같이 예제를 수정합니다.

실습파일 : 247.py

```
01 : from microbit import *
02 :
03 : x =[2,3,4,4,3,2,1,0,0,1]
04 : y =[1,0,1,2,3,4,3,2,1,0]
05 : DELAY =50
06 :
07 : def get_bright(px,py,pDELAY):
08 :      for m in range(0,10):
09 :              for b in range(0,10):
10 :                      display.set_pixel(px[m],py[m],b)
11 :                      sleep(pDELAY)
12 :
13 : def get_dark(px,py,pDELAY):
14 :      for m in range(9,-1,-1):
```

Chapter 04 • 파이썬 중급 도약하기  261

```
15 :                for b in range(9,-1,-1):
16 :                      display.set_pixel(px[m],py[m],b)
17 :                      sleep(pDELAY)
18 :
19 : while True:
20 :     get_bright(x,y,DELAY)
21 :
22 :     get_dark(x,y,DELAY)
```

**07**      : get_bright 함수의 인자를 px, py, pDELAY로 변경합니다.

**10, 11** : get_bright 함수의 인자로 넘어온 px, py, pDELAY를 사용합니다.

**13**      : get_dark 함수의 인자를 px, py, pDELAY로 변경합니다.

**16, 17** : get_dark 함수의 인자로 넘어온 px, py, pDELAY를 사용합니다.

**20**      : get_bright 함수를 호출합니다. 함수를 호출할 때, 인자로 x, y, DELAY 변수를 넘겨줍니다. 여기서 x, y, DELAY 변수
는 3~5번째 줄의 x, y, DELAY를 나타냅니다. 함수를 호출하는 과정에서 px=x, py=y, pDELAY=DELAY가 됩니다.

**22**      : get_dark 함수를 호출합니다. 함수를 호출할 때, 인자로 x, y, DELAY 변수를 넘겨줍니다. 여기서 x, y, DELAY 변수는
3~5번째 줄의 x, y, DELAY를 나타냅니다. 함수를 호출하는 과정에서 px=x, py=y, pDELAY=DELAY가 됩니다.

다음 그림을 참조합니다.

```
get_bright(x,y,DELAY) # px=x,  py=y,  pDELAY=DELAY
get_dark(x,y,DELAY) # px=x,  py=y,  pDELAY=DELAY
```

**02** 🔻 을 눌러 마이크로비트로 다운로드합니다.

**03** 마이크로비트 보드의 디스플레이를 확인합니다. 하트 모양의 LED가 하나씩 밝아지고 반대 방향으로 하
나씩 어두워지는 것을 확인합니다. 하트 모양의 순서대로 밝아지고 어두워집니다.

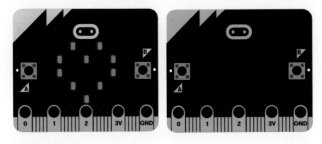

## 함수 활용하기

함수는 한 번 정의되면 필요할 때마다 호출할 수 있습니다. 함수가 없었다면 반복적으로 작성했을
동작을 한 번만 정의한 후, 필요할 때 호출해서 사용할 수 있습니다. 이것이 함수를 사용하는 두 번
째 이유입니다.

**01** 🔵micro:bit 다음과 같이 예제를 수정합니다.

```
01 : from microbit import *
02 :
03 : x_ring =[2,3,4,4,3,2,1,0,0,1]
04 : y_ring =[1,0,1,2,3,4,3,2,1,0]
05 :
06 : x_snow =[1,3,0,2,4,0,4,1,3,2]
07 : y_snow =[0,0,1,1,1,2,2,3,3,4]
08 :
09 : DELAY =50
10 :
11 : def get_bright(px,py,pDELAY):
12 :     for m in range(0,10):
13 :             for b in range(0,10):
14 :                     display.set_pixel(px[m],py[m],b)
15 :                     sleep(pDELAY)
16 :
17 : def get_dark(px,py,pDELAY):
18 :     for m in range(9,-1,-1):
19 :             for b in range(9,-1,-1):
20 :                     display.set_pixel(px[m],py[m],b)
21 :                     sleep(pDELAY)
22 :
23 : while True:
24 :     get_bright(x_ring,y_ring,DELAY)
25 :
26 :     get_dark(x_ring,y_ring,DELAY)
27 :
28 :     get_bright(x_snow,y_snow,DELAY)
29 :
30 :     get_dark(x_snow,y_snow,DELAY)
```

**3, 4** : 하트 모양을 따라 LED의 밝기를 조절하기 위해 필요한 LED 좌표의 집합입니다.
**6, 7** : 좌에서 우로 위에서 아래로 눈이 내리는 모양으로 LED의 밝기를 조절하기 위해 필요한 LED 좌표의 집합입니다.
**24** : 하트 모양에 따라 LED를 점점 밝게 그립니다.
**26** : 하트 모양에 따라 LED를 점점 어둡게 그립니다.
**28** : 눈이 내리는 모양에 따라 LED를 점점 밝게 그립니다.
**29** : 눈이 내리는 모양에 따라 LED를 점점 어둡게 그립니다.

get_bright 함수는 11~15에서 한 번 정의했지만, 24, 28번 줄에서 서로 다른 목록을 주며, 2번 호출을 합니다. 이렇게 한 번 정의를 하면 필요할 때마다 호출해서 사용할 수 있습니다.

get_dark 함수는 17~21에서 한 번 정의했지만, 26, 30번줄에서 서로 다른 목록을 주며, 2번 호출을 합니다. 이렇게 한 번 정의를 하면 필요할 때마다 호출해서 사용할 수 있습니다.

**02** 🔽 을 눌러 마이크로비트로 다운로드합니다.

**03** 마이크로비트 보드의 디스플레이를 확인합니다. 하트 모양의 LED가 하나씩 밝아지고 반대 방향으로 하나씩 어두워지는 것을 확인합니다. 한 번은 하트 모양의 순서대로 밝아지고 어두워지고 한 번은 좌에서 우로 위에서 아래로 밝아지고 어두워집니다.

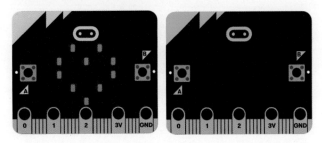

**04** DELAY 변수 값을 다음과 같이 수정한 후, 디스플레이의 동작을 확인합니다.

```
DELAY=10
```

## 02-4 함수 인자 살펴보기

함수의 인자는 함수를 호출하는 바깥 부분과 함수 안쪽을 연결해 주는 중요한 역할을 합니다. 함수의 인자는 단일 변수, 목록 변수, 뒤에서 살펴볼 클래스 변수인 객체가 올 수 있습니다. 여기서는 단일 변수, 목록 변수가 함수 인자로 전달되는 과정을 자세히 살펴봅니다. 객체가 함수 인자로 전달되는 과정은 뒤에서 살펴봅니다.

우리는 Chapter 01에서 라면 끓이는 프로그램을 작성해 보았습니다. 여기서는 라면 끓이는 프로그램 중 boil 함수와 water 변수를 이용하여 함수의 인자가 함수 바깥에서 함수 안쪽으로 전달되는 과정을 자세히 살펴보도록 합니다.

### 단일 변수 함수 인자 살펴보기

먼저 함수를 통해 인자가 넘어가는 과정에 대해서 살펴봅니다.

**01** `micro:bit` 다음과 같이 예제를 작성합니다.

```
실습파일 : 251.py
01 : def boil(pwater):
02 :     print("pwater:%s" %pwater)
03 :
04 : water ="cold water"
05 :
06 : boil(water)
```

**04** : water 변수를 선언한 후, "cold water" 값으로 초기화합니다.

**06** : boil 함수를 호출하여 water 변수를 넘겨줍니다.

**01** : boil 함수에서 pwater 매개변수로 넘어온 water 변수를 받습니다.

**02** : print 함수를 호출하여 pwater의 값을 문자열로 출력합니다.

**02** 🖫 을 눌러 마이크로비트로 다운로드합니다.

**03** 🖳 putty 창을 확인합니다.

```
>>> pwater:cold water
```

water 변수의 값이 pwater 변수로 전달되는 것을 볼 수 있습니다.

## id 함수로 변수와 함수 주소 확인하기

여기서는 id 함수를 소개합니다. id 함수는 변수, 함수, 클래스, 클래스 변수인 객체, 모듈의 주소를 알려주는 역할을 합니다. 주소는 물리적 주소이거나 논리적 주소일 수 있습니다. 여기서는 id 함수를 이용하여 변수와 함수의 주소를 살펴봅니다.

**01** ⬡micro:bit 다음과 같이 예제를 수정합니다.

실습파일 : 251_2.py

```python
01 : def boil(pwater):
02 :     print("pwater:%s" %pwater)
03 :
04 : water ="cold water"
05 :
06 : boil(water)
07 :
08 : print("water@%#x" %id(water))
09 : print("boil@%#x" %id(boil))
```

**08** : print 함수를 호출하여 water 변수의 주소를 출력합니다. %#x 형식은 16진수로 표시할 때 사용합니다.

**09** : print 함수를 호출하여 boil 함수의 주소를 출력합니다. %#x 형식은 16진수로 표시할 때 사용합니다.

**02** 🖫 을 눌러 마이크로비트로 다운로드합니다.

**03** 🖳 putty 창을 확인합니다.

```
>>> pwater:cold water
water@0x1766
boil@0x20000230
```

water 변수는 0x1766번지에 있고, boil 함수는 0x20000230번지에 있습니다.

## 단일 변수의 인자와 매개변수 주소 확인하기

여기서는 함수로 넘어가는 단일 변수에 대해 인자의 주소와 매개변수의 주소를 확인해 봅니다.

**01** ⊙micro:bit 다음과 같이 예제를 수정합니다.

```
01 : def boil(pwater):
02 :     print("pwater@%#x:%s" %(id(pwater), pwater))
03 :
04 : water ="cold water"
05 :
06 : print()
07 : print(" water@%#x:%s" %(id(water), water))
08 :
09 : boil(water)
```

**04** : water 변수를 선언한 후, "cold water" 값으로 초기화합니다.

**06** : putty 창의 결과를 보기 편하도록 다음 줄로 넘어가는 print 함수를 호출합니다.

**07** : print 함수를 호출하여 water 변수의 주소와 값을 출력합니다. %#x 형식은 16진수로 표시할 때 사용하며, %s 형식은 문자열로 표시할 때 사용합니다.

**09** : boil 함수를 호출하여 water 변수를 넘겨줍니다.

**01** : boil 함수에서 pwater 매개변수로 넘어온 water 변수를 받습니다.

**02** : print 함수를 호출하여 pwater 변수의 주소와 값을 출력합니다. %#x 형식은 16진수로 표시할 때 사용하며, %s 형식은 문자열로 표시할 때 사용합니다.

**02** 🔧 을 눌러 마이크로비트로 다운로드합니다.

**03** 🖥 putty 창을 확인합니다.

```
>>>
 water@0x175e:cold water
pwater@0x175e:cold water
```

water 변수는 0x175e번지에 있고 cold water 값을 가지고 있습니다.

pwater 변수는 0x175e번지에 있고 cold water 값을 가지고 있습니다.

## 매개변수 값 변경해 보기

여기서는 함수 내부에서 매개변수의 값을 변경해 봅니다.

**01** ⊂▪micro:bit 다음과 같이 예제를 수정합니다.

```
01 : def boil(pwater):
02 :     print("pwater@%#x:%s" %(id(pwater), pwater))
03 :     pwater ="hot water"
04 :     print("pwater@%#x:%s" %(id(pwater), pwater))
05 :
06 : water ="cold water"
07 :
08 : print()
09 : print(" water@%#x:%s" %(id(water), water))
10 :
11 : boil(water)
12 :
13 : print(" water@%#x:%s" %(id(water), water))
```

**03** : pwater 변수 값을 "hot water" 문자열로 변경합니다.

**04** : print 함수를 호출하여 pwater 변수의 주소와 값을 출력합니다. %#x 형식은 16진수로 표시할 때 사용하며, %s 형식은 문자열로 표시할 때 사용합니다.

**13** : print 함수를 호출하여 water 변수의 주소와 값을 출력합니다. %#x 형식은 16진수로 표시할 때 사용하며, %s 형식은 문자열로 표시할 때 사용합니다.

**02** 🖥 을 눌러 마이크로비트로 다운로드합니다.

**03** 🖥 putty 창을 확인합니다.

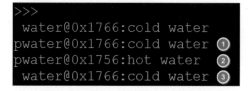

결과 화면에서 ❶에 오는 pwater 변수와 ❷에 오는 pwater 변수는 다른 변수입니다. 파이썬에서는 함수 내에서 매개변수에 대해 값을 변경할 경우엔 이름이 같은 새로운 변수가 만들어집니다. 값을 읽을 수만 있습니다. 결과적으로 ❸에 오는 water 변수의 값을 변경할 수 없습니다.

## 목록 매개 변수 항목 값 변경해 보기

여기서는 함수 내에서 목록 변수를 받아 항목을 변경해 봅니다.

**01** micro:bit 다음과 같이 예제를 수정합니다.

실습파일 : 254.py

```python
01 : def boil(pwater):
02 :     print("pwater@%#x:%s" %(id(pwater), pwater[0]))
03 :     pwater[0] ="hot water"
04 :     print("pwater@%#x:%s" %(id(pwater), pwater[0]))
05 :
06 : water = ["cold water"]
07 :
08 : print()
09 : print(" water@%#x:%s" %(id(water), water[0]))
10 :
11 : boil(water)
12 :
13 : print(" water@%#x:%s" %(id(water), water[0]))
```

**06**    : water 변수를 목록으로 초기화합니다. 이렇게 하면 water는 목록 변수가 됩니다. water 목록은 하나의 항목을 가지며, "cold water"로 초기화합니다.

**09, 12** : water의 주소와 water[0] 항목의 값을 출력합니다.

**02, 04** : pwater의 주소와 pwater[0] 항목의 값을 출력합니다.

**03**    : pwater[0] 항목의 값을 "hot water" 문자열로 변경합니다.

**02** 🖫 을 눌러 마이크로비트로 다운로드합니다.

**03** 🖥 putty 창을 확인합니다.

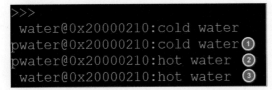

```
>>>
 water@0x20000210:cold water
pwater@0x20000210:cold water ①
pwater@0x20000210:hot water  ②
 water@0x20000210:hot water  ③
```

결과 화면에서 **①**에 오는 pwater 변수와 **②**에 오는 pwater 변수는 같은 변수입니다. 파이썬에서는 함수 내에서 매개변수로 넘어온 목록에 대해 항목의 값을 읽을 수도 쓸 수도 있습니다. 결과적으로 **③**에 오는 water 변수의 항목 값을 변경할 수 있습니다.

# 03 _ 클래스로 묶어주기

파이썬에서는 관련된 변수와 관련된 함수를 하나로 묶어주는 방법을 제공합니다. 이 방법을 클래스라고 합니다. 관련된 변수와 관련된 함수를 하나로 묶으면 코드에 대한 가독성이 높아집니다. 예를 들어, 이전 예제에서 x, y 목록과 get_bright, ger_dark 함수는 디스플레이에 하트를 그리기 위해 필요한 변수와 함수입니다. 이러한 변수와 함수를 하나로 묶어 클래스로 정의할 수 있습니다. 예를 들어, HeartImage라는 클래스로 정의할 수 있습니다.

## 03-1 클래스 정의하기

여기서는 이전 예제의 관련된 변수와 함수를 묶어 클래스로 정의한 후 사용해 봅니다.

**01** micro:bit 다음과 같이 예제를 작성합니다.

```
실습파일 : 255.py
01 : from microbit import *
02 :
03 : class HeartImage:
04 :     def __init__(self,px,py,pDELAY):
05 :         self.x =px
06 :         self.y =py
07 :         self.DELAY =pDELAY
08 :
09 :     def get_bright(self):
10 :         for m in range(0,10):
11 :             for b in range(0,10):
12 :                 display.set_pixel(self.x[m],self.y[m],b)
13 :                 sleep(self.DELAY)
14 :
15 :     def get_dark(self):
16 :         for m in range(9,-1,-1):
17 :             for b in range(9,-1,-1):
18 :                 display.set_pixel(self.x[m],self.y[m],b)
19 :                 sleep(self.DELAY)
20 :
```

```
21 : x =[2,3,4,4,3,2,1,0,0,1]
22 : y =[1,0,1,2,3,4,3,2,1,0]
23 : DELAY =50
24 :
25 : heart = HeartImage(x,y,DELAY)
26 :
27 : while True:
28 :     heart.get_bright()
29 :
30 :     heart.get_dark()
```

**03**    : 4~19줄을 하나로 묶어, HeartImage 클래스로 정의합니다. 이 클래스는 5~7줄에 있는 self.x, self.y self.DELAY 변수와 9, 15줄에 정의된 get_bright, get_dark 함수를 하나로 묶는 역할을 합니다.

**04**    : __init__ 함수를 정의합니다. 클래스를 정의할 때 클래스 변수인 객체를 초기화하는 함수로 반드시 정의해 주도록 합니다. 25줄은 클래스 형태의 변수인 객체를 생성하는 부분인데, 이 부분에서 __init__ 함수가 호출되면서 객체를 초기화하게 됩니다. 첫 번째 매개변수는 self로 해 주어야 합니다.

**05~07** : 객체 생성 시 필요한 속성은 __init__ 함수 내에서 self 키워드에 붙여 선언해 줍니다. 여기서는 x, y, DELAY 변수가 HeartImage 객체의 하위 변수가 됩니다.

**09**    : get_bright 함수를 정의합니다. 첫 번째 매개변수는 self로 해 주어야 합니다.

**12,13** : 객체 하위 변수인 self.x, self.y self.DELAY를 사용합니다.

**15**    : get_dark 함수를 정의합니다. 첫 번째 매개변수는 self로 해 주어야 합니다.

**18,19** : 객체 하위 변수인 self.x, self.y self.DELAY를 사용합니다.

**25**    : HeartImage 클래스 형태의 변수인 객체를 생성하는 부분입니다. 이 부분에서 __init__ 함수가 호출되면서 객체를 초기화하게 됩니다. 생성된 객체는 self.x, self.y, self.DELAY 하위 변수로 구성됩니다.

**28**    : heart 객체에 대해 get_bright 함수를 호출합니다.

**30**    : heart 객체에 대해 get_dark 함수를 호출합니다.

※ 클래스 형태의 변수를 일반적으로 객체라고 합니다. 객체는 확장된 변수의 형태로 이해할 수 있습니다.

**02** ⬚ 을 눌러 마이크로비트로 다운로드합니다.

**03** 마이크로비트 보드의 디스플레이를 확인합니다. 하트 모양의 LED가 하나씩 밝아지고 반대 방향으로 하나씩 어두워지는 것을 확인합니다. 한 번은 하트 모양의 순서대로 밝아지고 어두워지고 한 번은 좌에서 우로 위에서 아래로 밝아지고 어두워집니다.

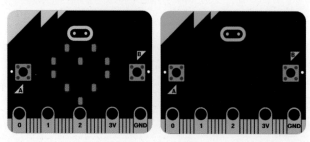

## 파이썬 쉘에서 클래스와 객체 살펴보기

파이썬 스크립트에서 추가한 변수 HeartImage 클래스와 heart 객체는 파이썬 쉘에게 어떻게 반영될까요? 다음과 같이 명령을 수행해 봅니다.

```
>>> dir()
['i2c', 'pin2', 'pin0', 'pin1', 'pin3', 'pin6', 'pin4', 'pin5', 'pin7', 'button_
a', 'pin8', 'pin9', 'button_b', 'Image', 'running_time', 'pin20', 'reset', 'Hear
tImage', 'heart', 'spi', 'panic', 'uart', 'accelerometer', 'display', 'y', 'pin1
3', 'pin12', 'pin11', 'pin10', 'x', '__name__', 'compass', 'pin14', 'pin15', 'pi
n16', 'pin19', 'DELAY', 'temperature', 'sleep']
>>> HeartImage
<class 'HeartImage'>
>>> dir(HeartImage)
['__qualname__', 'get_bright', '__module__', 'get_dark', '__init__']
>>> heart
<HeartImage object at 200002c0>
>>> dir(heart)
['__qualname__', 'get_bright', '__module__', 'get_dark', '__init__', 'y', 'x', '
DELAY']
>>>
```

Ctrl + C 키를 눌러 프로그램 수행을 멈춥니다.

dir() 명령을 수행해 봅니다. 빨간 줄로 표시된 HeartImage 클래스와 heart 객체가 파이썬 쉘의 모듈 목록에 담겨져 있는 걸 볼 수 있습니다. 클래스와 객체도 모듈과 마찬가지로 파이썬 쉘의 모듈 목록에 저장되는 것을 확인할 수 있습니다. HeartImage에 대해 파이썬 쉘에게 물어봅니다. 클래스라고 표시됩니다. dir(HeartImage) 명령을 수행해 봅니다. HeartImage 클래스의 속성과 함수를 볼 수 있습니다. __qualname__, __module__ 속성은 자동으로 추가된 속성으로 각각 클래스의 이름과 클래스가 포함된 상위 모듈의 이름을 나타냅니다. 뒤에서 살펴봅니다. heart에 대해 파이썬 쉘에게 물어봅니다. HeartImage 객체로 200002c0에 있다고 표시됩니다. dir(heart) 명령을 수행해 봅니다. heart 객체의 속성과 함수를 볼 수 있습니다. __qualname__, __module__ 속성은 자동으로 추가된 속성으로 각각 객체의 이름과 객체가 포함된 상위 모듈의 이름을 나타냅니다. 뒤에서 살펴봅니다.

계속해서 다음과 같이 명령을 수행해 봅니다.

```
>>> HeartImage.__qualname__
'HeartImage'
>>> heart.__qualname__
'HeartImage'
>>> HeartImage.__module__
'__main__'
>>> heart.__module__
'__main__'
>>>
```

HeartImage.__qualname__, HeartImage.__module__ 속성은 각각 HeartImage 클래스의 이름과 HeartImage 클래스가 포함된 상위 모듈의 이름을 나타냅니다. 상위 모듈은 __main__ 모듈이며 우리가 작성한 스크립트의 이름을 나타냅니다. heart.__qualname__, heart.__module__ 속성은 각각 heart 객체의 클래스 이름과 객체가 포함된 상위 모듈의 이름을 나타냅니다. 상위 모듈은 __main__ 모듈이며 우리가 작성한 스크립트의 이름을 나타냅니다.

## 03-2 self 이해하기

여기서는 self가 함수를 통해 넘어오는 원리를 살펴봅니다.

**01** ●micro:bit 이전 예제의 28, 30줄은 다음과 같이 변경해 봅니다.

실습파일 : 258.py

```
27 : while True:
28 :        HeartImage.get_bright(heart)
29 :
30 :        HeartImage.get_dark(heart)
```

**28 :** 이전 예제의 heart.get_bright() 함수는 HeartImage.get_bright(heart)로 대체되어 처리됩니다. heart 인자가 self 매개 변수를 통해 넘겨지게 됩니다.

**30 :** 이전 예제의 heart.get_dark() 함수는 HeartImage.get_dark(heart)로 대체되어 처리됩니다. heart 인자가 self 매개 변수를 통해 넘겨지게 됩니다.

**02** ⬇️ 을 눌러 마이크로비트로 다운로드합니다.

**03** 마이크로비트 보드의 디스플레이를 확인합니다. 이전 예제와 결과가 같습니다.

## 03-3 클래스 활용하기

여기서는 2개의 클래스 객체를 생성해 활용해 보도록 합니다.

**01** ●micro:bit 다음과 같이 예제를 작성합니다.

실습파일 : 258_2.py

```
01 : from microbit import *
02 :
03 : class HeartImage:
04 :     def __init__(self,px,py,pDELAY):
05 :             self.x =px
06 :             self.y =py
07 :             self.DELAY =pDELAY
08 :
09 :     def get_bright(self):
10 :             for m in range(0,10):
11 :                     for b in range(0,10):
12 :                             display.set_pixel(self.x[m],self.y[m],b)
13 :                             sleep(self.DELAY)
14 :
15 :     def get_dark(self):
16 :             for m in range(9,-1,-1):
```

```
17 :                         for b in range(9,-1,-1):
18 :                             display.set_pixel(self.x[m],self.y[m],b)
19 :                             sleep(self.DELAY)
20 :
21 : x_ring =[2,3,4,4,3,2,1,0,0,1]
22 : y_ring =[1,0,1,2,3,4,3,2,1,0]
23 :
24 : x_snow =[1,3,0,2,4,0,4,1,3,2]
25 : y_snow =[0,0,1,1,1,2,2,3,3,4]
26 :
27 : DELAY =10
28 :
29 : ring = HeartImage(x_ring,y_ring,DELAY)
30 : snow = HeartImage(x_snow,y_snow,DELAY)
31 :
32 : while True:
33 :     ring.get_bright()
34 :
35 :     ring.get_dark()
36 :
37 :     snow.get_bright()
38 :
39 :     snow.get_dark()
```

**21, 22** : 하트 모양을 따라 LED의 밝기를 조절하기 위해 필요한 LED 좌표의 집합입니다.

**24, 25** : 좌에서 우로 위에서 아래로 눈이 내리는 모양으로 LED의 밝기를 조절하기 위해 필요한 LED 좌표의 집합입니다.

**29** : 선을 따라 하트를 그릴 HeartImage 객체를 생성합니다.

**30** : 눈이 내리는 모양으로 하트를 그릴 HeartImage 객체를 생성합니다.

**33** : 하트 모양에 따라 LED를 점점 밝게 그립니다.

**35** : 하트 모양에 따라 LED를 점점 어둡게 그립니다.

**37** : 눈이 내리는 모양에 따라 LED를 점점 밝게 그립니다.

**39** : 눈이 내리는 모양에 따라 LED를 점점 어둡게 그립니다.


**02** ⬇ 을 눌러 마이크로비트로 다운로드합니다.

**03** 마이크로비트 보드의 디스플레이를 확인합니다. 하트 모양의 LED가 하나씩 밝아지고 반대 방향으로 하나씩 어두워지는 것을 확인합니다. 한 번은 하트 모양의 순서대로 밝아지고 어두워지고 한 번은 좌에서 우로 위에서 아래로 밝아지고 어두워집니다.

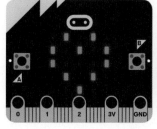 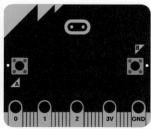

## 03-4 객체 함수 인자 살펴보기

함수의 인자는 함수를 호출하는 바깥 부분과 함수 안쪽을 연결해 주는 중요한 역할을 합니다. 함수의 인자는 단일 변수, 목록 변수, 클래스 변수인 객체가 올 수 있습니다. 여기서는 객체가 함수 인자로 전달되는 과정을 자세히 살펴봅니다.

### id 함수로 클래스와 객체 주소 확인하기

여기서는 id 함수를 이용하여 클래스와 객체의 주소를 확인해 봅니다. 클래스와 객체도 파이썬 쉘이 내부적으로 가지고 있습니다.

**01** ⏹micro:bit 다음과 같이 예제를 수정합니다.

실습파일 : 260.py

```
01 : class CWater:
02 :     def __init__(self, state):
03 :             self.state = state
04 :
05 : water = CWater("cold water")
06 :
07 : print("water@%#x" %id(water))
08 : print("CWater@%#x" %id(CWater))
09 :
10 : import microbit
11 : print("microbit@%#x" %id(microbit))
```

**01~03** : CWater 클래스를 정의합니다.
**05**     : water 변수를 선언한 후, CWater 클래스 변수인 객체로 초기화합니다.
**07**     : print 함수를 호출하여 water 변수의 주소를 출력합니다. %#x 형식은 16진수로 표시할 때 사용합니다.
**08**     : print 함수를 호출하여 CWater 클래스의 주소를 출력합니다. %#x 형식은 16진수로 표시할 때 사용합니다.
**10**     : microbit 모듈을 파이썬 쉘의 모듈 목록으로 가져옵니다.
**11**     : print 함수를 호출하여 microbit 모듈의 주소를 출력합니다. %#x 형식은 16진수로 표시할 때 사용합니다.

**02** 🗘 을 눌러 마이크로비트로 다운로드합니다.

**03** 🖥 putty 창을 확인합니다.

```
>>> water@0x20000210
CWater@0x20000320
microbit@0x29600
```

water 변수는 0x20000210, CWater 클래스는 0x20000320, microbit 모듈은 0x29600 번지에 있습니다. 이처럼 클래스, 객체, 모듈도 파이썬 쉘의 메모리 상에 존재합니다.

## 객체 매개 변수 항목 값 변경해 보기

여기서는 함수 내에서 객체 변수를 받아 객체의 속성을 변경해 봅니다.

**01** ⊙micro:bit 다음과 같이 예제를 수정합니다.

**실습파일 : 261.py**

```
01 : def boil(pwater):
02 :     print("pwater@%#x:%s" %(id(pwater), pwater.state))
03 :     pwater.state ="hot water"
04 :     print("pwater@%#x:%s" %(id(pwater), pwater.state))
05 :
06 : class CWater:
07 :     def __init__(self, state):
08 :             self.state = state
09 :
10 : water = CWater("cold water")
11 :
12 : print()
13 : print(" water@%#x:%s" %(id(water), water.state))
14 :
15 : boil(water)
16 :
17 : print(" water@%#x:%s" %(id(water), water.state))
```

**06~08** : CWater 클래스를 정의합니다.

**06** : water 변수를 CWater 객체로 초기화합니다. 객체 생성 시, "cold water"로 초기화합니다. 이렇게 하면 water는 객체 변수가 됩니다.

**13, 17** : water의 주소와 water.state 속성의 값을 출력합니다.

**02, 04** : pwater의 주소와 pwater.state 속성의 값을 출력합니다.

**03** : pwater.state 속성의 값을 "hot water" 문자열로 변경합니다.

**02** 🔁 을 눌러 마이크로비트로 다운로드합니다.

**03** 🖥 putty 창을 확인합니다.

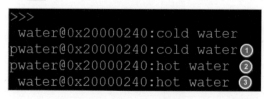

결과 화면에서 ❶에 오는 pwater 변수와 ❷에 오는 pwater 변수는 같은 변수입니다. 파이썬에서는 함수 내에서 매개변수로 넘어온 객체에 대해 속성의 값을 읽을 수도 쓸 수도 있습니다. 결과적으로 ❸에 오는 water 객체의 속성 값을 변경할 수 있습니다.

# 04 _ 마이크로비트 확장하기

독자 여러분은 2장 5절에서 마이크로비트 확장 핀을 이용하여 외부에 LED 회로를 구성한 후, write_digital 함수를 이용하여 LED를 제어해 보았습니다. 여기서는 확장 핀을 이용하는 방법을 계속해서 살펴보도록 합니다. 다음과 같은 순서로 확장 핀을 활용해 봅니다. 첫째, write_analog 함수를 이용하여 외부 LED의 밝기를 조절해 봅니다. 둘째, read_digital 함수를 이용하여 외부 버튼 값을 읽어 봅니다. 셋째, read_analog 함수를 이용하여 외부 센서 값을 읽어 봅니다. 넷째, music 클래스를 이용하여 외부에 연결된 부저를 통해 음악을 연주해 봅니다. 마지막으로 움직임을 만들어 내기 위해서 서보모터를 제어해 봅니다.

## 04-1 write_analog 함수 살펴보기

여기서는 P0 핀에 LED를 연결한 후, write_analog 함수를 이용하여 0~1023단계로 LED 밝기를 변경해 봅니다.

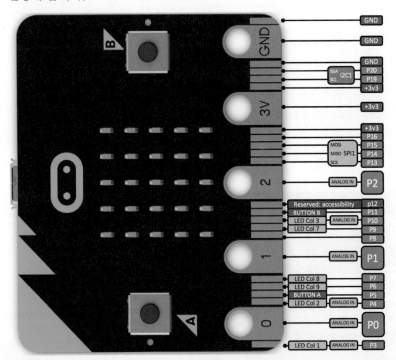

write_analog 함수는 pin0~pin20(pin17, pin18 제외)에 대해서 사용할 수 있습니다.

## LED 회로 구성하기

다음과 같이 회로를 구성합니다.

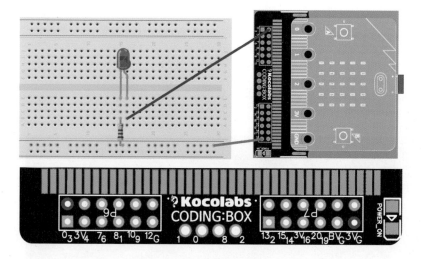

LED의 긴 핀(+)을 마이크로비트 확장 보드의 0번 핀에 연결합니다. LED의 짧은 핀(−)은 220 또는 330 Ohm 저항을 통해 G 핀에 연결합니다.

## LED 점점 밝아지게 무한 반복하기

먼저 0.01초 간격으로 LED의 밝기를 0~1023단계까지 10단계씩 증가시키면서 조절해 봅니다.

**01** ◉micro:bit 다음과 같이 예제를 작성합니다.

실습파일 : 263.py

```
01 : from microbit import *
02 :
03 : led_0 =pin0
04 : DELAY =10
05 :
06 : while True:
07 :     for b in range(0,1024,10):
08 :             led_0.write_analog(b)
09 :             sleep(DELAY)
```

**03** : led_0 변수를 선언한 후, pin0 모듈로 초기화합니다.
**04** : DELAY 변수를 선언한 후, 10으로 초기화합니다.
**06** : while True 문을 이용하여 7~9 줄을 무한 반복합니다.
**07** : for-in 문을 사용하여 b 변수 값을 0 이상부터 1024 미만까지 10 간격으로 변경하고 있습니다.
**08** : write_analog 함수를 호출하여 LED에 0, 10, 20, ... 1020의 HIGH 값을 주고 있습니다.
**09** : 10 밀리 초간 기다립니다.

**02** 📥 을 눌러 마이크로비트로 다운로드합니다.

**03** 결과를 확인합니다. 약 1초 간 0, 10, 20, ... 1020 단계로 LED의 밝기가 증가하는 것을 볼 수 있습니다.

## write_analog 함수 살펴보기

write_analog 함수는 pin0 모듈의 하위 함수입니다. write_analog 함수에 대해 살펴봅니다.

📟 putty 창에서 다음과 같이 명령을 수행해 봅니다. 먼저 Ctrl + C 키를 눌러 파이썬 스크립트의 수행을 멈춥니다.

```
>>> dir()
['b', 'pin2', 'pin0', 'pin1', 'pin3', 'pin6', 'pin13', 'pin4', 'uart', 'pin5', '
pin7', 'temperature', 'sleep', 'pin8', 'pin9', 'button_a', 'button_b', 'reset',
'__name__', 'i2c', 'pin11', 'pin10', 'spi', 'panic', 'Image', 'running_time', 'c
ompass', 'pin12', 'pin14', 'pin15', 'accelerometer', 'display', 'pin16', 'pin19'
, 'pin20', 'led_0', 'DELAY']
>>> pin0
<MicroBitTouchPin>
>>> dir(pin0)
['write_digital', 'read_digital', 'write_analog', 'read_analog', 'set_analog_per
iod', 'set_analog_period_microseconds', 'is_touched', 'PULL_UP', 'PULL_DOWN', 'N
O_PULL', 'get_pull', 'set_pull', 'get_mode']
>>> pin0.write_analog
<bound_method>
>>> help(pin0.write_analog)
micro:bit, write_analog(value) to the pin. You can use any value between
0 and 1023.
```

dir() 명령을 수행하여 파이썬 쉘의 작업 목록을 확인합니다. 밑줄 친 부분에 pin0 모듈이 표시되어 있습니다. pin0 모듈은 microbit 모듈에 포함된 하위 모듈입니다. pin0을 입력해 봅니다. 파이썬 쉘이 MicroBitTouchPin 모듈이라고 표시합니다. dir(pin0) 명령을 수행합니다. 밑줄 친 부분에 write_analog 함수가 표시되어 있습니다. write_analog 함수는 pin0 모듈에 포함된 함수입니다. pin0.write_analog 명령을 입력해 봅니다. 〈bound_method〉로 표시됩니다. pin0 모듈에 묶여있는 방법, 즉, pin0 모듈의 하위 함수라는 뜻입니다. help(pin0.write_analog) 명령을 입력해 봅니다. pin0.write_analog 함수에 대한 설명이 나옵니다. 0~1023 사이의 값을 사용할 수 있다는 뜻입니다.

write_analog 함수는 P0~P20(P17, 18 제외) 핀에 대해서 사용할 수 있습니다. 이 핀들은 microbit 모듈의 하위 모듈인 pin0~pin20(pin17, pin18 제외) 모듈을 이용하여 접근할 수 있습니다.

## 파형 폭 조절

write_analog 함수에 대해서 좀 더 자세히 살펴봅니다. 마이크로비트 보드의 핀들은 오디오 확장기와 같은 방식으로 아날로그 신호를 출력할 수 없습니다. 오디오 확장기는 핀에 전압을 조절해서 아날로그 신호를 출력합니다. 마이크로비트의 핀들은 3.3V 또는 0V 출력만 가능합니다. 그럼에도 불구하고, 해당 핀에 대해 빠른 속도로 3.3V와 0V 사이를 전환하고, 3.3V 또는 0V를 유지하는 시간을 조절하여 LED의 밝기나 모터의 속도를 조절할 수 있습니다. 이 기술을 파형 폭 조절(PWM : Pulse-Width Modulation)이라고 합니다. 그리고 이것이 write_analog 함수가 다음에서 수행하는 기술입니다.

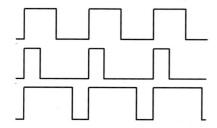

위에서 여러분은 세 가지 형태의 PWM 신호를 볼 수 있습니다. 세 가지 파형 모두 같은 주기(같은 주파수)를 가집니다. 그러나 다른 상위 신호(3.3V) 지속 시간을 가집니다.

첫 번째 파형은 write_analog(511)에 의해 생성될 수 있습니다. 이 파형은 정확히 50%의 3.3V 신호를 가집니다. 즉, 한 주기에 대해 반은 전원이 들어오는 상태이고 반은 전원이 꺼진 상태가 됩니다. 결과적으로 평균 전압은 1.65V가 됩니다.

두 번째 파형은 25%의 3.3V 신호를 가집니다. 이 파형은 write_analog(255)에 의해 생성될 수 있습니다. 결과적으로 평균 전압은 0.825V가 됩니다.

세 번째 파형은 75%의 3.3V 신호를 가집니다. 이 파형은 write_analog(767)에 의해 생성될 수 있습니다. 결과적으로 평균 전압은 2.475V가 됩니다.

이 원리는 모터나 LED와 같은 디바이스에 잘 동작합니다. 모터의 경우 아주 큰 관성을 가집니다. LED의 경우 아주 빠르게 깜빡이면 사람은 눈은 깜빡임을 감지할 수 없습니다.

### LED 점점 밝게 점점 어둡게 무한 반복하기

여기서는 LED 하나의 밝기를 0~1023단계까지 10단계씩 증가시키면서 0.01초 간격으로 점점 밝아졌다 점점 어두워지는 동작을 무한 반복하도록 해 봅니다.

01 ⚫micro:bit 다음과 같이 예제를 작성합니다.

실습파일 : 265.py

```
01 : from microbit import *
02 :
03 : led_0 =pin0
04 : DELAY =10
```

```
05 :
06 : while True:
07 :     for b in range(0,1024,10):
08 :             led_0.write_analog(b)
09 :             sleep(DELAY)
10 :
11 :     for b in range(1023,-1,-10):
12 :             led_0.write_analog(b)
13 :             sleep(DELAY)
```

**06**　　　: while True 문에 의해 7~13 줄을 무한 반복합니다.
**07~90** : LED의 밝기가 0~1023단계까지 10단계씩 0.01초 간격으로 점점 밝아집니다.
**11~13** : LED의 밝기가 1024~0단계까지 10단계씩 0.01초 간격으로 점점 어두워집니다.

**02** 🅰 을 눌러 마이크로비트로 다운로드합니다.

**03** 결과를 확인합니다. 약 1초 간 0, 10, 20, ... 1020 단계로 LED의 밝기가 점점 밝아졌다 점점 어두워지는
것을 볼 수 있습니다.

## 04-2 복잡한 LED 회로 제어하기

여기서는 3개의 LED를 한 줄로 연결해 보고 몇 가지 예제를 작성해 봅니다.

### 회로 구성하기

먼저 다음과 같이 회로를 구성합니다.

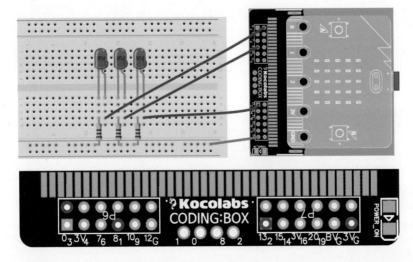

3개의 LED를 그림과 같이 배치합니다. 각각의 LED의 음극은 저항을 통해 G(GND)로 연결합니다. 3개의 LED의 양극을 왼쪽부터 차례대로 마이크로비트 확장 보드의 0, 1, 2번 핀에 그림과 같이 전선으로 연결합니다.

## LED 한 줄 점점 밝게 무한 반복하기

이제 LED 한 줄을 0~1023단계까지 10단계씩 증가시키면서 0.01초 간격으로 점점 밝아지는 동작을 무한 반복하도록 해 봅니다.

**01** micro:bit 다음과 같이 예제를 작성합니다.

실습파일 : 267.py

```
01 : from microbit import *
02 :
03 : led_0 =pin0
04 : led_1 =pin1
05 : led_2 =pin2
06 : DELAY =10
07 :
08 : while True:
09 :     for b in range(0,1024,10):
10 :             led_0.write_analog(b)
11 :             led_1.write_analog(b)
12 :             led_2.write_analog(b)
13 :             sleep(DELAY)
```

**03** : led_0 변수를 추가한 후, pin0 값을 대입합니다.
**04** : led_1 변수를 추가한 후, pin1 값을 대입합니다.
**05** : led_2 변수를 추가한 후, pin2 값을 대입합니다.
**06** : DELAY 변수를 추가한 후, 10 값을 대입합니다.
**08** : while True 문을 이용하여 9~13줄을 무한 반복합니다.
**09** : 0, 10, 20, … , 1020의 값 b에 대하여
**10** : write_analog 함수를 호출하여 led_0에 b 값을 줍니다.
**15** : write_analog 함수를 호출하여 led_1에 b 값을 줍니다.
**16** : write_analog 함수를 호출하여 led_2에 b 값을 줍니다.

**02** 🅰 을 눌러 마이크로비트로 다운로드합니다.
**03** 결과를 확인합니다. 약 1초 간 0, 10, 20, … 1020 단계로 3개의 LED의 밝기가 점점 밝아지는 것을 볼 수 있습니다.

## 목록 적용하기

여기서는 목록을 사용하여 led_0~led_2를 하나로 묶어봅니다.

**01** ⊙micro:bit 다음과 같이 예제를 작성합니다.

```
실습파일 : 268.py
01 : from microbit import *
02 :
03 : led =[pin0,pin1,pin2]
04 : DELAY =10
05 :
06 : while True:
07 :     for b in range(0,1024,10):
08 :             led[0].write_analog(b)
09 :             led[1].write_analog(b)
10 :             led[2].write_analog(b)
11 :             sleep(DELAY)
```

**03**　: pin0, pin1, pin2를 목록에 넣어 led 변수에 할당합니다. 이렇게 하면 led는 목록 변수가 됩니다.
**08~10** : led목록의 0~2번 항목인 led[0]~led[2]에 대하여 write_analog 함수를 호출하여 b 값을 줍니다. 꼭 기억해야 할 것은 목록의 항목은 1이 아닌 0에서 시작합니다. 즉, 이 예제에서 목록의 개수는 3개 이지만 목록의 번호는 0~2가 됩니다.

**02** 🖥 을 눌러 마이크로비트로 다운로드합니다.

**03** 결과를 확인합니다. 약 1초 간 0, 10, 20, ... 1020 단계로 3개의 LED의 밝기가 점점 밝아지는 것을 볼 수 있습니다.

## for-in 문 적용하기

이제 목록에 대한 반복된 동작을 for-in 문을 이용하여 간결하게 표현해 봅니다.

**01** ⊙micro:bit 다음과 같이 예제를 작성합니다.

```
실습파일 : 268_2.py
01 : from microbit import *
02 :
03 : led =[pin0,pin1,pin2]
04 : DELAY =10
05 :
06 : while True:
07 :     for b in range(0,1024,10):
08 :             for m in range(0,3):
09 :                     led[m].write_analog(b)
10 :             sleep(DELAY)
```

**08, 09** : 이전 예제의 8~10 줄의 반복된 동작을 for-in 문을 이용하여 정리합니다. 다음 그림을 참조합니다.

```
while True:
    for b in range(0,1024,10):
        led[0].write_analog(b)
        led[1].write_analog(b)
        led[2].write_analog(b)
        sleep(DELAY)


while True:
    for b in range(0,1024,10):
        for m in range(0,3):
            led[m].write_analog(b)
        sleep(DELAY)
```

**02** 🔁 을 눌러 마이크로비트로 다운로드합니다.

**03** 결과를 확인합니다. 약 1초 간 0, 10, 20, ... 1020 단계로 3개의 LED의 밝기가 점점 밝아지는 것을 볼 수 있습니다.

## LED 한 줄 점점 어둡게 무한 반복하기

이제 LED 한 줄을 1023~0단계까지 10단계씩 감소시키면서 0.01초 간격으로 점점 어두워지는 동작을 무한 반복하도록 해 봅니다.

**01** ⊙micro:bit 다음과 같이 예제를 작성합니다.

실습파일 : 269.py

```
01 : from microbit import *
02 :
03 : led =[pin0,pin1,pin2]
04 : DELAY =10
05 :
06 : while True:
07 :     for b in range(1023,-1,-10):
08 :         for m in range(0,3):
09 :             led[m].write_analog(b)
10 :         sleep(DELAY)
```

**07** : range 클래스로 넘어가는 인자를 변경합니다. range(1023,-1,-10)은 1023이하 -1초과 사이에 있는 -10 간격의 정수를 나타냅니다. 즉, 1023, 1013, 1003, ..., 13, 3을 나타냅니다.

**02** 🔁 을 눌러 마이크로비트로 다운로드합니다.

**03** 결과를 확인합니다. 약 1.1초 간 1023, 1013, 1003, ..., 13, 3 단계로 3개의 LED의 밝기가 점점 어두워지는 것을 볼 수 있습니다.

## LED 한줄 점점 밝게 점점 어둡게 무한 반복하기

여기서는 LED 한 줄의 밝기를 0단계에서 1023단계까지 10단계 단위로 0.01초 간격으로 점점 밝아졌다 점점 어두워지는 동작을 무한 반복하도록 해 봅니다.

**01** ⊙micro:bit 다음과 같이 예제를 작성합니다.

```
실습파일 : 270.py

01 : from microbit import *
02 :
03 : led =[pin0,pin1,pin2]
04 : DELAY =10
05 :
06 : while True:
07 :     for b in range(0,1024,10):
08 :             for m in range(0,3):
09 :                     led[m].write_analog(b)
10 :             sleep(DELAY)
11 :
12 :     for b in range(1023,-1,-10):
13 :             for m in range(0,3):
14 :                     led[m].write_analog(b)
15 :             sleep(DELAY)
```

**06** : while True 문에 의해 7~15 줄을 무한 반복합니다.
**07~10** : LED 한 줄의 밝기가 0단계에서 102단계까지 0.01초 간격으로 점점 밝아집니다.
**12~15** : LED 한 줄의 밝기가 102단계에서 0단계까지 0.01초 간격으로 점점 어두워집니다.

**02** ⬇ 을 눌러 마이크로비트로 다운로드합니다.

**03** 결과를 확인합니다. 약 2초 간 0, 10, 20, ..., 1010, 1020, 단계로 3개의 LED 점점 밝아졌다 1023, 1013, 1003, ..., 13, 3 단계로 점점 어두워지는 것을 볼 수 있습니다.

## sleep 함수 한 칸 밀어 넣기

앞의 예제에서 sleep 함수는 상위 for-in 문의 하위 동작입니다. 여기서는 sleep 함수를 한 칸 밀어 넣어 하위 for 문의 하위 동작을 만들어 봅니다. LED가 어떻게 표시될까요?

**01** `micro:bit` 다음과 같이 예제를 작성합니다.

```
01 : from microbit import *
02 :
03 : led =[pin0,pin1,pin2]
04 : DELAY =10
05 :
06 : while True:
07 :     for b in range(0,1024,10):
08 :             for m in range(0,3):
09 :                     led[m].write_analog(b)
10 :                     sleep(DELAY)
11 :
12 :     for b in range(1023,-1,-10):
13 :             for m in range(0,3):
14 :                     led[m].write_analog(b)
15 :                     sleep(DELAY)
```

**10 :** sleep 함수를 한 칸 밀어 넣어 8번째 줄에 있는 하위 for 문의 하위 동작이 되도록 합니다. 이렇게 하면 하위 for-in 문에 속하는 9, 10 줄이 순차적으로 수행됩니다. 예를 들어, 0 단계의 LED 밝기에 대해, 첫 번째 LED를 설정하고 10밀리 초 대기하고 두 번째 LED를 설정하고 10밀리 초 대기하고 하는 동작을 세 번째 LED까지 반복합니다. LED를 0 단계의 밝기에 대해 하나 설정할 때마다 10밀리 초 동안 대기를 합니다. 이렇게 하면 10밀리 초 간격으로 한 줄의 LED가 차례대로 밝아지며, 이러한 단계가 0~1023단계까지 10단계 단위로 반복됩니다.

**15 :** sleep 함수를 한 칸 밀어 넣어 13번째 줄에 있는 하위 for-in 문의 하위 동작이 되도록 합니다. 이렇게 하면 하위 for-in 문에 속하는 14, 15 줄이 순차적으로 수행됩니다. 예를 들어, 102 단계의 LED 밝기에 대해, 첫 번째 LED를 설정하고 10밀리 초 대기하고 두 번째 LED를 설정하고 10밀리 초 대기하고 하는 동작을 다섯 번째 LED까지 반복합니다. LED를 103 단계의 밝기에 대해 하나 설정할 때마다 10밀리 초 동안 대기를 합니다. 이렇게 하면 10밀리 초 간격으로 한 줄의 LED가 차례대로 어두워지며, 이러한 단계가 1023~0단계까지 10단계 단위로 반복됩니다.

**02** 🅐 을 눌러 마이크로비트로 다운로드합니다.

**03** 결과를 확인합니다. 3개의 LED가 0~1023 단계까지 10단계씩 0.01초 간격으로 점점 밝아졌다 어두워지는 동작을 무한 반복합니다.

## for-in 문 상하 바꿔보기 : b와 m 바꾸기

이전 예제는 LED의 밝기 하나하나에 대해 각각의 LED를 0.01초 간격으로 적용하였습니다. 예를 들어, 1단계의 밝기에 대해 LED 한 줄을 0.01초 간격으로 모두 적용한 후, 2단계의 밝기를 같은 방식으로 적용하였습니다. 여기서는 LED 하나하나에 대해 LED의 밝기를 0.01초 간격으로 적용해 봅니다. 예를 들어, 첫 번째 LED에 대해 0.01초 간격으로 LED의 밝기를 차례대로 적용하고, 두 번째 LED에 대해 같은 방식으로 적용해 봅니다.

**01** micro:bit 다음과 같이 예제를 작성합니다.

실습파일 : 272.py

```
01 : from microbit import *
02 :
03 : led =[pin0,pin1,pin2]
04 : DELAY =10
05 :
06 : while True:
07 :     for m in range(0,3):
08 :         for b in range(0,1024,10):
09 :             led[m].write_analog(b)
10 :             sleep(DELAY)
11 :
12 :     for m in range(0,3):
13 :         for b in range(1023,-1,-10):
14 :             led[m].write_analog(b)
15 :             sleep(DELAY)
```

**07** : LED 한 줄에 있는 각각의 LED가 차례대로
**08** : 밝기가 0단계에서 1023단계까지 10단계 단위로
**09, 10** : 0.01초 간격으로 점점 밝아집니다.
**12** : LED 한 줄에 있는 각각의 LED가 차례대로
**13** : 밝기가 1023단계에서 0단계까지 10단계 단위로
**14, 15** : 0.01초 간격으로 점점 어두워집니다.

**02** 을 눌러 마이크로비트로 다운로드합니다.
이전 예제에 대해 b와 m을 바꿨습니다. 다음 그림을 참조합니다.

```
while True:
    for b in range(0,1024,10):
        for m in range(0,3):
            led[m].write_analog(b)
            sleep(DELAY)

    for b in range(1023,-1,-10):
        for m in range(0,3):
            led[m].write_analog(b)
            sleep(DELAY)
```

```
while True:
    for m in range(0,3):
        for b in range(0,1024,10):
            led[m].write_analog(b)
            sleep(DELAY)

    for m in range(0,3):
        for b in range(1023,-1,-10):
            led[m].write_analog(b)
            sleep(DELAY)
```

**03** 결과를 확인합니다. 3개의 LED가 0~1023 단계까지 10단계 단위로 0.01초 간격으로 점점 밝아졌다 어두워지는 동작을 무한 반복합니다.

## range 반대로 하기

이전 예제는 LED가 밝아지는 순서대로 LED가 어두워집니다. 여기서는 range 클래스를 변경하여 LED가 어두워지는 순서를 바꾸어봅니다. 즉, 가장 먼저 밝아진 LED가 가장 나중에 어두워지고 가장 나중에 밝아진 LED가 가장 먼저 어두워지도록 해 봅니다.

**01** ⬤micro:bit 다음과 같이 예제를 작성합니다.

```
01 : from microbit import *
02 :
03 : led =[pin0,pin1,pin2]
04 : DELAY =10
05 :
06 : while True:
07 :     for m in range(0,3):
08 :             for b in range(0,1024,10):
09 :                     led[m].write_analog(b)
10 :                     sleep(DELAY)
11 :
12 :     for m in range(2,-1,-1):
13 :             for b in range(1023,-1,-10):
14 :                     led[m].write_analog(b)
15 :                     sleep(DELAY)
```

**13** : range 클래스로 넘어가는 인자를 변경합니다. range(2,-1,-1)은 2이하 -1초과 사이에 있는 -1 간격의 정수를 나타냅니다. 즉, 2, 1, 0을 나타냅니다.

**02** 🔧 을 눌러 마이크로비트로 다운로드합니다.

**03** 결과를 확인합니다. 3개의 LED가 하나씩 밝아지고 반대 방향으로 하나씩 어두워지는 것을 확인합니다.

## 04-3 read_digital 함수 살펴보기

여러분 다음 그림은 뭘까요? 바로 푸시 버튼입니다.

버튼을 이용해 LED를 켜거나 끄고 싶은데, 어떻게 버튼이 눌렸는지 떼졌는지 알 수 있을까요? 주인공은 바로 read_digital 함수입니다. pin0~pin20(pin17, pin18 제외)은 read_digital 함수를 통해 1 또는 0을 읽을 수 있는 핀들입니다.

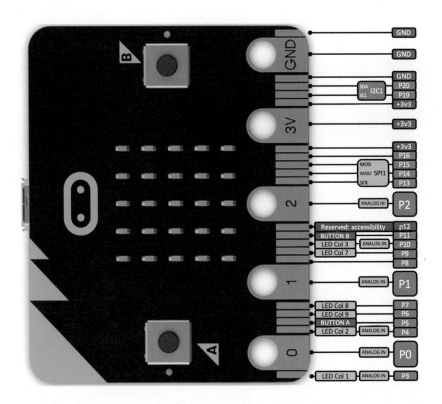

read_digital 함수는 할당된 핀이 3V 또는 GND에 연결된 상태에 따라 논리적으로 1, 0을 읽는 함수입니다. 할당된 핀이 3V에 연결되었을 경우엔 1이, GND에 연결되었을 때는 0을 읽게 됩니다.

## 0, 1 읽어보기

여기서는 read_digital 함수를 이용하여 간단하게 0과 1을 읽어봅니다.

**01** micro:bit 다음과 같이 예제를 작성합니다.

실습파일 : 274.py

```
01 : from microbit import *
02 :
03 : while True:
04 :     button_input = pin0.read_digital()
05 :     display.show(button_input)
```

**04 :** read_digital 함수를 이용하여 pin0 값을 읽은 후, button_input 변수에 저장합니다.
**05 :** display.show 함수를 호출하여 button_input 변수 값을 디스플레이로 출력합니다.
**02** 🖱️ 을 눌러 마이크로비트로 다운로드합니다.

**03** 그림과 같이 P0 핀을 3V 핀에 연결합니다.

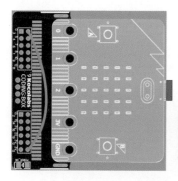

**04** 결과를 확인합니다. 다음과 같이 1 값이 출력되는 것을 볼 수 있습니다.

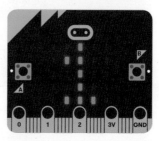

마이크로비트 보드에서 P0 핀을 3V에 연결하면 논리적으로 1 값이 입력됩니다.

**05** 이번엔 P0 핀을 0V(GND) 핀에 연결합니다.

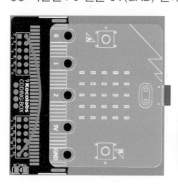

**06** 결과를 확인합니다. 다음과 같이 0 값이 출력되는 것을 볼 수 있습니다.

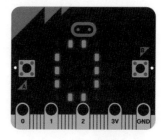

마이크로비트 보드에서 P0 핀을 0V에 연결하면 논리적으로 0 값이 입력됩니다.

※ 선이 연결되어 있지 않은 상태에서도 0 또는 1이 입력되기도 합니다. 이 경우 핀이 떠 있는 상태라고 하며 값이 정의되지 않은 상태입니다. 따라서 입력되는 값에 대해 논리적인 의미를 두지 않습니다.

### read_digital 함수 살펴보기

read_digital 함수는 pin0 모듈의 하위 함수입니다. read_digital 함수에 대해 살펴봅니다.

🖥 putty 창에서 다음과 같이 명령을 수행해 봅니다. 먼저 ctrl+c 키를 눌러 파이썬 스크립트의 수행을 멈춥니다.

```
>>> dir()
['pin2', 'pin0', 'pin1', 'pin3', 'pin6', 'pin13', 'pin4', 'uart', 'pin5', 'pin7'
, 'temperature', 'sleep', 'pin8', 'pin9', 'button_a', 'button_b', 'reset', '__na
me__', 'i2c', 'pin11', 'pin10', 'spi', 'panic', 'Image', 'running_time', 'compas
s', 'pin12', 'pin14', 'pin15', 'accelerometer', 'display', 'pin16', 'pin19', 'pi
n20', 'button_input']
>>> pin0
<MicroBitTouchPin>
>>> dir(pin0)
['write_digital', 'read_digital', 'write_analog', 'read_analog', 'set_analog_per
iod', 'set_analog_period_microseconds', 'is_touched', 'PULL_UP', 'PULL_DOWN', 'N
O_PULL', 'get_pull', 'set_pull', 'get_mode']
>>> pin0.read_digital
<bound_method>
>>> help(pin0.read_digital)
micro:bit, read_digital() value from the pin as either 0 (lo) or 1 (hi).
```

dir() 명령을 수행하여 파이썬 셸의 작업 목록를 확인합니다. 밑줄 친 부분에 pin0 모듈이 표시되어 있습니다. pin0 모듈은 microbit 모듈에 포함된 하위 모듈입니다. pin0을 입력해 봅니다. 파이썬 셸이 MicroBitTouchPin 모듈이라고 표시합니다. dir(pin0) 명령을 수행합니다. 밑줄 친 부분에 read_digital 함수가 표시되어 있습니다. read_digital 함수는 pin0 모듈에 포함된 함수입니다. pin0.read_digital 명령을 입력해 봅니다. 〈bound_method〉로 표시됩니다. pin0 모듈에 묶여있는 방법, 즉, pin0 모듈의 하위 함수라는 뜻입니다. help(pin0.read_digital) 명령을 입력해 봅니다. pin0.read_digital 함수에 대한 설명이 나옵니다. 0 또는 1을 pin에서 읽는다는 뜻입니다.

read_digital 함수는 P0~P20(P17, 18 제외) 핀에 대해서 사용할 수 있습니다. 이 핀들은 microbit 모듈의 하위 모듈인 pin0~pin20(pin17, pin18 제외) 모듈을 이용하여 접근할 수 있습니다.

## 04-4 푸시 버튼 입력받기

여기서는 버튼 회로를 구성해 보고 이전에 작성한 예제를 이용하여 버튼 값을 읽어봅니다.

### 푸시 버튼 살펴보기

일반적인 푸시 버튼의 모양은 다음과 같습니다.

다음과 같이 두 쌍의 핀이 있으며, 각 쌍은 내부적으로 연결되어 있습니다.

내부적인 연결은 다음과 같습니다.

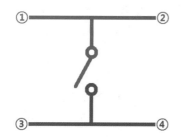

가운데 버튼을 누르면 양 쪽의 핀이 연결되는 구조입니다.

푸시 버튼을 나타내는 기호는 다음과 같고, 극성은 없습니다.

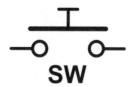

버튼 입력 회로는 일반적으로 다음과 같습니다.

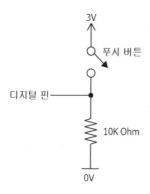

그림에서 디지털 핀은 버튼이 눌리지 않았을 때는 10K Ohm 저항을 통해 0V로 연결되며, 논리적으로 0 값이 입력됩니다(10K Ohm 저항 대신에 220 Ohm, 330 Ohm, 1K Ohm 저항을 사용하는 경우도 있습니다. 그러나 저항 값이 너무 낮으면 흐르는 전류량이 많아져 전력 소모가 심해집니다). 버

튼을 눌렀을 경우에 디지털 핀은 3V로 연결되며, 논리적으로 1 값이 입력됩니다. 저항이 없는 상태에서 버튼을 누를 경우 3V와 0V가 직접 연결되는 단락 회로(short-circuit)가 만들어지며, 이 경우 저항이 0Ω에 가까운 회로가 만들어집니다. 이럴 경우 옴의 법칙($I = V/R$)에 의해 아주 큰 전류가 흐르게 되고, 보호 회로가 없을 경우에 칩이 망가질 수 있습니다. 저항은 단락 회로를 방지하는 역할을 하게 됩니다.

버튼 입력 회로는 다음과 같이 구성할 수도 있습니다.

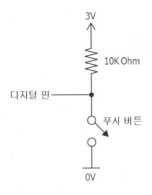

이 경우 디지털 핀은 버튼이 눌리지 않았을 때는 10K Ohm 저항을 통해 3V로 연결되며, 논리적으로 1 값이 입력됩니다. 버튼을 눌렀을 경우에 디지털 핀은 0V로 연결되며, 논리적으로 0 값이 입력됩니다.

## 버튼 회로 구성하기

다음과 같이 회로를 구성합니다.

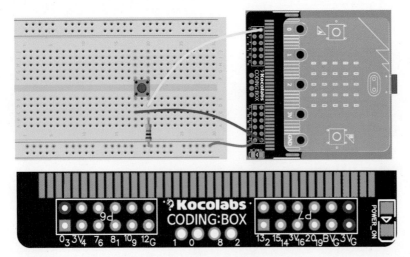

버튼의 한 쪽 핀을 3V로 연결합니다. 그림에서는 빨간색 전선 부분입니다. 버튼의 다른 쪽 핀을 10K Ohm 저항을 통해 G(GND)로 연결해 줍니다. 그림에서는 검은색 전선 부분입니다. 저항의 다른 쪽 핀을 마이크로비트 확장 보드의 0 핀에 연결합니다.

## 버튼 값 읽어 출력하기

**01** `micro:bit` 다음과 같이 예제를 작성합니다. 이전 예제와 같습니다.

실습파일 : 279.py

```
01 : from microbit import *
02 :
03 : while True:
04 :     button_input = pin0.read_digital()
05 :     display.show(button_input)
```

**04** : read_digital 함수를 이용하여 pin0 값을 읽은 후, button_input 변수에 저장합니다.
**05** : display.show 함수를 호출하여 button_input 변수 값을 디스플레이로 출력합니다.

**02** 🔽 을 눌러 마이크로비트로 다운로드합니다.

**03** 결과를 확인합니다. 버튼을 누르지 않은 상태에서는 다음과 같이 0 값이 출력되는 것을 볼 수 있습니다.

버튼을 눌러 봅니다. 그러면 다음과 같이 1 값이 출력되는 것을 볼 수 있습니다.

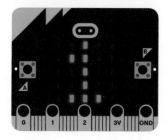

## 버튼 값에 따라 LED 켜고 끄기

여기서는 버튼을 누르면 디스플레이의 (0, 0) 위치에 있는 LED가 최대 밝기로 켜지고 버튼을 떼면 LED가 꺼지도록 프로그램을 작성해 보도록 합니다.

**❶** 회로 구성하기

다음과 같이 회로를 구성합니다. 이전 회로와 같습니다.

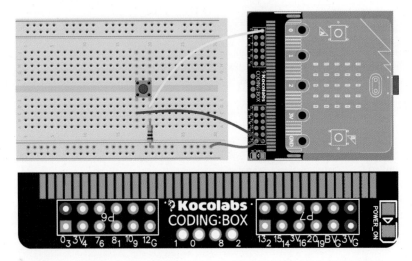

버튼의 한 쪽 핀을 3V로 연결합니다. 그림에서는 빨간색 전선 부분입니다. 버튼의 다른 쪽 핀을 10K Ohm 저항을 통해 G(GND)로 연결해 줍니다. 그림에서는 회색 전선 부분입니다. 저항의 다른 쪽 핀을 마이크로비트 확장 보드의 0 핀에 연결합니다.

**01** ⬤ micro:bit 다음과 같이 예제를 작성합니다.

```
실습파일 : 281.py

01 : from microbit import *
02 :
03 : while True:
04 :     button_input = pin0.read_digital()
05 :     print(button_input)
06 :     if button_input ==1:
07 :             display.set_pixel(0,0,9)
08 :     else:
09 :             display.set_pixel(0,0,0)
```

**04** : read_digital 함수를 이용하여 pin0 값을 읽은 후, button_input 변수에 저장합니다.
**05** : print 함수를 호출하여 button_input 변수 값을 putty로 출력합니다.
**06** : button_input 변수 값이 1이면
**07** : set_pixel 함수를 호출하여 디스플레이의 (0, 0) 픽셀을 최대 밝기로 설정합니다.
**08** : 그렇지 않으면
**09** : set_pixel 함수를 호출하여 디스플레이의 (0, 0) 픽셀을 끕니다.

**02** 🔧 을 눌러 마이크로비트로 다운로드합니다.

**03** 결과를 확인합니다. 버튼을 누르면 디스플레이의 (0,0) 픽셀이 켜지고 버튼을 떼면 꺼지는 것을 확인합니다.

## 버튼 읽고 LED 켜기

여기서는 버튼과 LED를 마이크로비트 보드의 확장핀에 연결한 후, 버튼을 누르면 LED가 켜지고 버튼을 떼면 LED가 꺼지도록 해 봅니다.

### ❶ 회로 구성하기

다음과 같이 회로를 구성합니다.

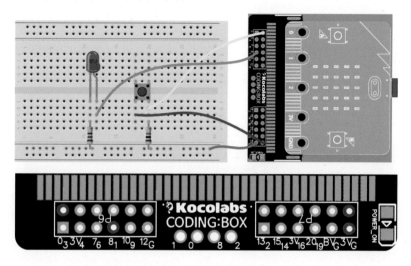

버튼의 한 쪽 핀을 3V로 연결합니다. 그림에서는 빨간색 전선 부분입니다. 버튼의 다른 쪽 핀을 10K Ohm 저항을 통해 G(GND)로 연결해 줍니다. 그림에서는 회색 전선 부분입니다. 저항의 다른 쪽 핀을 마이크로비트 확장 보드의 0핀에 연결합니다. LED의 짧은 핀을 200 Ohm이나 330 Ohm 저항을 통해 G로 연결해 줍니다. LED의 긴 핀을 1핀에 연결합니다. 그림에서는 하늘색 전선 부분입니다.

**01** ⬤ micro:bit 다음과 같이 예제를 작성합니다.

실습파일 : 282.py

```
01 : from microbit import *
02 :
03 : while True:
04 :     button_input = pin0.read_digital()
05 :     print(button_input)
06 :     if button_input ==1:
07 :             display.set_pixel(0,0,9)
08 :             pin1.write_digital(1)
09 :     else:
10 :             display.set_pixel(0,0,0)
11 :             pin1.write_digital(0)
```

**04 :** read_digital 함수를 이용하여 pin0 값을 읽은 후, button_input 변수에 저장합니다.
**05 :** print 함수를 호출하여 button_input 변수 값을 putty로 출력합니다.
**06 :** button_input 변수 값이 1이면
**07 :** set_pixel 함수를 호출하여 디스플레이의 (0, 0) 픽셀을 최대 밝기로 설정하고,
**08 :** write_digital 함수를 호출하여 pin1에 1값을 써서 LED를 켭니다.
**08 :** 그렇지 않으면
**09 :** set_pixel 함수를 호출하여 디스플레이의 (0, 0) 픽셀을 끄고,
**10 :** write_digital 함수를 호출하여 pin1에 0값을 써서 LED를 끕니다.

**02** 🔀 을 눌러 마이크로비트로 다운로드합니다.
**03** 결과를 확인합니다. 버튼을 누르면 디스플레이의 (0,0) 픽셀과 외부에 추가한 LED가 켜지고 버튼을 떼면 꺼지는 것을 확인합니다.

## 버튼을 누르고 있으면 LED 점점 밝아지기

여기서는 버튼을 누르고 있으면 디스플레이의 (0, 0) 위치에 있는 LED가 점점 밝아지고 버튼을 떼면 LED가 꺼지도록 프로그램을 작성해 보도록 합니다.

### ❶ 회로 구성하기

다음과 같이 회로를 구성합니다.

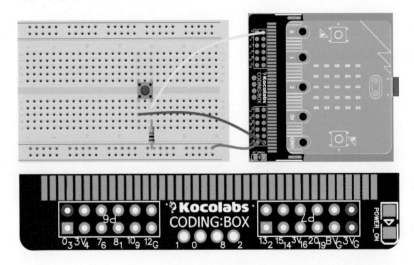

버튼의 한 쪽 핀을 3V로 연결합니다. 그림에서는 빨간색 전선 부분입니다. 버튼의 다른 쪽 핀을 10K Ohm 저항을 통해 G(GND)로 연결해 줍니다. 그림에서는 회색 전선 부분입니다. 저항의 다른 쪽 핀을 마이크로비트 확장 보드의 0 핀에 연결합니다.

**01** <micro:bit> 다음과 같이 예제를 작성합니다.

실습파일 : 283.py

```
01 : from microbit import *
02 :
03 : while True:
04 :     button_input = pin0.read_digital()
05 :     print(button_input)
06 :     if button_input ==1:
07 :             for b in range(0,10):
08 :                     display.set_pixel(0,0,b)
09 :                     sleep(100)
10 :     else:
11 :             display.set_pixel(0,0,0)
```

**06** : button_input 변수 값이 1이면
**07** : 0이상 10미만의 정수 값 b에 대해,
**08** : set_pixel 함수를 호출하여 디스플레이의 (0, 0) 픽셀의 값을 b값의 밝기로 설정하고,
**09** : sleep 함수를 호출하여 0.1초간 대기합니다.
**08** : write_digital 함수를 호출하여 pin1에 1 값을 써서 LED를 켭니다.
**10** : 그렇지 않으면
**11** : set_pixel 함수를 호출하여 디스플레이의 (0, 0) 픽셀을 끕니다.

**02** 🛠 을 눌러 마이크로비트로 다운로드합니다.

**03** 결과를 확인합니다. 버튼을 누르고 있으면 디스플레이의 (0,0) 픽셀의 밝기가 0.1초 간격으로 밝아지고 버튼을 떼면 꺼지는 것을 확인합니다.

## 디지털 주사위

여기서는 버튼을 누르고 있으면 디스플레이의 (0, 0)~(0, 4) 픽셀 중 하나가 켜지는 주사위 프로그램을 작성해 보도록 합니다.

❶ 회로 구성하기

다음과 같이 회로를 구성합니다. 이전 회로와 같습니다.

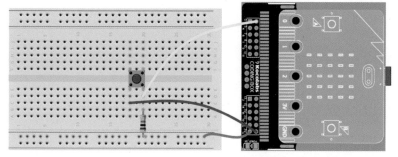

버튼의 한 쪽 핀을 3V로 연결합니다. 그림에서는 빨간색 전선 부분입니다. 버튼의 다른 쪽 핀을 10K Ohm 저항을 통해 G(GND)로 연결해 줍니다. 그림에서는 회색 전선 부분입니다. 저항의 다른 쪽 핀을 마이크로비트 확장 보드의 0 핀에 연결합니다.

**01** micro:bit 다음과 같이 예제를 작성합니다.

실습파일 : 285.py

```
01 : from microbit import *
02 :
03 : while True:
04 :     button_input = pin0.read_digital()
05 :     print(button_input)
06 :
07 :     if button_input ==1:
08 :         for x1 in range(0,5):
09 :             for x2 in range(0,5):
10 :                 display.set_pixel(x2,0,0)
11 :
12 :             display.set_pixel(x1,0,9)
13 :
14 :             button_input = pin0.read_digital()
15 :             if button_input ==0:
16 :                 break
17 :
18 :             sleep(50)
```

**07** : button_input 변수 값이 1이면

**08** : 0이상 5미만의 정수 값 x1에 대해,

**09** : 0이상 5미만의 정수 값 x2에 대해,

**10** : set_pixel 함수를 호출하여 디스플레이의 (x2, 0) 픽셀을 끕니다. 즉, (0, 0)~(4, 0) 픽셀을 모두 끕니다.

**12** : set_pixel 함수를 호출하여 디스플레이의 (0, 0) 픽셀의 값을 최대 밝기로 설정합니다.

**14** : read_digital 함수를 이용하여 pin0 값을 읽은 후, button_input 변수에 저장한 후,

**15** : button_input 변수 값이 0이면

**16** : break 문을 이용하여 8줄의 for~in 문을 빠져 나옵니다.

**18** : 0.05 초간 기다립니다. 이 부분을 조절하면 (0, 0)~(4, 0) 위치의 픽셀 불빛이 이동하는 속도를 조절할 수 있습니다.

**02** 을 눌러 마이크로비트로 다운로드합니다.

**03** 결과를 확인합니다. 버튼을 누르고 있으면 디스플레이의 (0, 0)~(4, 0) 위치의 픽셀 불빛이 빠르게 이동하고 버튼을 떼는 순간에 하나의 픽셀이 켜진 상태로 멈추는 것을 볼 수 있습니다. 다음은 (1, 0) 픽셀에서 멈춘 상황을 보여줍니다.

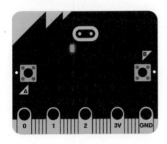

## 04-5 read_analog 함수 살펴보기

다음은 조이스틱입니다. 우리는 조이스틱을 이용하여 게임을 조종할 수 있습니다. 조이스틱은 손잡이의 상하좌우 위치 값을 읽을 수 있는 센서입니다.

다음은 가변저항입니다. 회전 센서라고도 하며 일정 범위 내에서 회전한 정도를 측정합니다.

다음은 Cds라고 하는 빛 센서입니다. 빛의 밝기를 측정할 수 있는 센서입니다.

앞의 센서들을 마이크로비트에 장착하면 마이크로비트는 할 수 있는 일들이 점점 많아집니다. 이러한 센서들을 읽을 수 있는 주인공은 바로 read_analog 함수입니다.

read_analog 함수는 마이컴 내부의 ADC 모듈을 제어하여 센서 값을 읽는 역할을 합니다. 아날로그 입력 핀으로 입력되는 0~3V의 전압 값을 논리적으로 0~1023 사이의 정수 값으로 바꿔주는 함수입니다. 우리는 read_analog 함수를 이용하여 ADC 모듈에 연결된 센서 값을 읽을 수 있습니다.

## ADC값 간편하게 읽어보기

여기서는 pin0 모듈에 대해 read_analog 함수를 이용하여 G, 3V 값을 읽어봅니다.

**01** ⬡micro:bit 다음과 같이 예제를 작성합니다.

실습파일 : 287.py

```
01 : from microbit import *
02 :
03 : while True:
04 :     sensor_input = pin0.read_analog()
05 :     print(sensor_input)
```

**04** : read_analog 함수를 이용하여 pin0 값을 읽은 후, sensor_input 변수에 저장합니다.
**05** : print 함수를 호출하여 sensor_input 변수 값을 putty 창으로 출력합니다.

**02** 🛠 을 눌러 마이크로비트로 다운로드합니다.
**03** 그림과 같이 P0 핀을 3V 핀에 연결합니다.

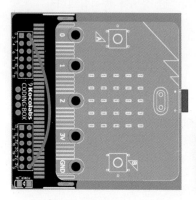

**04** 결과를 확인합니다. 다음과 같이 putty 창에 1023 값이 출력되는 것을 볼 수 있습니다.

1023
1023
1023
1023
1023

마이크로비트 보드에서 P0 핀을 3V에 연결하면 논리적으로 최대값 1023이 입력됩니다. 마이크로비트 보드에서 아날로그 입력 값은 0V~3V 범위의 값이 되어야 하며, 논리적으로 0~1023에 대응됩니다.

**05** 이번엔 P0 핀을 0V(GND) 핀에 연결합니다.

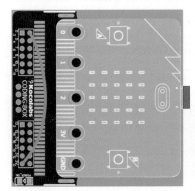

**06** 결과를 확인합니다. 다음과 같이 putty 창에 0에 가까운 2값이 출력되는 것을 볼 수 있습니다.

2
2
2
2
2

마이크로비트 보드에서 P0 핀을 0V에 연결하면 논리적으로 최소값 0이 입력됩니다.

### read_analog 함수 살펴보기

read_analog 함수는 pin0 모듈의 하위 함수입니다. read_analog 함수에 대해 살펴봅니다.

putty 창에서 다음과 같이 명령을 수행해 봅니다.

```
>>> dir()
['pin2', 'pin0', 'pin1', 'pin3', 'pin6', 'pin13', 'pin4', 'uart', 'pin5', 'pin7'
, 'temperature', 'sleep', 'pin8', 'pin9', 'button_a', 'button_b', 'reset', '__na
me__', 'i2c', 'pin11', 'pin10', 'spi', 'panic', 'Image', 'running_time', 'compas
s', 'pin12', 'pin14', 'pin15', 'accelerometer', 'display', 'pin16', 'pin19', 'pi
n20']
>>> pin0
<MicroBitTouchPin>
>>> dir(pin0)
['write_digital', 'read_digital', 'write_analog', 'read_analog', 'set_analog_per
iod', 'set_analog_period_microseconds', 'is_touched', 'PULL_UP', 'PULL_DOWN', 'N
O_PULL', 'get_pull', 'set_pull', 'get_mode']
>>> pin0.read_analog
<bound_method>
>>> help(pin0.read_analog)
micro:bit, read_analog() value from the pin. Wow, analog has lots of values
(0 - 65535). Digital has only 0 and 1.
>>>
```

dir() 명령을 수행하여 파이썬 쉘의 작업 목록를 확인합니다. 밑줄 친 부분에 pin0 모듈이 표시되어 있습니다. pin0 모듈은 microbit 모듈에 포함된 하위 모듈입니다. pin0을 입력해 봅니다. 파이썬 쉘이 MicroBitTouchPin 모듈이라고 표시합니다. dir(pin0) 명령을 수행합니다. 밑줄 친 부분에 read_analog 함수가 표시되어 있습니다. read_analog 함수는 pin0 모듈에 포함된 함수입니다. pin0.read_analog 명령을 입력해 봅니다. 〈bound_method〉로 표시됩니다. pin0 모듈에 묶여있는 방법, 즉, pin0 모듈의 하위 함수라는 뜻입니다. help(pin0.read_analog) 명령을 입력해 봅니다. pin0.read_analog 함수에 대한 설명이 나옵니다. pin에서 값을 읽는다는 뜻입니다. 값은 (0 - 65535) 사이의 정수 값입니다. 실제로는 0~1024 사이의 정수 값이 나옵니다.

read_analog 함수는 pin0~pin20(pin17, pin18 제외)에 대해서 사용할 수 있습니다.

## 04-6 가변저항 입력받기

여기서는 가변저항을 살펴보고, 가변저항 회로를 구성한 후, 가변저항을 돌려보면서 그 입력 값을 확인해 봅니다. 또, LED 회로를 추가한 후, 가변저항 값에 따라 LED 출력을 제어해 봅니다.

### 가변저항 살펴보기

본 책에서 사용할 가변저항의 모양은 다음과 같습니다.

가변저항은 세 개의 핀으로 구성됩니다.

가변저항의 내부 구조는 다음과 같습니다.

가변저항은 극성이 없으며 A 핀을 3V, B 핀을 GND 또는 반대로 A 핀을 GND, B 핀을 3V로 연결을 해줍니다. W 핀은 마이크로비트의 확장 핀으로 연결되며 내부 막대의 위치에 따라 W 핀에 연결된 아날로그 값이 정해집니다.

앞의 그림은 다음과 같이 표시할 수 있습니다.

A와 B를 잡아 늘리면 다음 그림과 같이 표시할 수 있습니다.

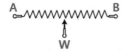

회전 막대가 움직이는 것은 W핀이 A와 B 사이를 움직이는 것과 같습니다. A 핀을 VCC, B핀을 GND에 연결한 상태에서 W핀이 A핀에 가까워질수록 W핀은 VCC에 가까워지고, 반대로 B핀에 가까워질수록 GND에 가까워집니다. W핀이 아날로그 핀에 연결되어 있으면 해당 전압이 아날로그 핀으로 입력됩니다.

가변저항의 기호는 다음 기호 1과 같습니다. 또는 기호 2화 같이 표시합니다.

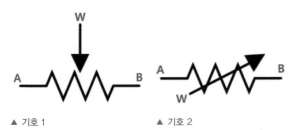

▲ 기호 1                    ▲ 기호 2

## 가변저항 입력 값 확인하기

❶ 가변저항 회로 구성하기

다음과 같이 가변저항 회로를 구성합니다.

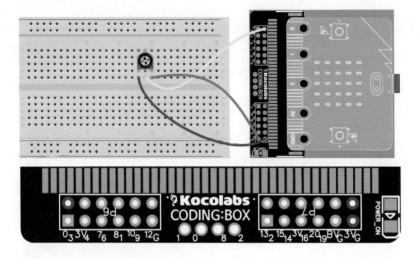

가변저항의 양쪽 끝 핀을 마이크로비트 확장 보드의 3V, G에 연결합니다. 가변저항의 중앙 핀을 마이크로비트 확장 보드의 0번핀에 연결합니다.

❷ 스크립트 작성하기

01 ⬤micro:bit 다음과 같이 예제를 작성합니다. 이전 예제와 같습니다.

실습파일 : 291.py

```
01 : from microbit import *
02 :
03 : while True:
04 :     sensor_input = pin0.read_analog()
05 :     print(sensor_input)
```

02 🅰 을 눌러 마이크로비트로 다운로드합니다.

03 결과를 확인합니다. 가변저항을 다음 값이 나올 때까지 한쪽 끝까지 돌려봅니다.

```
1023
1023
1023
1023
1023
```

가변저항을 다음 값이 나올 때까지 반대쪽 끝까지 돌려봅니다.

가변저항을 다음 정도의 값이 나올 때까지 중간 정도로 돌려봅니다.

가변저항을 이용하면 0~1023 사이의 값이 나오는 것을 확인할 수 있습니다.

## 가변저항 값에 따라 LED 밝기 조절하기

여기서는 가변저항 값에 따라 디스플레이의 (0, 0) 픽셀의 밝기를 조절하는 예제를 수행해 보도록 합니다.

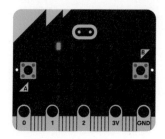

❶ 회로 구성하기

먼저 다음과 같이 회로를 구성합니다. 이전 회로와 같습니다.

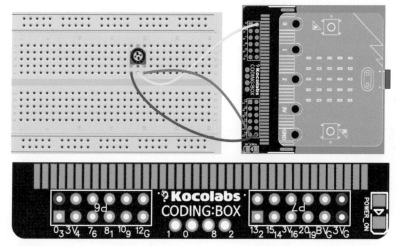

❷ 스크립트 작성하기

01 ⓒmicro:bit 다음과 같이 예제를 작성합니다.

```
실습파일 : 293.py

01 : from microbit import *
02 :
03 : while True:
04 :     sensor_input = pin0.read_analog()
05 :     print(sensor_input)
06 :
07 :     display.set_pixel(0,0,sensor_input //114)
```

04 : rcad_analog 함수를 이용하여 pin0 값을 읽은 후, sensor_input 변수에 저장합니다.

05 : print 함수를 호출하여 sensor_input 변수 값을 putty 창으로 출력합니다.

07 : display.set_pixel 함수를 호출하여 디스플레이의 (0, 0) 픽셀로 sensor_input 값을 114로 나눈 값을 내보냅니다. display. set_pixel 함수를 이용해 디스플레이의 (0, 0) 픽셀로 내보낼 수 있는 값의 범위는 0~9 사이의 값이므로 sensor_input 값을 114로 나눈 몫을 내보내도록 합니다. 0~1023 사이의 값을 114로 나누면 0~9 사이의 값에 대응됩니다.

02 🅐 을 눌러 마이크로비트로 다운로드합니다.

03 결과를 확인합니다. 가변저항을 돌려서 디스플레이의 (0, 0) 픽셀의 밝기가 변하는 것을 확인합니다. 가변저항 값을 한쪽 끝으로 돌리면 디스플레이의 (0, 0) 픽셀이 꺼지고 반대쪽 끝으로 돌리면 최대 밝기가 됩니다.

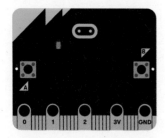

## 디지털 LED 막대 측정기

여기서는 디스플레이의 (0, 0)~(0, 5) 픽셀에 대해 가변저항을 회전한 만큼의 픽셀이 켜지도록 합니다. 가변저항의 입력 값은 0~1023 사이의 값인데 이 구간을 6으로 나눕니다. 그러면, 170, 340, 510, 680, 850과 같이 5개의 경계점이 생깁니다. 다음과 같이 각 경계점을 지날 때마다 LED가 하나씩 켜지도록 합니다.

**❶** 회로 구성하기

다음과 같이 회로를 구성합니다. 이전 회로와 같습니다.

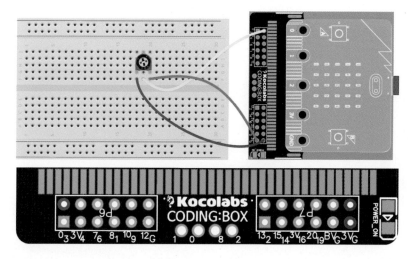

**❷** 스크립트 작성하기

**01** ⊂micro:bit 다음과 같이 예제를 작성합니다.

실습파일 : 294.py

```
01 : from microbit import *
02 :
03 : while True:
04 :     sensor_input = pin0.read_analog()
05 :     print(sensor_input)
06 :
07 :     if sensor_input >1024 //6 *(1 +0):
08 :             display.set_pixel(0,0,9)
09 :     else: display.set_pixel(0,0,0)
10 :
11 :     if sensor_input >1024 //6 *(1 +1):
12 :             display.set_pixel(1,0,9)
13 :     else: display.set_pixel(1,0,0)
14 :
15 :     if sensor_input >1024 //6 *(1 +2):
16 :             display.set_pixel(2,0,9)
17 :     else: display.set_pixel(2,0,0)
18 :
19 :     if sensor_input >1024 //6 *(1 +3):
20 :             display.set_pixel(3,0,9)
21 :     else: display.set_pixel(3,0,0)
22 :
23 :     if sensor_input >1024 //6 *(1 +4):
24 :             display.set_pixel(4,0,9)
25 :     else: display.set_pixel(4,0,0)
```

**04** : read_analog 함수를 이용하여 pin0 값을 읽은 후, sensor_input 변수에 저장합니다.

**05** : print 함수를 호출하여 sensor_input 변수 값을 putty 창으로 출력합니다.

**07** : sensor_input 값이 1024//6*(1+0) 보다 크면, 즉, 170 보다 크면

**08** : display.set_pixel 함수를 호출하여 첫 번째 LED를 켭니다.

**09** : 그렇지 않으면 즉, sensor_input 값이 170 보다 작거나 같으면 첫 번째 LED를 끕니다.

**11~25** : 나머지 LED에 대해서도 같은 방식으로 해당 LED의 경계 값을 넘어가면 LED를 켜고 그렇지 않으면 LED를 끕니다.

각 LED를 켜는 경계 값에 대해서는 다음 그림을 참조합니다.

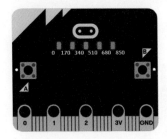

**02** 🔌 을 눌러 마이크로비트로 다운로드합니다.

**03** 결과를 확인합니다. 가변저항을 돌려 5개의 LED가 차례대로 켜지고 꺼지는지 확인합니다.

**❸ for-in 문으로 일반화하기**

앞의 예제는 여섯 개의 if~else 문이 반복됩니다. 반복된 동작의 경우는 for-in 문을 이용하여 간단하게 표현할 수 있습니다. 여기서는 앞의 예제를 for-in 문을 이용하여 일반화해 봅니다.

**01** ⬅️micro:bit 다음과 같이 예제를 작성합니다.

실습파일 : 296.py

```
01 : from microbit import *
02 :
03 : while True:
04 :     sensor_input = pin0.read_analog()
05 :     print(sensor_input)
06 :
07 :     for x in range(0,5):
08 :         if sensor_input >1024 //6 *(1 +x):
09 :             display.set_pixel(x,0,9)
10 :         else: display.set_pixel(x,0,0)
```

07~10 : 5개의 반복된 if~else 문을 for-in 문 하나로 표현하였습니다.

```
if sensor_input >1024 //6 *(1 +0):        for x in range(0,5):
    display.set_pixel(0,0,9)         0        if sensor_input >1024 //6 *(1 +x):      하나의 동작으로
else: display.set_pixel(0,0,0)                    display.set_pixel(x,0,9)          일반화
                                              else: display.set_pixel(x,0,0)
if sensor_input >1024 //6 *(1 +1):
    display.set_pixel(1,0,9)         1
else: display.set_pixel(1,0,0)

if sensor_input >1024 //6 *(1 +2):
    display.set_pixel(2,0,9)         2    5개의 반복된
else: display.set_pixel(2,0,0)            if~else 문

if sensor_input >1024 //6 *(1 +3):
    display.set_pixel(3,0,9)         3
else: display.set_pixel(3,0,0)

if sensor_input >1024 //6 *(1 +4):
    display.set_pixel(4,0,9)         4
else: display.set_pixel(4,0,0)
```

02 🔧 을 눌러 마이크로비트로 다운로드합니다.

03 결과를 확인합니다. 이전 예제와 같이 테스트합니다. 가변저항을 돌려 5개의 LED가 차례대로 켜지고 꺼지는지 확인합니다.

## 아날로그 LED 막대 측정기

여기서는 디스플레이의 (0, 0)~(0, 5) 픽셀에 대해 가변저항을 회전한 만큼 LED가 차례대로 밝아지도록 합니다. 가변저항의 입력 값은 0~1023 사이의 값인데 이 구간을 5로 나눕니다(이전 예제에서는 6으로 나누었지만 여기서는 5로 나눕니다). 그러면 205, 408, 612, 816과 같이 4개의 경계점이 생깁니다. 다음과 같이 가변저항의 입력 값이 0부터 시작해 각 경계점을 지날 때마다 LED가 하나씩 밝아지도록 합니다.

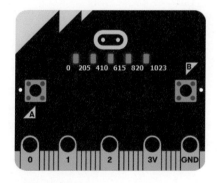

❶ 회로 구성하기

다음과 같이 회로를 구성합니다. 이전 회로와 같습니다.

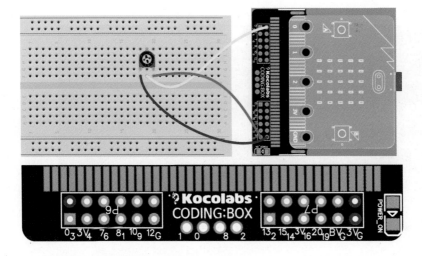

❷ 스크립트 작성하기

01 ⬛micro:bit 다음과 같이 예제를 작성합니다.

실습파일 : 297.py

```
01 : from microbit import *
02 :
03 : while True:
04 :     sensor_input = pin0.read_analog()
05 :     print(sensor_input //205)
06 :
07 :     if (sensor_input //205)>=(1 +0):
08 :             display.set_pixel(0,0,9)
09 :     elif (sensor_input //205)>=(0 +0):
10 :             display.set_pixel(0,0,int(sensor_input%205 /205 *9))
11 :     else: display.set_pixel(0,0,0)
12 :
13 :     if (sensor_input //205)>=(1 +1):
14 :             display.set_pixel(1,0,9)
15 :     elif (sensor_input //205)>=(0 +1):
16 :             display.set_pixel(1,0,int(sensor_input%205 /205 *9))
17 :     else: display.set_pixel(1,0,0)
18 :
19 :     if (sensor_input //205)>=(1 +2):
20 :             display.set_pixel(2,0,9)
21 :     elif (sensor_input //205)>=(0 +2):
22 :             display.set_pixel(2,0,int(sensor_input%205 /205 *9))
23 :     else: display.set_pixel(2,0,0)
24 :
25 :     if (sensor_input //205)>=(1 +3):
26 :             display.set_pixel(3,0,9)
27 :     elif (sensor_input //205)>=(0 +3):
28 :             display.set_pixel(3,0,int(sensor_input%205 /205 *9))
29 :     else: display.set_pixel(3,0,0)
```

```
30 :
31 :        if (sensor_input //205)>=(1 +4):
32 :                display.set_pixel(4,0,9)
33 :        elif (sensor_input //205)>=(0 +4):
34 :                display.set_pixel(4,0,int(sensor_input%205 /205 *9))
35 :        else: display.set_pixel(4,0,0)
```

**04** : read_analog 함수를 이용하여 pin0 값을 읽은 후, sensor_input 변수에 저장합니다.

**05** : print 함수를 호출하여 sensor_input 변수 값을 putty 창으로 출력합니다.

**07** : sensor_input 값을 205로 나눈 몫이 1 이상이면, 즉 sensor_input 값이 205 이상이면

**08** : display.set_pixel 함수를 호출하여 첫 번째 LED가 최대 밝기가 되도록 합니다.

**09** : 그렇지 않고 sensor_input 값을 205로 나눈 값이 0 이상이면, 즉, sensor_input 값이 0보다 크고 205 이하이면

**10** : display.set_pixel 함수를 호출하여 sensor_input 값을 205로 나눈 나머지 값(0~204이하 값)을 205로 나누어 0.0~1.0미만 값으로 만든 후, 9를 곱해 0.0~9.00이하의 실수 값으로 변경한 후, int 키워드를 이용해 0~90이하의 정수 값으로 만든 값을 씁니다.

**11** : 그렇지 않으면 첫 번째 LED를 끕니다.

**13~35** : 나머지 LED에 대해서도 같은 방식으로 밝기를 조절합니다.

각 LED의 밝기를 조절하는 경계 값에 대해서는 다음 그림을 참조합니다.

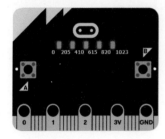

02 🅰 을 눌러 마이크로비트로 다운로드합니다.

03 결과를 확인합니다. 가변저항을 돌려 5 개의 LED가 차례대로 밝아지는지 확인합니다.

❸ for-in 문으로 일반화하기

앞의 예제는 여섯 개의 if~elif~else 문이 반복됩니다. 반복된 동작의 경우는 for-in 문을 이용하여 간단하게 표현할 수 있습니다. 여기서는 앞의 예제를 for-in 문을 이용하여 일반화해 봅니다.

01 ⓒmicro:bit 다음과 같이 예제를 작성합니다.

실습파일 : 299.py

```
01 : from microbit import *
02 :
03 : while True:
04 :     sensor_input = pin0.read_analog()
05 :     print(sensor_input //205)
06 :
```

```
07 :        for x in range(0,5):
08 :                if (sensor_input //205)>=(1 +x):
09 :                        display.set_pixel(x,0,9)
10 :                elif (sensor_input //205)>=(0 +x):
11 :                        display.set_pixel(x,0,int(sensor_input%205 /205 *9))
12 :                else: display.set_pixel(x,0,0)
```

**07~12** : 5개의 반복된 if~elif~else 문을 for-in 문 하나로 표현하였습니다.

**02** 🅐 을 눌러 마이크로비트로 다운로드합니다.

**03** 결과를 확인합니다. 이전 예제와 같이 테스트합니다. 가변저항을 돌려 5 개의 LED가 차례대로 밝아지는지 확인합니다.

## 04-7 빛 센서로 밝기 측정하기

여기서는 빛 센서를 빛에 노출시키거나 가려가면서 빛 센서의 값을 읽어보도록 합니다.

### 빛 센서 살펴보기

빛 센서의 모양은 다음과 같습니다.

빛 센서는 두 개의 핀을 갖고, 극성은 없습니다.

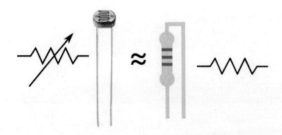

빛 센서는 빛의 양에 따라 값이 변하는 가변저항과 같습니다.

빛 센서의 회로는 일반적으로 다음과 같이 구성합니다.

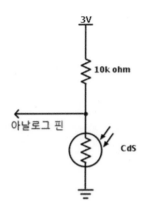

10K Ω 저항과 직렬로 연결합니다. 빛 센서로 입력되는 빛의 양에 따라 저항 값이 달라집니다. 빛의 양이 적을수록, 즉 어두울수록 저항 값은 높아지고, 빛의 양이 많을수록 저항 값은 낮아집니다.

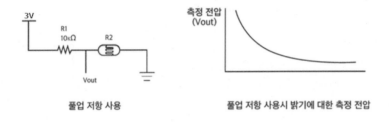

풀업 저항 사용                    풀업 저항 사용시 밝기에 대한 측정 전압

## 빛 센서 회로 구성하기

다음과 같이 회로를 구성합니다.

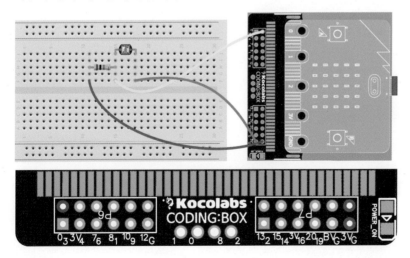

빛 센서의 한쪽 끝을 10K Ohm 저항과 연결합니다. 빛 센서의 다른 쪽 끝은 G에 연결합니다. 저항의 다른 쪽 끝은 3V에 연결합니다. 빛 센서와 가변저항이 만나는 부분을 마이크로비트 확장 보드의 0 핀에 연결합니다.

## 빛 센서 값 읽어보기

여기서는 빛 센서를 빛에 노출시키거나 가려가면서 빛 센서의 값을 읽어보도록 합니다.

**01** ⊙micro:bit 다음과 같이 예제를 작성합니다.

실습파일 : 301.py

```
01 : from microbit import *
02 :
03 : while True:
04 :     sensor_input = pin0.read_analog()
05 :     print(sensor_input)
```

**02** 🖳 을 눌러 마이크로비트로 다운로드합니다.

**03** 결과를 확인합니다. 빛 센서를 빛에 노출시키거나 빛으로부터 가려가면서 값이 변하는 것을 확인합니다. 밝아질수록 값이 적게 나오는 것을 확인합니다.

| |
|---|
| 140 |
| 138 |
| 137 |
| 136 |
| 137 |
| 138 |

## 04-8 조이스틱으로 조종하기

이 책에서 사용하는 조이스틱의 모양은 다음과 같습니다.

조이스틱은 손잡이를 이용하여 전후좌우, 대각선 방향을 포함한 모든 방향의 움직임을 감지할 수 있는 기구입니다. 조이 스틱은 2개의 가변저항과 1개의 푸시 버튼으로 구성됩니다. 2개의 가변저항은 어떤 방향으로 가변저항이 눌렸는지를 나타냅니다. 스위치는 조이스틱 손잡이가 눌렸을 때 LOW 값을 보냅니다.

## 조이스틱 핀 살펴보기

조이스틱은 마이크로비트와 5개의 핀으로 연결됩니다. 3 핀은 마이크로비트로의 입력 핀이며, 나머지 2 핀은 VCC와 GND로 연결됩니다.

## 조이스틱의 구조

조이스틱의 구조는 아래 그림과 같습니다. 조이스틱을 양 방향으로 끝까지 움직이면 가변저항은 VCC 또는 GND에 해당하는 출력 전압을 제공합니다.

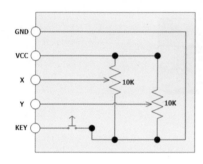

## 조이스틱 출력 방향

조이스틱의 손잡이로 제어하기 위해 여러분은 어떤 방향이 X이고 어떤 방향이 Y인지를 이해해야합니다. 그리고 여러분은 조이스틱 손잡이가 X 방향으로 움직이는지 Y 방향으로 움직이는지를 알고 있어야 합니다. 여기서 우리는 아날로그 입력을 사용하여 조이스틱 손잡이의 위치를 측정합니다. 아날로그 입력은 0~1023 사이의 범위 값을 제공합니다. 아래 그림은 X, Y 방향을 보여줍니다. 그리고 조이스틱의 손잡이가 여러 방향으로 움직일 때 어떤 출력 값들이 나올지 보여줍니다.

## 마이크로비트와의 연결

다음은 조이스틱을 마이크로비트 확장 보드와 연결한 그림입니다. 푸시 버튼과 디지털 입력 사이에
풀업 저항(1K Ohm)을 꼭 연결하도록 합니다.

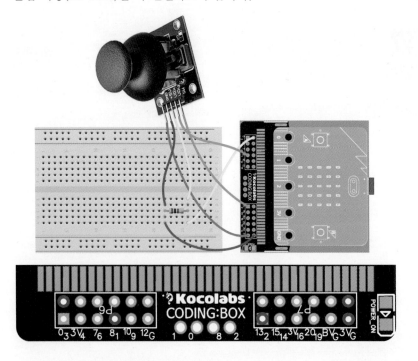

## 조이스틱 입력 받아보기

이제 조이스틱 입력을 받아봅니다.

**01** ⬜micro:bit 다음과 같이 예제를 작성합니다.

```
실습파일 : 304.py

01 : from microbit import *
02 :
03 : while True:
04 :     x_val = pin0.read_analog()
05 :     y_val = pin1.read_analog()
06 :     key_val = pin2.read_digital()
07 :
08 :     print("(x,y,key)=(%4d,%4d,%d)" %(x_val,y_val,key_val))
```

**04** : read_analog 함수를 호출하여 pin0 핀값을 읽어 x_val 변수에 할당합니다. read_analog 함수를 통해 읽는 값은
0~1023 사이의 값입니다.

**05** : read_analog 함수를 호출하여 pin1 핀값을 읽어 y_val 변수에 할당합니다.

**06** : read_digital 함수를 호출하여 pin2 핀값을 읽어 key_val 변수에 할당합니다.

**08** : print 함수를 호출하여 x_val, y_val, key_val의 값을 10진수로 출력합니다.

**02**  을 눌러 마이크로비트로 다운로드합니다.

**03** 결과를 확인합니다.

```
(x,y,key)=( 610, 616,1)
(x,y,key)=( 610, 616,1)
(x,y,key)=( 610, 616,1)
(x,y,key)=( 610, 616,1)
(x,y,key)=( 610, 616,1)
```

조이스틱을 상하좌우로 움직이면서 X, Y값이 변하는 것을 확인합니다. 조이스틱을 눌러 버튼이 눌리는 것을 확인합니다.

## 04-9 부저로 소리 만들기

여러분 크리스마스에는 카드를 주고받지요? 크리스마스카드에서 멜로디가 흘러나오면 더 멋진 느낌이 듭니다. 마이크로비트를 이용하면 여러분도 이러한 카드를 만들 수 있습니다.

마이크로비트에서 멜로디의 주인공은 바로 music 클래스입니다. 여기서는 music 클래스를 이용하여 피에조 부저의 멜로디를 생성해 봅니다.

### 부저 살펴보기

먼저 부저에 대해서 살펴봅니다.

다음은 능동 부저입니다.

능동 부저는 내장된 회로로 인해 전원만 인가하면 약 2.5KHz의 음이 발생합니다. 한 가지 소리만 내기 때문에 알림 역할을 하는 곳에 활용할 수 있습니다. 프린터, 복사기, 알람, 장난감 등에 많이 사용됩니다. 다음은 수동 부저입니다.

수동 부저는 미리 설계된 회로가 없어서 주파수를 입력해야 소리가 납니다. 수동 부저는 여러 음을 발생시킬 수 있기 때문에 음악 악기 등 멜로디를 내는 제품 등에 사용됩니다.

능동 부저와 수동 부저는 피에조 결정체를 이용하여 소리를 냅니다. 전형적인 피에조 부저는 철판 위에 놓인 세라믹 웨이퍼로 구성됩니다. 세라믹 웨이퍼는 피에조 결정체를 담고 있습니다. 피에조 결정체에 전기적 신호를 주면 결정체는 늘었다 줄었다 하고 그 결과 나타난 진동은 음파를 생성해 냅니다. 피에조 결정체를 포함한 세라믹 웨이퍼에 판을 붙이면 소리가 나게 됩니다.

다음은 전기적 신호에 의해 늘었다 줄었다 하는 피에조 부저의 동작을 나타냅니다.

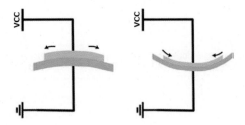

## 소리와 주파수 이해하기

다음은 소리에 따른 주파수 표를 나타냅니다. 예를 들어 4 옥타브에서 도음에 대한 주파수는 262 Hz가 됩니다. 즉, 1초에 262 개의 사각 파형을 만들어 내면 도음이 나게 됩니다. 레는 294 Hz, 미는 330 Hz, 파는 349 Hz, 솔은 392 Hz, 라는 440 Hz, 시는 494 Hz, 5 옥타브의 도는 523 Hz가 됩니다.

| Frequency in hertz (semitones above or below middle C) | | | | | | | | | | |
|---|---|---|---|---|---|---|---|---|---|---|
| Octave → / Note ↓ | 0 | 1 | 2 | 3 | 4 | 5 | 6 | 7 | 8 | 9 | 10 |
| C | 16.352 (−48) | 32.703 (−36) | 65.406 (−24) | 130.81 (−12) | 261.63 (±0) | 523.25 (+12) | 1046.5 (+24) | 2093.0 (+36) | 4186.0 (+48) | 8372.0 (+60) | 16744.0 (+72) |
| C#/D♭ | 17.324 (−47) | 34.648 (−35) | 69.296 (−23) | 138.59 (−11) | 277.18 (+1) | 554.37 (+13) | 1108.7 (+25) | 2217.5 (+37) | 4434.9 (+49) | 8869.8 (+61) | 17739.7 (+73) |
| D | 18.354 (−46) | 36.708 (−34) | 73.416 (−22) | 146.83 (−10) | 293.66 (+2) | 587.33 (+14) | 1174.7 (+26) | 2349.3 (+38) | 4698.6 (+50) | 9397.3 (+62) | 18794.5 (+74) |
| E♭/D# | 19.445 (−45) | 38.891 (−33) | 77.782 (−21) | 155.56 (−9) | 311.13 (+3) | 622.25 (+15) | 1244.5 (+27) | 2489.0 (+39) | 4978.0 (+51) | 9956.1 (+63) | 19912.1 (+75) |
| E | 20.602 (−44) | 41.203 (−32) | 82.407 (−20) | 164.81 (−8) | 329.63 (+4) | 659.26 (+16) | 1318.5 (+28) | 2637.0 (+40) | 5274.0 (+52) | 10548.1 (+64) | 21096.2 (+76) |
| F | 21.827 (−43) | 43.654 (−31) | 87.307 (−19) | 174.61 (−7) | 349.23 (+5) | 698.46 (+17) | 1396.9 (+29) | 2793.8 (+41) | 5587.7 (+53) | 11175.3 (+65) | 22350.6 (+77) |
| F#/G♭ | 23.125 (−42) | 46.249 (−30) | 92.499 (−18) | 185.00 (−6) | 369.99 (+6) | 739.99 (+18) | 1480.0 (+30) | 2960.0 (+42) | 5919.9 (+54) | 11839.8 (+66) | 23679.6 (+78) |
| G | 24.500 (−41) | 48.999 (−29) | 97.999 (−17) | 196.00 (−5) | 392.00 (+7) | 783.99 (+19) | 1568.0 (+31) | 3136.0 (+43) | 6271.9 (+55) | 12543.9 (+67) | 25087.7 (+79) |
| A♭/G# | 25.957 (−40) | 51.913 (−28) | 103.83 (−16) | 207.65 (−4) | 415.30 (+8) | 830.61 (+20) | 1661.2 (+32) | 3322.4 (+44) | 6644.9 (+56) | 13289.8 (+68) | 26579.5 (+80) |
| A | 27.500 (−39) | 55.000 (−27) | 110.00 (−15) | 220.00 (−3) | 440.00 (+9) | 880.00 (+21) | 1760.0 (+33) | 3520.0 (+45) | 7040.0 (+57) | 14080.0 (+69) | 28160.0 (+81) |
| B♭/A# | 29.135 (−38) | 58.270 (−26) | 116.54 (−14) | 233.08 (−2) | 466.16 (+10) | 932.33 (+22) | 1864.7 (+34) | 3729.3 (+46) | 7458.6 (+58) | 14917.2 (+70) | 29834.5 (+82) |
| B | 30.868 (−37) | 61.735 (−25) | 123.47 (−13) | 246.94 (−1) | 493.88 (+11) | 987.77 (+23) | 1975.5 (+35) | 3951.1 (+47) | 7902.1 (+59) | 15804.3 (+71) | 31608.5 (+83) |

## 수동 부저 회로 구성하기

다음은 본 책에서 사용할 수동 부저입니다. ❶ GND, ❷ 제어 핀에 연결합니다. 중간 핀은 사용하지 않습니다.

수동 부저를 마이크로비트 확장 보드에 다음과 같이 연결합니다.

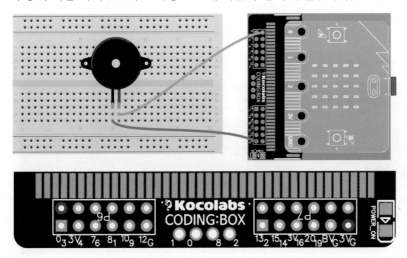

부저의 + 핀을 마이크로비트 확장 보드의 P0 핀에 연결합니다. 부저의 다른 핀은 GND 핀에 연결합니다.

## 수동 부저 소리내보기

여기서는 부저를 이용하여 도음을 내보겠습니다.

**01** `micro:bit` 다음과 같이 예제를 작성합니다.

실습파일 : 307.py

```python
01 : from microbit import *
02 : import music
03 :
04 : buzzer = pin0
05 :
06 : music.pitch(262,-1,buzzer)
07 : sleep(3000)
08 :
09 : music.stop(buzzer)
```

02 : 소리를 내기 위해 music 모듈을 가져옵니다.

03 : buzzer 변수를 선언한 후, pin0 모듈로 설정합니다.

06 : music.pitch 함수를 이용하여 부저를 262 도 주파수 값으로 설정합니다. 2번째 인자가 1이면 설정된 주파수를 계속해서 내보내게 됩니다.

07 : 3초간 기다립니다.

08 : music.stop 함수를 이용하여 부저를 끕니다. 그렇지 않으면 계속 부저가 울립니다.


02 🖫 을 눌러 마이크로비트로 다운로드합니다.

03 결과를 확인합니다. 부저에서 나는 도음을 확인합니다.


## music.pitch, music.stop 함수 살펴보기

music.pitch, music.stop 함수는 music 모듈의 하위 함수입니다. music.pitch, music.stop 함수에 대해 살펴봅니다.

🖫 putty 창에서 다음과 같이 명령을 수행해 봅니다.

```
>>> music
<module 'music'>
>>> dir(music)
['__name__', '__init__', 'reset', 'set_tempo', 'get_tempo', 'play', 'pitch', 'stop', 'DADADADUM', 'ENTERTAINER', 'PRELUDE', 'ODE', 'NYAN', 'RINGTONE', 'FUNK', 'BLUES', 'BIRTHDAY', 'WEDDING', 'FUNERAL', 'PUNCHLINE', 'PYTHON', 'BADDY', 'CHASE', 'BA_DING', 'WAWAWAWAA', 'JUMP_UP', 'JUMP_DOWN', 'POWER_UP', 'POWER_DOWN']
>>> help(music.pitch)
Use pitch(freq, length) to make micro:bit play a note at 'freq' frequency for 'length' milliseconds. E.g. pitch(440, 1000) will play concert 'A' for 1 second.
>>> help(music.stop)
Use to stop() the music that is playing.
>>>
```

music을 입력해 봅니다. 파이썬 쉘이 'music' 모듈이라고 표시합니다. dir(music) 명령을 수행합니다. 밑줄 친 부분에 pitch, stop 함수가 표시되어 있습니다. help(music.pitch) 명령을 입력해 봅니다. pitch 함수는 첫 번째 인자인 주파수에 해당하는 소리를 두 번째 인자인 밀리 초만큼 냅니다. help(music.stop) 명령을 입력해 봅니다. stop 함수는 연주하고 있는 음악을 멈춥니다.

이번엔 다음과 같이 명령을 수행해 봅니다.

```
>>> help('modules')
__main__           love              os                time
antigravity        machine           radio             ucollections
array              math              random            ustruct
audio              microbit          speech            utime
builtins           micropython       struct
collections        music             sys
gc                 neopixel          this
Plus any modules on the filesystem
>>>
```

help('modules') 명령을 입력해 봅니다. music 모듈이 있는 것을 볼 수 있습니다.

music.pitch 함수에 대해서 좀 더 자세히 살펴봅니다.

---

**music.pitch**(*frequency, duration=-1, pin=microbit.pin0, wait=True*)

---

- frequency : 내고자 하는 소리에 해당하는 주파수를 나타냅니다.
- duration : 소리를 지속시킬 시간을 나타냅니다. 시간의 단위는 밀리 초입니다. -1은 계속해서 소리를 내고자 할 때 사용합니다. 1000일 경우엔 1초 간 소리를 냅니다.
- pin : 주파수를 내보낼 핀을 나타냅니다. 기본 핀은 pin0입니다.
- wait : 주파수에 해당하는 소리를 duration 시간만큼 낸 후, 함수를 빠져 나올지 여부를 결정합니다. True 일 경우 duration 시간만큼 pitch 함수 내에서 기다립니다(기다리는 상태를 blocking 상태라고 합니다). duration이 -1일 경우 예외적으로 바로 함수를 빠져 나옵니다. False일 경우 해당 핀에 주파수를 설정한 후, 함수를 바로 빠져 나옵니다.

music.stop 함수도 살펴봅니다.

---

**music.stop**(*pin=microbit.pin0*)

---

- pin : 주파수를 내보낼 핀을 나타냅니다. 기본 핀은 pin0입니다.

좀 더 자세한 내용은 다음 페이지를 참조합니다.

https://microbit-micropython.readthedocs.io/en/latest/music.html

## 부저 앰뷸런스

여기서는 부저를 이용하여 도음과 레음을 내보겠습니다. 앰뷸런스 소리와 같습니다.

**01** 🅱micro:bit **다음과 같이 예제를 작성합니다.**

실습파일 : 309.py

```
01 : from microbit import *
02 : import music
03 :
04 : buzzer = pin0
05 :
06 : for cnt in range(0,3):
07 :     music.pitch(262,-1,buzzer)
08 :     sleep(1000)
09 :     music.pitch(294,-1,buzzer)
10 :     sleep(1000)
11 :
12 : music.stop(buzzer)
```

**06**　: cnt 변수을 0부터 2까지 1씩 증가시켜가면서 7~10줄의 동작을 3회 반복합니다.

**07, 08** : 도 음을 1초간 냅니다.

**9, 10**　: 레 음을 1초간 냅니다. 294는 4옥타브 레음의 주파수입니다.

**02** 🔽 을 눌러 마이크로비트로 다운로드합니다.

**03** 결과를 확인합니다. 도 음과 레 음이 2초 주기로 3회 반복되는 것을 확인합니다.

## 도 레 미 파 솔 라 시 도

여기서는 부저를 이용하여 "도 레 미 파 솔 라 시 도" 음을 생성해 보도록 하겠습니다.

**01** 🔘micro:bit 다음과 같이 예제를 작성합니다.

실습파일 : 310.py

```
01 : from microbit import *
02 : import music
03 :
04 : buzzer = pin0
05 :
06 : music.pitch(262,-1,buzzer)
07 : sleep(500)
08 :
09 : music.pitch(294,-1,buzzer)
10 : sleep(500)
11 :
12 : music.pitch(330,-1,buzzer)
13 : sleep(500)
14 :
15 : music.pitch(349,-1,buzzer)
16 : sleep(500)
17 :
18 : music.pitch(393,-1,buzzer)
19 : sleep(500)
20 :
21 : music.pitch(440,-1,buzzer)
22 : sleep(500)
23 :
24 : music.pitch(494,-1,buzzer)
25 : sleep(500)
26 :
27 : music.pitch(523,-1,buzzer)
28 : sleep(500)
29 :
30 : music.stop(buzzer)
```

**06** : music.pitch 함수를 이용하여 부저를 262 도 주파수 값으로 설정합니다.

**07** : 0.5초간 대기합니다.

**09~28** : 레, 미, 파, 솔, 라, 시, 도 음에 대해서도 같은 동작을 수행합니다.

**30** : music.stop 함수를 이용하여 부저를 끕니다. 그렇지 않으면 계속 부저가 울립니다.

**02** 🖥 을 눌러 마이크로비트로 다운로드합니다.

**03** 결과를 확인합니다. 부저에서 나는 "도 레 미 파 솔 라 시 도"를 확인합니다.

## 목록 사용하기

이전 예제의 음을 목록으로 정리해 봅니다.

**01** ▣micro:bit 다음과 같이 예제를 작성합니다.

실습파일 : 311.py

```
01 : from microbit import *
02 : import music
03 :
04 : buzzer = pin0
05 :
06 : note = [262,294,330,349,393,440,494,523]
07 :
08 : music.pitch(note[0],-1,buzzer)
09 : sleep(500)
10 :
11 : music.pitch(note[1],-1,buzzer)
12 : sleep(500)
13 :
14 : music.pitch(note[2],-1,buzzer)
15 : sleep(500)
16 :
17 : music.pitch(note[3],-1,buzzer)
18 : sleep(500)
19 :
20 : music.pitch(note[4],-1,buzzer)
21 : sleep(500)
22 :
23 : music.pitch(note[5],-1,buzzer)
24 : sleep(500)
25 :
26 : music.pitch(note[6],-1,buzzer)
27 : sleep(500)
28 :
```

```
29 : music.pitch(note[7],-1,buzzer)
30 : sleep(500)
31 :
32 : music.stop(buzzer)
```

**06** : 4 옥타브의 도, 레, 미, 파, 솔, 라, 시와 5 옥타브의 도에 해당하는 주파수를 값으로 갖는 note 목록 변수를 선언합니다.

**08** : music.pitch 함수를 이용하여 부저 핀에 note[0]에 해당하는 주파수 값(도음)을 설정합니다.

**09** : 0.5 초간 기다립니다.

**11~30** : 레, 미, 파, 솔, 라, 시, 도음에 대해서도 같은 동작을 수행합니다.

**32** : music.stop 함수를 이용하여 부저를 끕니다. 그렇지 않으면 계속 부저가 울립니다.

**02** 🖳 을 눌러 마이크로비트로 다운로드합니다.

**03** 결과를 확인합니다. 부저에서 나는 "도 레 미 파 솔 라 시 도"를 확인합니다.


## for-in 문 적용하기

여기서는 이전 예제의 동작을 for-in 문으로 정리해 봅니다.


**01** ⬤micro:bit 다음과 같이 예제를 작성합니다.

실습파일 : 312.py

```
01 : from microbit import *
02 : import music
03 :
04 : buzzer = pin0
05 :
06 : note = [262,294,330,349,393,440,494,523]
07 :
08 : for m in range(0,8):
09 :     music.pitch(note[m],-1,buzzer)
10 :     sleep(500)
11 :
12 : music.stop(buzzer)
```

**06** : 4 옥타브의 도, 레, 미, 파, 솔, 라, 시와 5 옥타브의 도에 해당하는 주파수를 값으로 갖는 note 목록 변수를 선언합니다.
**08** : m 변수 값을 0부터 7까지 1씩 증가시켜가면서 9,10줄을 수행합니다.
**12** : music.stop 함수를 이용하여 부저를 끕니다. 그렇지 않으면 계속 부저가 울립니다.


**02** 🖳 을 눌러 마이크로비트로 다운로드합니다.

**03** 결과를 확인합니다. 부저에서 나는 "도 레 미 파 솔 라 시 도"를 확인합니다.

## '학교 종' 음악 연주하기

여기서는 music.set_tempo, music.play 함수를 이용하여 '학교 종' 음악을 연주해 보도록 합니다.

**01** ⬭micro:bit 다음과 같이 예제를 작성합니다.

```
실습파일 : 312_2.py
01 : from microbit import *
02 : import music
03 :
04 : buzzer = pin0
05 :
06 : music.set_tempo(ticks =4, bpm =240)
07 :
08 : tune = [
09 : 'G4:4','G4:4','A4:4','A4:4',
10 : 'G4:4','G4:4','E4:8','G4:4',
11 : 'G4:4','E4:4','E4:4','D4:8','R:8',
12 : 'G4:4','G4:4','A4:4','A4:4',
13 : 'G4:4','G4:4','E4:8','G4:4',
14 : 'E4:4','D4:4','E4:4','C4:8','R:8']
15 :
16 : music.play(tune, buzzer)
```

**06** : music.set_tempo 함수를 호출하여 박자를 설정합니다. music.set_tempo 함수는 박자를 설정하는 함수입니다. 즉, 음악의 속도를 설정하는 함수입니다. bpm은 beats per minute의 약자로 1 분당 비트의 개수를 나타냅니다. 이 예제에서는 분당 240개의 비트의 속도로 연주합니다. ticks는 비트 당 틱의 개수를 나타냅니다. 즉, 한 비트를 4개의 틱으로 구성합니다.

**08~16** : 옥타브:유지시간 항목으로 구성된 tune 목록 변수를 선언합니다. 예를 들어, 'G4:4'는 4옥타브의 솔을 4 틱 동안 수행한다는 의미입니다.

**16** : music.play 함수를 호출하여 부저 핀으로 tune 음악을 연주합니다.

**02** 📥 을 눌러 마이크로비트로 다운로드합니다.

**03** 결과를 확인합니다. '학교 종'이 연주되는 것을 확인합니다.

## music.set_tempo, music.play 함수 살펴보기

music.set_tempo music.play 함수는 music 모듈의 하위 함수입니다. music.set_tempo music.play 함수에 대해 살펴봅니다.

💻 putty 창에서 다음과 같이 명령을 수행해 봅니다.

```
>>> dir(music) ⬅
['__name__', '__init__', 'reset', 'set_tempo', 'get_tempo', 'play', 'pitch', 'stop', 'DADADADUM', 'ENTERTAINER', 'PRELUDE', 'ODE',
'NYAN', 'RINGTONE', 'FUNK', 'BLUES', 'BIRTHDAY', 'WEDDING', 'FUNERAL', 'PUNCHLINE', 'PYTHON', 'BADDY', 'CHASE', 'BA_DING', 'WAWAWAWAA',
'JUMP_UP', 'JUMP_DOWN', 'POWER_UP', 'POWER_DOWN']
>>> help(music.set_tempo) ⬅
Use set_tempo(number, bpm) to make a beat last a 'number' of ticks long and
played at 'bpm' beats per minute.
>>> help(music.play) ⬅
Use play(music) to make micro:bit play 'music' list of notes. Try out the
built in music to see how it works. E.g. music.play(music.PUNCHLINE).
>>>
                                                                    Microbit ⚙
```

dir(music) 명령을 수행합니다. 밑줄 친 부분에 set_tempo, play 함수가 표시되어 있습니다. help(music.set_tempo) 명령을 입력해 봅니다. set_tempo 함수는 하나의 비트를 틱의 개수만큼 지속되게 합니다. 그리고 1 분당 bpm 만큼의 비트를 연주합니다. help(music.play) 명령을 입력해 봅니다. play 함수는 음의 'music' 목록을 연주합니다.

music.set_tempo 함수에 대해서 좀 더 자세히 살펴봅니다.

**music.set_tempo**(*ticks=4, bpm=120*)

- ticks : 하나의 비트에 대한 틱의 개수를 나타냅니다.
- bpm : beats per minute의 약자로 1 분당 비트의 개수를 나타냅니다.

music.play 함수도 살펴봅니다.

**music.play**(*music, pin=microbit.pin0, wait=True, loop=False*)

- music : 연주하고자 하는 음 목록을 나타냅니다.
- pin : 음을 내보낼 핀을 나타냅니다. 기본 핀은 pin0입니다.
- wait : 음 목록을 연주하는 동안 play 함수를 빠져 나올지 여부를 결정합니다. True일 경우 음 목록을 연주하는 동안 play 함수 내에서 기다립니다(기다리는 상태를 blocking 상태라고 합니다). False일 경우 음 목록을 연주하도록 내부적으로 설정하고 함수를 바로 빠져 나옵니다.
- loop : 음 목록을 반복해서 연주할지 여부를 결정합니다.

좀 더 자세한 내용은 다음 페이지를 참조합니다.

https://microbit-micropython.readthedocs.io/en/latest/music.html

## 키보드 피아노 만들기

여기서는 수동 부저와 시리얼을 이용하여 피아노를 만들어봅니다.

**01** micro:bit 다음과 같이 예제를 작성합니다.

실습파일 : 314_2.py

```
01 : from microbit import *
02 : import music
03 :
04 : buzzer = pin0
05 :
06 : note =[-1,262,294,330,349,393,440,494,523]
07 :
08 : while True:
09 :     userInput =int(input())
10 :     if 1 <= userInput and userInput <=8:
```

```
11 :          music.pitch(note[userInput],-1, buzzer)
12 :          sleep(500)
13 :
14 :    music.stop(buzzer)
```

**06 :** 4 옥타브의 도, 레, 미, 파, 솔, 라, 시와 5 옥타브의 도에 해당하는 주파수를 값으로 갖는 note 목록 변수를 선언합니다. 첫 번째 값으로 −1을 넣은 이유는 note[0]을 사용하지 않고 note[1]부터 사용하겠다는 의미입니다. 키보드의 1~8 값을 목록의 순서 값에 대응시키기 위해 이렇게 처리하였습니다.

**09 :** input 함수를 이용하여 사용자 입력을 받아 int 클래스를 이용하여 정수로 변경한 후, userInput 변수에 저장합니다.

**10 :** 사용자 입력 값이 1 ~ 8 값이면

**11 :** music.pitch 함수를 호출해 부저 핀에 입력 받은 숫자에 해당하는 음을 출력합니다.

**12 :** 0.5 초간 기다립니다.

**14 :** music.stop 함수를 호출하여 부저를 끕니다.

**02** 🔊 을 눌러 마이크로비트로 다운로드합니다.

**03** 결과를 확인합니다. putty 창에 1~8를 입력해 봅니다. 4옥타브 도~5옥타브 도까지 소리를 확인합니다.


# 04-10 서보모터로 움직임 만들기

여러분은 다음과 같은 로봇 팔을 본 적이 있나요? 로봇 팔의 각 관절에는 크고 작은 서보모터가 들어갑니다. 즉, 서보모터는 관절 역할을 하는 거지요.

다음은 RC카입니다. RC카의 앞바퀴의 방향을 조정하는 부분에도 서보모터가 들어갑니다.

이와 같이 서보모터는 움직임을 만들어 내는데 아주 중요한 부품입니다. 이러한 서보는 set_analog_period, write_analog 함수를 이용하여 제어합니다. set_analog_period, write_analog 함수는 pin0~pin20(pin5, 6, 17, 18 제외)에 대해서 사용할 수 있습니다.

여기서는 set_analog_period, write_analog 함수들을 이용하여 서보모터의 각도를 제어해 봅니다.

### 서보모터 살펴보기

본 책에서 사용할 서보모터는 다음과 같습니다.

일반적으로 서보모터는 0~180도 범위에서 움직입니다.

다음은 서보모터를 분해한 모습입니다.

서보모터는 크게 DC 모터, 기어 시스템, 가변저항, 제어 기판으로 구성됩니다. 다음은 아래쪽에서 살펴본 부분입니다.

제어기판, DC 모터, 가변저항을 볼 수 있습니다.

## 서보모터 파형 이해하기

서보모터 파형의 주기는 일반적으로 20 ms이며, 주파수는 50Hz입니다. 입력 파형의 HIGH 값은 1~2ms 사이의 값을 갖습니다.

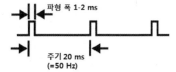

서보모터는 입력 파형의 HIGH 값에 따라 움직이는 각도가 달라집니다.

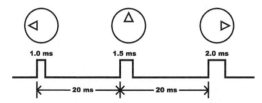

입력 파형의 HIGH 값이 1.0 밀리 초일 경우엔 0도, 2.0 밀리 초일 경우엔 180도가 되며, 나머지 각도는 1.0 밀리 초와 2.0 밀리 초 사이에서 비례적으로 결정됩니다.

※ 이 책에서 사용하는 SG90 서보모터의 경우 0.6 밀리 초와 2.5 밀리 초의 HIGH 값을 주어야 0도에서 180도 범위를 움직입니다.

## 서보모터 회로 구성하기

서보모터를 마이크로비트 확장 보드에 다음과 같이 연결합니다.

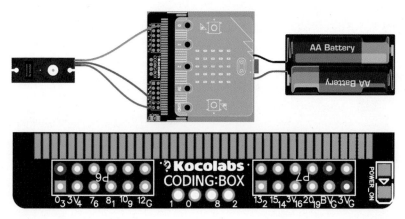

서보모터의 노란색 전선을 마이크로비트 확장 보드의 0번 핀에 연결합니다. 서보모터의 검은색 또는 갈색 전선을 마이크로비트 확장 보드의 G(GND) 핀에 연결합니다. 서보모터의 빨간색 전선을 마이크로비트 확장 보드의 BV(VBAT) 핀에 연결합니다.

## 서보모터 각도 조절해보기

여기서는 서보모터의 각도를 0도, 180도로 조절해봅니다.

**01** ⬡micro:bit 다음과 같이 예제를 작성합니다.

**실습파일 : 317.py**

```
01 : from microbit import *
02 :
03 : servo =pin0
04 : SERVO_PERIOD =20 # ms
05 : DEGREE0 =int(1024 /SERVO_PERIOD *1)
06 : DEGREE180 =int(1024 /SERVO_PERIOD *2)
07 :
08 : servo.set_analog_period(SERVO_PERIOD)
09 : servo.write_analog(DEGREE0)
10 : sleep(1000)
11 :
12 : for cnt in range(0,3):
13 :     servo.write_analog(DEGREE0)
14 :     sleep(1000)
15 :     servo.write_analog(DEGREE180)
16 :     sleep(1000)
17 :
18 : servo.write_analog(0)
```

**03** : servo 변수를 선언한 후, pin0 모듈로 초기화합니다.

**04** : SERVO_PERIOD 변수를 선언한 후, 20으로 초기화합니다. SERVO_PERIOD는 서보모터 파형의 주기를 나타냅니다. 다음 그림을 참조합니다.

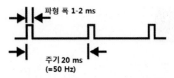

**05** : DEGREE0 변수를 선언한 후, 1ms에 해당하는 값으로 초기화합니다. 1024는 analog_write 함수를 통해 줄 수 있는 값의 개수입니다. analog_write 함수는 0~1023까지 1024개의 값을 줄 수 있습니다. 8번줄에서 set_analog_period 함수를 호출하여 서보 파형의 주기를 SERVO_PERIOD의 값인 20 밀리 초로 초기화하고 있습니다. 이 20밀리 초가 1024에 대응하게 됩니다. 1024를 20으로 나누면 1밀리 초가 되며 1밀리 초에 1을 곱하면 1밀리 초가 됩니다. putty 창에서 다음과 같이 명령을 입력해 봅니다.

```
>>> 1024/20
51.2
>>> 1024/20*1
51.2
>>> int(1024/20*1)
51
>>>
```

**06** : DEGREE180 변수를 선언한 후, 2ms에 해당하는 값으로 초기화합니다.

**08** : set_analog_period 함수를 호출하여 서보 파형의 주기를 SERVO_PERIOD의 값인 20 밀리 초로 초기화합니다.

**09** : servo 객체에 대해 write_analog 함수를 호출하여 서보모터를 0도로 회전시킵니다.

**10** : 서보가 회전하는데 시간이 필요하기 때문에 1초간 기다립니다.

**12** : cnt 변수 값을 0이상 3미만까지 1씩 증가시켜가면서 13~16줄의 동작을 수행합니다.

**13** : servo 객체에 대해 write_analog 함수를 호출하여 서보모터의 각도를 0도로 설정합니다.

**14** : 1초 동안 기다립니다. 서보모터가 회전하는데 시간이 필요합니다.

**15** : servo 객체에 대해 write_analog 함수를 호출하여 서보모터의 각도를 180도로 설정합니다.

**16** : 1초 동안 기다립니다. 서보모터가 회전하는데 시간이 필요합니다.

**18** : servo 객체에 대해 write_analog 함수에 0값을 주어 호출합니다. 이렇게 하면 서보모터의 동작이 멈추게 됩니다.

**02** 🔽 을 눌러 마이크로비트로 다운로드합니다.

**03** 결과를 확인합니다. 서보가 0도와 180도를 2초 주기로 3회 회전하는 것을 확인합니다.

※ 실제로 서보모터는 0~180도를 회전하지 않습니다. SG90 서보모터의 경우 0.6 밀리 초와 2.5 밀리 초의 HIGH 값을 주어야 0도에서 180도 범위를 움직이기 때문입니다.

**04** DEGREE0, DEGREE180 변수 값을 다음과 같이 변경한 후, 서보 동작을 확인해 봅니다.

```
5 : DEGREE0 =int(1024 /SERVO_PERIOD *0.6)
6 : DEGREE180 =int(1024 /SERVO_PERIOD *2.5)
```

## set_analog_period, write_analog 함수 살펴보기

set_analog_period, write_analog 함수는 pin0~pin20(pin5, 6, 17, 18 제외) 모듈의 하위 함수입니다. set_analog_period, write_analog 함수에 대해 살펴봅니다.

📟 putty 창에서 다음과 같이 명령을 수행해 봅니다.

```
>>> pin0 ◀
<MicroBitTouchPin>
>>> dir(pin0) ◀
['write_digital', 'read_digital', 'write_analog', 'read_analog', 'set_analog_per
iod', 'set_analog_period_microseconds', 'is_touched', 'PULL_UP', 'PULL_DOWN', 'N
O_PULL', 'get_pull', 'set_pull', 'get_mode']
>>> help(pin0.write_analog) ◀
micro:bit, write_analog(value) to the pin. You can use any value between
0 and 1023.
>>> help(pin0.set_analog_period) ◀
object <function> is of type function
>>>
```

pin0을 입력해 봅니다. 파이썬 쉘이 'MicroBitTouchPin' 이라고 표시합니다. dir(pin0) 명령을 수행합니다. 밑줄 친 부분에 write_analog, set_analog_period 함수가 표시되어 있습니다. help(pin0.write_analog) 명령을 입력해 봅니다. write_analog 함수는 매개변수로 넘어오는 value 값을 해당 핀에 적용합니다. 0~1023 사이의 값을 쓸 수 있습니다. 이번엔 help(pin0.set_analog_period) 명령을 입력해 봅니다. 자세한 설명이 나오지 않습니다.

set_analog_period 함수를 좀 더 살펴보기 위해 다음 페이지로 이동합니다.

https://microbit-micropython.readthedocs.io/en/latest/pin.html

다음 부분을 찾습니다.

---

**set_analog_period**(*period*)

Set the period of the PWM signal being output to `period` in milliseconds. The minimum valid value is 1ms.

---

핀으로 나갈 PWM 신호의 주기를 밀리 초 단위의 period 매개변수 값으로 설정합니다. 최소 값은 1 밀리 초입니다.

### 서보모터 0~180도 조절해보기

여기서는 서보모터를 0~180도 사이를 일정한 간격으로 회전시켜 봅니다.

**01** ⬤micro:bit 다음과 같이 예제를 작성합니다.

실습파일 : 320.py

```python
01 : from microbit import *
02 :
03 : servo =pin0
04 : SERVO_PERIOD =20 # ms
05 : DEGREE0 =int(1024 /SERVO_PERIOD *0.6)
06 : DEGREE180 =int(1024 /SERVO_PERIOD *2.5)
07 :
08 : servo.set_analog_period(SERVO_PERIOD)
09 : servo.write_analog(DEGREE0)
10 : sleep(1000)
11 :
12 : for angle in range(DEGREE0,DEGREE180):
13 :     servo.write_analog(angle)
14 :     sleep(30)
15 :
16 : servo.write_analog(0)
```

**12** : angle 변수 값을 DEGREE0이상 DEGREE180미만 범위에서 1씩 증가시켜가면서 13, 14줄의 동작을 수행합니다.

**13** : servo 객체에 대해 write_analog 함수를 호출하여 서보모터의 각도를 angle 값으로 설정합니다.

**14** : 30 밀리초 동안 기다립니다. 서보모터가 회전하는데 시간이 필요합니다.

**16** : servo 객체에 대해 write_analog 함수에 0값을 주어 호출합니다. 이렇게 하면 서보모터의 동작이 멈추게 됩니다.

**02** 🔊 을 눌러 마이크로비트로 다운로드합니다.

**03** 결과를 확인합니다. 서보모터가 0도에서 180도까지 회전한 후, 멈추는 것을 확인합니다.

## putty 입력으로 서보 제어하기

여기서는 사용자 입력에 따라 모터의 각도를 0도, 90도, 180도로 제어해 봅니다. 사용자가 키보드의 1을 입력하면 0도, 2를 입력하면 90도, 3을 입력하면 180도 회전하도록 합니다.

**01** ⬡micro:bit 다음과 같이 예제를 작성합니다.

실습파일 : 320_2.py

```
01 : from microbit import *
02 :
03 : servo =pin0
04 : SERVO_PERIOD =20 # ms
05 : DEGREE0 =int(1024 /SERVO_PERIOD *0.6)
06 : DEGREE180 =int(1024 /SERVO_PERIOD *2.5)
07 : DEGREE90 =int(1024 /SERVO_PERIOD *1.5)
08 :
09 : servo.set_analog_period(SERVO_PERIOD)
10 : servo.write_analog(DEGREE0)
11 : sleep(1000)
12 :
13 : while True:
14 :     userInput = input()
15 :     print(userInput)
16 :
17 :     if userInput =='1':
18 :             servo.write_analog(DEGREE0)
19 :             sleep(1000)
20 :     elif userInput =='2':
21 :             servo.write_analog(DEGREE90)
22 :                 sleep(1000)
23 :             elif userInput =='3':
24 :                 servo.write_analog(DEGREE180)
25 :                 sleep(1000)
```

**07** : DEGREE90 변수를 선언한 후, 1.5ms에 해당하는 값으로 초기화합니다.

**13** : while True 문을 이용해서 계속해서 14~25 줄을 수행합니다.

**14** : input 함수를 호출하여 putty 창을 통해 사용자 입력을 받아 userInput 변수에 저장합니다.

**15** : print 함수를 호출하여 사용자 입력을 출력합니다.

**17** : 사용자 입력 값이 '1' 이면

**18** : servo 객체에 대해 write_analog 함수를 호출하여 서보모터의 각도를 0도 값으로 설정합니다.

**19** : 1 초 동안 기다립니다. 서보모터가 회전하는데 시간이 필요합니다.

**20** : 사용자 입력 값이 '2' 이면

**21** : servo 객체에 대해 write_analog 함수를 호출하여 서보모터의 각도를 90도 값으로 설정합니다.

**22** : 1 초 동안 기다립니다. 서보모터가 회전하는데 시간이 필요합니다.

**23** : 사용자 입력 값이 '3' 이면

**24** : servo 객체에 대해 write_analog 함수를 호출하여 서보모터의 각도를 180도 값으로 설정합니다.

**25** : 1 초 동안 기다립니다. 서보모터가 회전하는데 시간이 필요합니다.

**02** 🔼 을 눌러 마이크로비트로 다운로드합니다.

**03** 결과를 확인합니다. putty 창에 1, 2, 3을 입력해 봅니다. 차례대로 0도, 90도, 180도로 회전하는 것을 확인합니다.

## 버튼 값에 따라 서보 회전하기

여기서는 버튼 A를 누르면 서보가 0도 위치로 회전하고 버튼 B를 누르면 서보가 180도 위치로 회전하고 두 버튼을 모두 누르지 않으면 90도 위치로 회전하도록 프로그램을 작성해 보도록 합니다.

**01** ⬡micro:bit 다음과 같이 예제를 작성합니다.

실습파일 : 322.py

```
01 : from microbit import *
02 :
03 : servo =pin0
04 : button_left =button_a
05 : button_right =button_b
06 :
07 : SERVO_PERIOD =20 # ms
08 : DEGREE0 =int(1024 /SERVO_PERIOD *0.6)
09 : DEGREE180 =int(1024 /SERVO_PERIOD *2.5)
10 : DEGREE90 =int(1024 /SERVO_PERIOD *1.5)
11 :
12 : servo.set_analog_period(SERVO_PERIOD)
13 : servo.write_analog(DEGREE0)
14 : sleep(1000)
```

```
15 :
16 : while True:
17 :     if button_left.is_pressed():
18 :             servo.write_analog(DEGREE0)
19 :     elif button_right.is_pressed():
20 :             servo.write_analog(DEGREE180)
21 :     else:
22 :             servo.write_analog(DEGREE90)
```

**04** : button_left 변수를 선언한 후, button_a 모듈로 초기화합니다.

**05** : button_right 변수를 선언한 후, button_b 모듈로 초기화합니다.

**17** : 왼쪽 버튼이 눌리면,

**18** : servo 객체에 대해 write_analog 함수를 호출하여 서보모터의 각도를 0도 위치로 설정합니다.

**19** : 그렇지 않고 오른쪽 버튼이 눌리면,

**20** : servo 객체에 대해 write_analog 함수를 호출하여 서보모터의 각도를 180도 위치로 설정합니다.

**21** : 그렇지 않으면,

**22** : servo 객체에 대해 write_analog 함수를 호출하여 서보모터의 각도를 90도 위치로 설정합니다.

**02** 🅰 을 눌러 마이크로비트로 다운로드합니다.

**03** 결과를 확인합니다. A 버튼을 누르면 서보모터의 위치가 0도 위치로 회전하고, B 버튼을 누르면 서보모터의 위치가 180도 위치로 회전하고 두 버튼을 모두 떼면 서보모터의 위치가 90도 위치로 회전하는 것을 확인합니다.

# Microbit

# Python

앞에서는 일차 목록을 이용하여 하트를 그려보았습니다. 여기서는 2차 목록을 활용하여 그림을 그려보도록 합니다. 또 2차 목록을 이용하여 벽돌 깨기 시뮬레이션을 구현하면서 파이썬의 언어적 요소들을 활용해 봅니다.

Chapter 05

# 파이썬 프로그래밍

# 01 _ 2차 목록 활용하기

여기서는 2차 목록과 for-in 문을 활용하여 하트를 그려보도록 합니다. 다음과 같은 모양의 하트를
그려보도록 합니다.

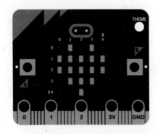

## 01-1 한 줄 그리기 1

먼저 일차 목록을 이용하여 한 줄을 그려 보도록 합니다.

01 ⓒmicro:bit 다음과 같이 예제를 작성합니다.

```
실습파일 : 325.py

01 : from microbit import *
02 :
03 : x =[0,1,2,3,4]
04 : y_0 =0
05 : HIGH =9
06 :
07 : for m in range(0,5):
08 :     display.set_pixel(x[m],y_0,HIGH)
```

이 예제는 앞에서 작성한 예제로 한 줄의 LED를 켜는 예제입니다.

02 ☒ 을 눌러 마이크로비트로 다운로드합니다.

**03** 마이크로비트 보드의 디스플레이를 확인합니다. (0, 0), (1, 0), (2, 0), (3, 0), (4, 0)번 위치에 있는 5개의
LED가 최고 밝기로 켜집니다.

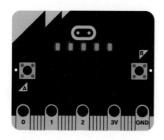

## 01-2 한 줄 그리기 2

여기서는 이전 예제를 조금 변경해 일차 목록 하나를 추가하여 한 줄을 그려봅니다.

**01** ⬤micro:bit 다음과 같이 예제를 작성합니다.

실습파일 : 326.py

```
01 : from microbit import *
02 :
03 : x =[0,1,2,3,4]
04 : y_0 =0
05 : HIGH =9
06 : LOW =0
07 :
08 : HEART_0 =[1,1,1,1,1]
09 :
10 : for m in range(0,5):
11 :     if HEART_0[m]==1:
12 :             display.set_pixel(x[m],y_0,HIGH)
13 :     else:
14 :             display.set_pixel(x[m],y_0,LOW)
```

**08** : HEART_0 변수를 선언한 후, 첫 번째 가로 줄에 그려질 그림에 대한 픽셀 정보를 가지고 있는 목록으로 초기화합니다.

**10** : 0~4의 m 값에 대해

**11** : HEART_0[m] 값이 1이면

**12** : display.set_pixel 함수를 호출하여 (x[m], y_0) 좌표의 LED를 최대 밝기로 설정합니다.

**13** : 그렇지 않으면

**14** : display.set_pixel 함수를 호출하여 (x[m], y_0) 좌표의 LED를 최저 밝기로 설정합니다.

　　예를 들어, m의 값이 0일 경우 HEART_0[0] 값은 1이기 때문에 display.set_pixel 함수를 호출하여 (x[0], y_0):(0, 0) 좌
표의 LED를 최대 밝기로 설정합니다.

**02** 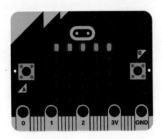 을 눌러 마이크로비트로 다운로드합니다.

**03** 마이크로비트 보드의 디스플레이를 확인합니다. (0, 0), (1, 0), (2, 0), (3, 0), (4, 0)번 위치에 있는 5개의
LED가 최고 밝기로 켜집니다.

**04** HEART_0 변수 값을 다음과 같이 수정한 후, 디스플레이의 동작을 확인합니다.

```
HEART_0=[0,1,0,1,0]
```

## 01-3 두 줄 그리기

여기서는 일차 목록 2개를 이용하여 하여 2줄을 그려봅니다.

**01** micro:bit 다음과 같이 예제를 작성합니다.

```
실습파일 : 327.py

01 : from microbit import *
02 :
03 : x =[0,1,2,3,4]
04 : y_0 =0
05 : y_1 =1
06 : HIGH =9
07 : LOW =0
08 :
09 : HEART_0 =[0,1,0,1,0]
10 : HEART_1 =[1,1,1,1,1]
11 :
12 : for m in range(0,5):
```

```
13 :        if HEART_0[m]==1:
14 :                display.set_pixel(x[m],y_0,HIGH)
15 :        else:
16 :                display.set_pixel(x[m],y_0,LOW)
17 :
18 : for m in range(0,5):
19 :        if HEART_1[m]==1:
20 :                display.set_pixel(x[m],y_1,HIGH)
21 :        else:
22 :                display.set_pixel(x[m],y_1,LOW)
```

**05**    : y_1 변수를 선언한 후, 1로 초기화합니다. 세로 2번째 줄의 픽셀 위치 값을 갖습니다.

**10**    : HEART_1 변수를 선언한 후, 두번째 가로줄에 그려질 그림에 대한 픽셀 정보를 가지고 있는 목록으로 초기화합니다.

**18~22** : HEART_1 변수의 값에 따라 LED에 그림을 그리는 동작입니다. y_1 좌표 값을 제외하고 12~16줄의 동작과 같습니다.

**02** 을 눌러 마이크로비트로 다운로드합니다.

**03** 마이크로비트 보드의 디스플레이를 확인합니다. 다음과 같이 LED가 표시됩니다.

## 01-4 세 줄 그리기

여기서는 일차 목록 3개를 이용하여 하여 3줄을 그려봅니다.

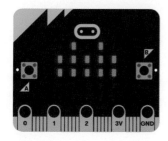

**01** 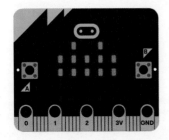 micro:bit 다음과 같이 예제를 작성합니다.

```
01 : from microbit import *
02 :
03 : x =[0,1,2,3,4]
04 : y_0 =0
05 : y_1 =1
06 : y_2 =2
07 : HIGH =9
08 : LOW =0
09 :
10 : HEART_0 =[0,1,0,1,0]
11 : HEART_1 =[1,1,1,1,1]
12 : HEART_2 =[1,1,1,1,1]
13 :
14 : for m in range(0,5):
15 :     if HEART_0[m]==1:
16 :             display.set_pixel(x[m],y_0,HIGH)
17 :     else:
18 :             display.set_pixel(x[m],y_0,LOW)
19 :
20 : for m in range(0,5):
21 :     if HEART_1[m]==1:
22 :             display.set_pixel(x[m],y_1,HIGH)
23 :     else:
24 :             display.set_pixel(x[m],y_1,LOW)
25 :
26 : for m in range(0,5):
27 :     if HEART_2[m]==1:
28 :             display.set_pixel(x[m],y_2,HIGH)
29 :     else:
30 :             display.set_pixel(x[m],y_2,LOW)
```

**06**       : y_2 변수를 선언한 후, 2로 초기화합니다. 세로 3 번째 줄의 픽셀 위치 값을 갖습니다.

**12**       : HEART_2 변수를 선언한 후, 두 번째 가로 줄에 그려질 그림에 대한 픽셀 정보를 가지고 있는 목록으로 초기화합니다.

**26~30** : HEART_2 변수의 값에 따라 LED에 그림을 그리는 동작입니다. y_2 좌표 값을 제외하고 14~18 줄의 동작과 같습니다.

**02** 🔽 을 눌러 마이크로비트로 다운로드합니다.

**03** 마이크로비트 보드의 디스플레이를 확인합니다. 다음과 같이 LED가 표시됩니다.

## 01-5 2차 목록으로 변경하기

앞의 예제에서 HEART_0~HEART_2는 하트 그림의 부분을 나타냅니다. 따라서 HEART_0~HEART_2는 같은 성격의 변수이며 더 큰 목록에 넣을 수 있습니다. HEART_0~HEART_2는 1차 목록 변수입니다. 1차 목록 변수를 담는 목록을 2차 목록이라고 합니다. 여기서는 2차 목록을 사용하여 HEART_0~HEART_2을 하나로 묶어봅니다.

**01** micro:bit 다음과 같이 예제를 작성합니다.

**실습파일 : 330.py**

```
01 : from microbit import *
02 :
03 : x =[0,1,2,3,4]
04 : y =[0,1,2]
05 : HIGH =9
06 : LOW =0
07 :
08 : HEART =[
09 :     [0,1,0,1,0],
10 :     [1,1,1,1,1],
11 :     [1,1,1,1,1]
12 : ]
13 :
14 : for m in range(0,5):
15 :     if HEART[0][m]==1:
16 :             display.set_pixel(x[m],y[0],HIGH)
17 :     else:
18 :             display.set_pixel(x[m],y[0],LOW)
19 :
20 : for m in range(0,5):
21 :     if HEART[1][m]==1:
22 :             display.set_pixel(x[m],y[1],HIGH)
23 :     else:
24 :             display.set_pixel(x[m],y[1],LOW)
25 :
26 : for m in range(0,5):
27 :     if HEART[2][m]==1:
28 :             display.set_pixel(x[m],y[2],HIGH)
29 :     else:
30 :             display.set_pixel(x[m],y[2],LOW)
```

**04** : y좌표의 집합 0,1,2를 목록에 넣어 y에 할당합니다. 이렇게 하면 y는 목록 변수가 됩니다.

**08~12** : HEART 변수를 선언한 후, HEART_0~HEART_2의 값에 해당하는 목록으로 초기화합니다. 다음 그림을 참조
합니다.

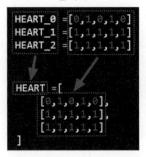

**15, 21, 27** : HEART[0][m], HEART[1][m], HEART[2][m]으로 변경합니다.
**16, 18** : x[m],y[0]으로 변경합니다.
**22, 24** : x[m],y[1]로 변경합니다.
**28, 30** : x[m],y[2]로 변경합니다.

다음 그림을 참조합니다.

```
for m in range(0,5):                          for m in range(0,5):
    if HEART_0[m]==1:          ──────────>        if HEART[0][m]==1:
        display.set_pixel(x[m],y_0,HIGH)              display.set_pixel(x[m],y[0],HIGH)
    else:                                         else:
        display.set_pixel(x[m],y_0,LOW)   ──────────>  display.set_pixel(x[m],y[0],LOW)

for m in range(0,5):                          for m in range(0,5):
    if HEART_1[m]==1:          ──────────>        if HEART[1][m]==1:
        display.set_pixel(x[m],y_1,HIGH)              display.set_pixel(x[m],y[1],HIGH)
    else:                                         else:
        display.set_pixel(x[m],y_1,LOW)               display.set_pixel(x[m],y[1],LOW)

for m in range(0,5):                          for m in range(0,5):
    if HEART_2[m]==1:          ──────────>        if HEART[2][m]==1:
        display.set_pixel(x[m],y_2,HIGH)              display.set_pixel(x[m],y[2],HIGH)
    else:                                         else:
        display.set_pixel(x[m],y_2,LOW)               display.set_pixel(x[m],y[2],LOW)
```

이차 목록의 각 항목은 다음과 같습니다.

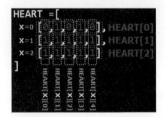

HEART 목록의 맨 처음에 오는 목록은 HEART[0], 두번째 오는 목록은 HEART[1], 세번째 오는 목록은
HEART[2]가 됩니다. HEART[0] 목록의 첫번째 항목은 HEART[0][0], 두번째 항목은 HEART[0][1], 세 번
째 항목은 HEART[0][2], 네번째 항목은 HEART[0][3], 다섯번째 항목은 HEART[0][4]가 됩니다. HEART[1],
HEART[2] 목록의 각 항목도 같은 방법으로 접근할 수 있습니다.

**02** 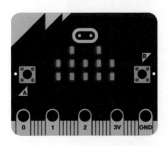 을 눌러 마이크로비트로 다운로드합니다.

**03** 마이크로비트 보드의 디스플레이를 확인합니다. 다음과 같이 LED가 표시됩니다.

## 01-6 for-in 문으로 정리하기

이전 예제는 HEART 목록에 대하여 3개의 for 문을 이용하여 처리하고 있습니다. 그리고 이 3개의 for 문은 같은 동작을 수행하고 있습니다. 같은 동작은 for 문을 이용하여 정리할 수 있습니다. 여기서는 3개의 for 문을 상위 for 문을 이용하여 간결하게 표현해 봅니다.

**01** ⊂ micro:bit 다음과 같이 예제를 작성합니다.

실습파일 : 332.py

```
01 : from microbit import *
02 :
03 : x =[0,1,2,3,4]
04 : y =[0,1,2]
05 : HIGH =9
06 : LOW =0
07 :
08 : HEART =[
09 :     [0,1,0,1,0],
10 :     [1,1,1,1,1],
11 :     [1,1,1,1,1]
12 : ]
13 :
14 : for n in range(0,3):
15 :     for m in range(0,5):
16 :             if HEART[n][m]==1:
17 :                     display.set_pixel(x[m],y[n],HIGH)
18 :             else:
19 :                     display.set_pixel(x[m],y[n],LOW)
```

**14~19** : 3개의 반복된 동작으로 for 문 하나로 표현합니다. 다음 그림을 참조합니다.

```
for m in range(0,5):                          for n in range(0,3):
    if HEART[0][m]==1:                             for m in range(0,5):
        display.set_pixel(x[m],y[0],HIGH)  0            if HEART[n][m]==1:
    else:                                                   display.set_pixel(x[m],y[n],HIGH)
        display.set_pixel(x[m],y[0],LOW)                else:
                                                            display.set_pixel(x[m],y[n],LOW)
for m in range(0,5):
    if HEART[1][m]==1:
        display.set_pixel(x[m],y[1],HIGH)  1   3개의 반복된 동작 => for 문          하나의 동작으로 일반화
    else:
        display.set_pixel(x[m],y[1],LOW)

for m in range(0,5):
    if HEART[2][m]==1:
        display.set_pixel(x[m],y[2],HIGH)  2
    else:
        display.set_pixel(x[m],y[2],LOW)
```

**02** 🔌 을 눌러 마이크로비트로 다운로드합니다.

**03** 마이크로비트 보드의 디스플레이를 확인합니다. 다음과 같이 LED가 표시됩니다.

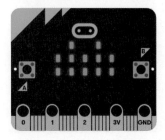

## 01-7 목록 확장하기

여기서는 HEART 2차 목록에 2개의 2차 목록을 더 추가하여 하트 모양을 완성합니다.

**01** ⬡micro:bit 다음과 같이 예제를 작성합니다.

실습파일 : 334.py

```
01 : from microbit import *
02 :
03 : x =[0,1,2,3,4]
04 : y =[0,1,2,3,4]
```

```
05 : HIGH =9
06 : LOW =0
07 :
08 : HEART =[
09 :     [0,1,0,1,0],
10 :     [1,1,1,1,1],
11 :     [1,1,1,1,1],
12 :     [0,1,1,1,0],
13 :     [0,0,1,0,0]
14 : ]
15 :
16 : for n in range(0,5):
17 :     for m in range(0,5):
18 :             if HEART[n][m]==1:
19 :                     display.set_pixel(x[m],y[n],HIGH)
20 :             else:
21 :                     display.set_pixel(x[m],y[n],LOW)
```

**12, 13** : 2개의 1차 목록을 추가하여 하트의 아래쪽 2줄의 모양을 완성합니다.

**16**   : range(0, 5)로 변경하여 추가한 2개의 1차 목록을 그릴 수 있도록 합니다.

**02** 을 눌러 마이크로비트로 다운로드합니다.

**03** 마이크로비트 보드의 디스플레이를 확인합니다. 다음과 같이 LED가 표시됩니다.

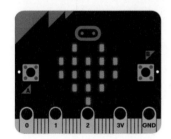

# 01-8 하트 모양의 LED 끄기

여기서는 하트 모양의 LED를 끄는 코드를 작성해 보도록 합니다.

**01** micro:bit 다음과 같이 예제를 작성합니다.

실습파일 : 335.py

```
01 : from microbit import *
02 :
03 : x =[0,1,2,3,4]
04 : y =[0,1,2,3,4]
```

```
05 : HIGH =9
06 : LOW =0
07 : DELAY =1000
08 :
09 : HEART =[
10 :     [0,1,0,1,0],
11 :     [1,1,1,1,1],
12 :     [1,1,1,1,1],
13 :     [0,1,1,1,0],
14 :     [0,0,1,0,0]
15 : ]
16 :
17 : for n in range(0,5):
18 :     for m in range(0,5):
19 :             if HEART[n][m]==1:
20 :                     display.set_pixel(x[m],y[n],HIGH)
21 :             else:
22 :                     display.set_pixel(x[m],y[n],LOW)
23 : sleep(DELAY)
24 :
25 : for n in range(0,5):
26 :     for m in range(0,5):
27 :             if HEART[n][m]==1:
28 :                     display.set_pixel(x[m],y[n],LOW)
```

**07 :** DELAY 변수를 선언한 후, 1000으로 초기화합니다.
**25 :** y 픽셀의 위치를 나타내는 변수 n에 대해 0~4까지 차례대로
**26 :** x 픽셀의 위치를 나타내는 변수 m에 대해 0~4까지 차례대로
**27 :** HEART 목록의 해당 위치 값이 1이면
**28 :** display.set_pixel 함수를 호출하여 해당 위치의 LED를 끕니다.


**02** 🖥 을 눌러 마이크로비트로 다운로드합니다.

**03** 마이크로비트 보드의 디스플레이를 확인합니다. 다음과 같이 하트 모양의 LED가 1초간 켜졌다가 꺼집니다.

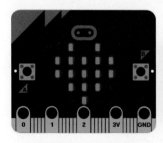
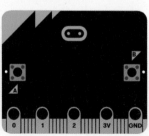

## 01-9 하트 켜고 끄기 반복하기

여기서는 하트 모양의 LED를 켜고 *끄*는 동작을 반복합니다.

**01** `micro:bit` 다음과 같이 예제를 작성합니다.

실습파일 : 336.py

```python
01 : from microbit import *
02 :
03 : x =[0,1,2,3,4]
04 : y =[0,1,2,3,4]
05 : HIGH =9
06 : LOW =0
07 : DELAY =1000
08 :
09 : HEART =[
10 :     [0,1,0,1,0],
11 :     [1,1,1,1,1],
12 :     [1,1,1,1,1],
13 :     [0,1,1,1,0],
14 :     [0,0,1,0,0]
15 : ]
16 :
17 : while True:
18 :     for n in range(0,5):
19 :             for m in range(0,5):
20 :                     if HEART[n][m]==1:
21 :                             display.set_pixel(x[m],y[n],HIGH)
22 :                     else:
23 :                             display.set_pixel(x[m],y[n],LOW)
24 :     sleep(DELAY)
25 :
26 :     for n in range(0,5):
27 :             for m in range(0,5):
28 :                     if HEART[n][m]==1:
29 :                             display.set_pixel(x[m],y[n],LOW)
30 :     sleep(DELAY)
```

**24, 30** : sleep 함수를 추가하여 0.5초간 기다리도록 합니다.

**02** 🅐 을 눌러 마이크로비트로 다운로드합니다.

**03** 마이크로비트 보드의 디스플레이를 확인합니다. 다음과 같이 하트 모양의 LED가 0.5초 간격으로 켜지고 꺼지기를 무한 반복합니다.

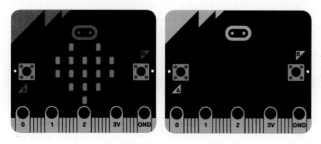

## 01-10 함수로 정리하기

여기서는 이전 예제의 하트를 그리고 지우는 동작을 함수로 정의한 후 사용해 봅니다. 함수로 정리하면 프로그램상에서 무엇을 하는지 간략하게 표현할 수 있으며 따라서 코드의 가독성을 높여줍니다.

**01** ⬤micro:bit 다음과 같이 예제를 작성합니다.

실습파일 : 337.py

```
01 : from microbit import *
02 :
03 : x =[0,1,2,3,4]
04 : y =[0,1,2,3,4]
05 : HIGH =9
06 : LOW =0
07 : DELAY =500
08 :
09 : HEART =[
10 :     [0,1,0,1,0],
11 :     [1,1,1,1,1],
12 :     [1,1,1,1,1],
13 :     [0,1,1,1,0],
14 :     [0,0,1,0,0]
15 : ]
16 :
17 : def draw():
18 :     for n in range(0,5):
19 :             for m in range(0,5):
20 :                     if HEART[n][m]==1:
21 :                             display.set_pixel(x[m],y[n],HIGH)
22 :                     else:
23 :                             display.set_pixel(x[m],y[n],LOW)
24 :
25 : def erase():
26 :     for n in range(0,5):
```

```
27 :            for m in range(0,5):
28 :                if HEART[n][m]==1:
29 :                    display.set_pixel(x[m],y[n],LOW)
30 :
31 : while True:
32 :     draw()
33 :     sleep(DELAY)
34 :
35 :     erase()
36 :     sleep(DELAY)
```

**17~23** : draw 함수를 정의합니다. 일단 인자는 받지 않도록 합니다. 함수는 쌍점에서 정의를 시작한 후, 한 칸 이상의 들여쓰기가 적용된 부분이 모두 해당 됩니다. 여기서는 18~23 줄까지가 draw 함수의 정의 부분입니다. 이 예제에서 draw 함수는 HEART 2차 목록의 값에 따라 LED를 켜는 함수입니다. 21, 23번 줄에 있는 x, y 변수는 3, 4번 줄에 있는 x, y를 나타냅니다.

**25~29** : erase 함수를 정의합니다. 일단 인자는 받지 않도록 합니다. 이 예제에서 erase 함수는 HEART 2차 목록의 값에 따라 LED를 끄는 함수입니다. 29번 줄에 있는 x, y 변수는 3, 4번줄에 있는 x, y를 나타냅니다.

**32** : draw 함수를 호출하여 하트를 그립니다. 함수는 명령이며 호출은 함수로 이동해 함수 내의 하위 명령을 수행하는 동작을 말합니다.

**33** : sleep 함수를 호출합니다.

**35** : erase 함수를 호출하여 하트를 지웁니다.

**36** : sleep 함수를 호출합니다.

이전 예제와 비교해 봅니다. 다음 그림을 참조합니다.

```
while True:                                          def draw():
    for n in range(0,5):                                 for n in range(0,5):
        for m in range(0,5):                                 for m in range(0,5):
            if HEART[n][m]==1:                                   if HEART[n][m]==1:
                display.set_pixel(x[m],y[n],HIGH)  draw 함수로 변경         display.set_pixel(x[m],y[n],HIGH)
            else:                                               else:
                display.set_pixel(x[m],y[n],LOW)                    display.set_pixel(x[m],y[n],LOW)
    sleep(DELAY)

    for n in range(0,5):                             def erase():
        for m in range(0,5):                             for n in range(0,5):
            if HEART[n][m]==1:                               for m in range(0,5):
                display.set_pixel(x[m],y[n],LOW)    erase 함수로 변경            if HEART[n][m]==1:
    sleep(DELAY)                                                     display.set_pixel(x[m],y[n],LOW)

                                                    while True:
                                                        draw()
                                                        sleep(DELAY)
                                                                        뭘 하는지 알기 쉽습니다(가독성을 높여줍니다).
                                                        erase()
                                                        sleep(DELAY)
```

**02** ⬇ 을 눌러 마이크로비트로 다운로드합니다.

**03** 마이크로비트 보드의 디스플레이를 확인합니다. 다음과 같이 하트 모양의 LED가 0.5초 간격으로 켜지고 꺼지기를 무한 반복합니다.

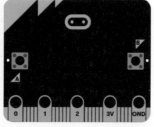

## 01-11 함수 인자 넘겨보기

이번엔 함수의 인자로 목록 변수를 넘기고 받을 수 있도록 해 봅니다. 앞에서 우리는 하나의 정수 값이나 실수 값을 갖는 변수를 인자로 넘기고 받는 예제를 해 보았습니다. 여기서는 목록 변수를 인자로 넘기고 받는 함수를 작성해 봅니다. 인자를 사용하면 같은 종류의 인자에 대한 처리를 할 수 있습니다. 이것을 함수의 일반화라고 하고 다른 인자에 대해 함수를 재사용할 수 있습니다.

**01** ⓒ micro:bit 다음과 같이 예제를 작성합니다.

실습파일 : 339.py

```
01 : from microbit import *
02 :
03 : x =[0,1,2,3,4]
04 : y =[0,1,2,3,4]
05 : HIGH =9
06 : LOW =0
07 : DELAY =500
08 :
09 : HEART =[
10 :     [0,1,0,1,0],
11 :     [1,1,1,1,1],
12 :     [1,1,1,1,1],
13 :     [0,1,1,1,0],
14 :     [0,0,1,0,0]
15 : ]
16 :
17 : def draw(HEART):
18 :     for n in range(0,5):
19 :             for m in range(0,5):
20 :                     if HEART[n][m]==1:
21 :                             display.set_pixel(x[m],y[n],HIGH)
22 :                     else:
23 :                             display.set_pixel(x[m],y[n],LOW)
24 :
25 : def erase(HEART):
26 :     for n in range(0,5):
27 :             for m in range(0,5):
28 :                     if HEART[n][m]==1:
29 :                             display.set_pixel(x[m],y[n],LOW)
30 :
31 : while True:
32 :     draw(HEART)
33 :     sleep(DELAY)
34 :
35 :     erase(HEART)
36 :     sleep(DELAY)
```

**17** : draw 함수의 인자로 HEART를 추가합니다. draw 함수의 인자인 HEART는 9줄에 있는 HEART 변수와 이름은 같지만 서로 다른 변수입니다. 20 번 줄에 있는 HEART는 17번줄에 있는 함수의 인자인 HEART를 나타냅니다. 21, 23 번 줄에 있는 x, y는 3, 4번줄에 있는 x, y입니다. x, y의 경우엔 인자로 받지 않고 있습니다. x, y는 왜 인자로 받지 않았을까요? HEART는 그림의 내용을 담고 있는 이차 목록으로 다른 그림의 이차 목록으로 변경할 수 있습니다. 예를 들어, 별의 그림을 담고 있는 STAR라는 이차 목록으로 변경할 수 있습니다. 그러나 x, y의 경우는 마이크로비트의 픽셀 위치 값을 가지는 일차 목록이며, 다른 목록으로 대체할 수 없습니다. 일반적으로 바꿀 수 있는 변수의 경우 인자로 넘겨받고 그렇지 않은 변수의 경우엔 인자로 넘겨받지 않습니다.

**25** : erase 함수의 인자로 HEART를 추가합니다. erase 함수의 인자인 HEART는 9줄에 있는 HEART 변수와 이름은 같지만 서로 다른 변수입니다. 28번줄에 있는 HEART는 25번줄에 있는 함수의 인자인 HEART를 나타냅니다.

**32** : draw 함수를 호출합니다. 함수를 호출할 때, 인자로 HEART 변수를 넘겨줍니다. 여기서 HEART 변수는 9번째줄의 HEART를 나타냅니다.

**35** : erase 함수를 호출합니다. 함수를 호출할 때, 인자로 HEART 변수를 넘겨줍니다. 여기서 HEART 변수는 9번째줄의 HEART를 나타냅니다.

**02** 🎮 을 눌러 마이크로비트로 다운로드합니다.

**03** 마이크로비트 보드의 디스플레이를 확인합니다. 다음과 같이 하트 모양의 LED가 0.5초 간격으로 켜지고 꺼지기를 무한 반복합니다.

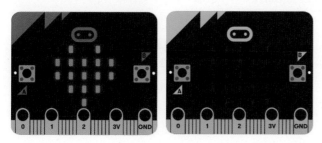

## 01-12 함수 인자 변경해 보기

이전 예제에서 함수의 매개변수는 함수 밖에서 선언된 변수와 이름은 같더라도 다른 변수라고 하였습니다. 정말 그런지 확인하기 위해 여기서는 함수 매개변수의 이름을 바꿔보도록 합니다. 이것은 매개변수의 일반화이기도 합니다. 매개변수는 인자로 넘어오는 변수에 대한 일반화이며 함수는 매개변수를 통해 넘겨받은 변수에 대해 일반적인 동작을 할 수 있습니다.

**01** ▣micro:bit 다음과 같이 예제를 작성합니다.

```
실습파일 : 341.py

01 : from microbit import *
02 :
03 : x =[0,1,2,3,4]
04 : y =[0,1,2,3,4]
```

```
05 : HIGH =9
06 : LOW =0
07 : DELAY =500
08 :
09 : HEART =[
10 :     [0,1,0,1,0],
11 :     [1,1,1,1,1],
12 :     [1,1,1,1,1],
13 :     [0,1,1,1,0],
14 :     [0,0,1,0,0]
15 : ]
16 :
17 : def draw(pImage):
18 :     for n in range(0,5):
19 :         for m in range(0,5):
20 :             if pImage[n][m]==1:
21 :                 display.set_pixel(x[m],y[n],HIGH)
22 :             else:
23 :                 display.set_pixel(x[m],y[n],LOW)
24 :
25 : def erase(pImage):
26 :     for n in range(0,5):
27 :         for m in range(0,5):
28 :             if pImage[n][m]==1:
29 :                 display.set_pixel(x[m],y[n],LOW)
30 :
31 : while True:
32 :     draw(HEART)
33 :     sleep(DELAY)
34 :
35 :     erase(HEART)
36 :     sleep(DELAY)
```

**17** : draw 함수의 인자를 pImage로 변경합니다.

**20** : draw 함수의 인자로 넘어온 pImage를 사용합니다.

**25** : erase 함수의 인자를 pImage로 변경합니다.

**28** : erase 함수의 인자로 넘어온 pImage를 사용합니다.

**32** : draw 함수를 호출합니다. 함수를 호출할 때, 인자로 HEART 변수를 넘겨줍니다. 여기서 HEART 변수는 9번째 줄의 HEART를 나타냅니다. 함수를 호출하는 과정에서 pImage=HEART가 됩니다.

**22** : erase 함수를 호출합니다. 함수를 호출할 때, 인자로 HEART 변수를 넘겨줍니다. 여기서 HEART 변수는 9번째 줄의 HEART를 나타냅니다. 함수를 호출하는 과정에서 pImage=HEART가 됩니다.

**02** 📥 을 눌러 마이크로비트로 다운로드합니다.

**03** 마이크로비트 보드의 디스플레이를 확인합니다. 다음과 같이 하트 모양의 LED가 0.5초 간격으로 켜지고 꺼지기를 무한 반복합니다.

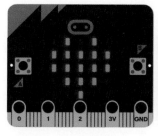 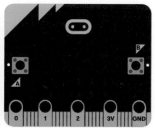

## 직접 풀어보기

[문제 1] 다음과 같은 모양으로 LED가 깜빡이도록 HEART 목록의
내용을 수정해 봅니다.

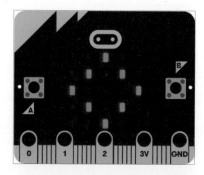

[문제 2] 다음과 같은 모양으로 LED가 깜빡이도록 HEART 목록의
내용을 수정해 봅니다.

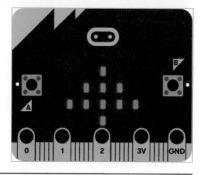

## 01-13 함수 활용하기

함수는 한 번 정의되면 필요할 때마다 호출할 수 있습니다. 함수가 없었다면 반복적으로 작성했을 동작을 한 번만 정의한 후, 필요할 때 호출해서 사용할 수 있습니다. 이것이 함수를 사용하는 두번째 이유입니다.

**실습파일 : 343.py**

```
01 : from microbit import *
02 :
03 : x =[0,1,2,3,4]
04 : y =[0,1,2,3,4]
05 : HIGH =9
06 : LOW =0
07 : DELAY =500
08 :
09 : HEART =[
10 :      [0,1,0,1,0],
11 :      [1,1,1,1,1],
12 :      [1,1,1,1,1],
13 :      [0,1,1,1,0],
14 :      [0,0,1,0,0]
15 : ]
16 :
17 : HEART_SMALL =[
18 :      [0,0,0,0,0],
19 :      [0,1,0,1,0],
20 :      [0,1,1,1,0],
21 :      [0,0,1,0,0],
22 :      [0,0,0,0,0]
23 : ]
24 :
25 : def draw(pImage):
26 :      for n in range(0,5):
27 :              for m in range(0,5):
28 :                      if pImage[n][m]==1:
29 :                              display.set_pixel(x[m],y[n],HIGH)
30 :                      else:
31 :                              display.set_pixel(x[m],y[n],LOW)
32 :
33 : def erase(pImage):
34 :      for n in range(0,5):
35 :              for m in range(0,5):
36 :                      if pImage[n][m]==1:
37 :                              display.set_pixel(x[m],y[n],LOW)
38 :
39 :
40 : while True:
41 :      draw(HEART)
42 :      sleep(DELAY)
43 :      erase(HEART)
44 :
45 :      draw(HEART_SMALL)
46 :      sleep(DELAY)
47 :      erase(HEART_SMALL)
```

**17~23** : 작은 하트 모양을 그리기 위해 HEART_SMALL 변수를 선언한 후, 초기화합니다.
**41~43** : 하트를 그리고 0.5초 있다가 지웁니다.
**45~47** : 작은 하트를 그리고 0.5초 있다가 지웁니다.

**02** 🔅 을 눌러 마이크로비트로 다운로드합니다.

**03** 마이크로비트 보드의 디스플레이를 확인합니다. 다음과 같이 하트와 작은 하트가 0.5초 간격으로 그려지기를 무한 반복합니다.

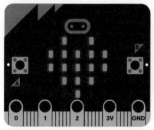 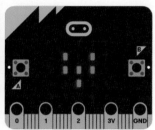

## 직접 풀어보기

[문제 1] 위 예제를 변경하여 0.5초 간격으로 다음과 같은 10개의 숫자가 차례대로 표시되도록 해 봅니다. 2차 목록 변수의 이름을 ONE, TWO, THREE, FOUR, FIVE, SIX, SEVEN, EIGHT, NINE, ZERO로 선언한 후, 적당히 내용을 채우도록 합니다.

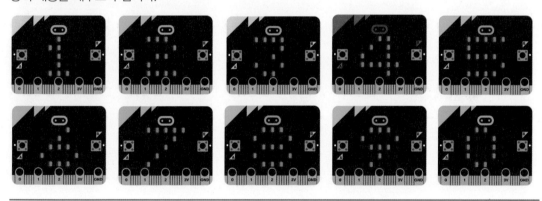

# 02 _ 클래스 활용하기

우리는 이전 장에서 클래스에 대하여 살펴보았습니다. 여기서는 클래스를 활용하여 이전 예제를 정리해 보겠습니다.

## 02-1 클래스 정의하기

여기서는 이전 예제의 관련된 변수와 함수를 묶어 클래스로 정의한 후 사용해 봅니다.

**01** ⬭ micro:bit 다음과 같이 예제를 작성합니다.

실습파일 : 345.py

```
01 : from microbit import *
02 :
03 : x =[0,1,2,3,4]
04 : y =[0,1,2,3,4]
05 : HIGH =9
06 : LOW =0
07 : DELAY =500
08 :
09 : class DisplayImage:
10 :     def __init__(self, pImage):
11 :             self.image = pImage
12 :
13 :     def draw(self):
14 :             for n in range(0,5):
15 :                     for m in range(0,5):
16 :                             if self.image[n][m]==1:
17 :                                     display.set_pixel(x[m],y[n],HIGH)
18 :                             else:
19 :                                     display.set_pixel(x[m],y[n],LOW)
20 :
21 :     def erase(self):
22 :             for n in range(0,5):
23 :                     for m in range(0,5):
24 :                             if self.image[n][m]==1:
25 :                                     display.set_pixel(x[m],y[n],LOW)
26 :
27 : HEART =[
```

```
28 :        [0,1,0,1,0],
29 :        [1,1,1,1,1],
30 :        [1,1,1,1,1],
31 :        [0,1,1,1,0],
32 :        [0,0,1,0,0]
33 : ]
34 :
35 : heart = DisplayImage(HEART)
36 :
37 : while True:
38 :        heart.draw()
39 :        sleep(DELAY)
40 :
41 :        heart.erase()
42 :        sleep(DELAY)
```

**09** : 10~25줄을 하나로 묶어, DisplayImage 클래스로 정의합니다. 이 클래스는 11줄에 있는 self.image 변수와 13, 21줄에 정의된 draw, erase 함수를 하나로 묶는 역할을 합니다.

**10** : __init__ 함수를 정의합니다. 클래스를 정의할 때 클래스 변수인 객체를 초기화하는 함수로 반드시 정의해 주도록 합니다. 35줄은 클래스 형태의 변수인 객체를 생성하는 부분인데, 이 부분에서 __init__ 함수가 호출되면서 객체를 초기화하게 됩니다. 첫 번째 매개변수는 self로 해 주어야 합니다.

**11** : 객체 생성 시 필요한 속성은 __init__ 함수 내에서 self 키워드에 붙여 선언해 줍니다. 여기서는 image 변수가 DisplayImage 객체의 하위 변수가 됩니다.

**13** : draw 함수를 정의합니다. 첫 번째 매개변수는 self로 해 주어야 합니다.

**16** : 객체 하위 변수인 self.image를 사용합니다.

**21** : erase 함수를 정의합니다. 첫 번째 매개변수는 self로 해 주어야 합니다.

**24** : 객체 하위 변수인 self.image를 사용합니다.

**35** : DisplayImage 클래스 형태의 변수인 객체를 생성하는 부분입니다. 이 부분에서 __init__ 함수가 호출되면서 객체를 초기화하게 됩니다. 생성된 객체는 self.image 하위 변수로 구성됩니다.

**38** : heart 객체에 대해 draw 함수를 호출합니다.

**41** : heart 객체에 대해 erase 함수를 호출합니다.

- 클래스 형태의 변수를 일반적으로 객체라고 합니다. 객체는 확장된 변수의 형태로 이해할 수 있습니다.

**02** 🔗 을 눌러 마이크로비트로 다운로드합니다.

**03** 마이크로비트 보드의 디스플레이를 확인합니다. 다음과 같이 하트 모양의 LED가 0.5초 간격으로 켜지고 꺼지기를 무한 반복합니다.

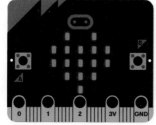 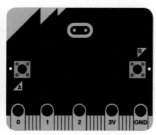

## 02-2 클래스 활용하기

여기서는 2개의 클래스 객체를 생성해 활용해 보도록 합니다.

**01** ⚙micro:bit 다음과 같이 예제를 작성합니다.

실습파일 : 347.py

```python
01 : from microbit import *
02 :
03 : x =[0,1,2,3,4]
04 : y =[0,1,2,3,4]
05 : HIGH =9
06 : LOW =0
07 : DELAY =500
08 :
09 : class DisplayImage:
10 :     def __init__(self, pImage):
11 :             self.image = pImage
12 :
13 :     def draw(self):
14 :             for n in range(0,5):
15 :                     for m in range(0,5):
16 :                             if self.image[n][m]==1:
17 :                                     display.set_pixel(x[m],y[n],HIGH)
18 :                             else:
19 :                                     display.set_pixel(x[m],y[n],LOW)
20 :
21 :     def erase(self):
22 :             for n in range(0,5):
23 :                     for m in range(0,5):
24 :                             if self.image[n][m]==1:
25 :                                     display.set_pixel(x[m],y[n],LOW)
26 :
27 : HEART =[
28 :     [0,1,0,1,0],
29 :     [1,1,1,1,1],
30 :     [1,1,1,1,1],
31 :     [0,1,1,1,0],
32 :     [0,0,1,0,0]
33 : ]
34 :
35 : HEART_SMALL =[
36 :     [0,0,0,0,0],
37 :     [0,1,0,1,0],
38 :     [0,1,1,1,0],
```

```
39 :      [0,0,1,0,0],
40 :      [0,0,0,0,0]
41 : ]
42 :
43 : heart = DisplayImage(HEART)
44 :
45 : heart_small = DisplayImage(HEART_SMALL)
46 :
47 : while True:
48 :      heart.draw()
49 :      sleep(DELAY)
50 :      heart.erase()
51 :
52 :      heart_small.draw()
53 :      sleep(DELAY)
54 :      heart_small.erase()
```

**35~41** : 작은 하트 모양을 그리기 위해 HEART_SMALL 변수를 선언한 후, 초기화합니다.

**48~50** : 하트를 그리고 0.5초 있다가 지웁니다.

**52~54** : 작은 하트를 그리고 0.5초 있다가 지웁니다.

**02** 🖥 을 눌러 마이크로비트로 다운로드합니다.

**03** 마이크로비트 보드의 디스플레이를 확인합니다. 다음과 같이 하트와 작은 하트가 0.5초 간격으로 그려지기를 무한 반복합니다.

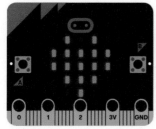 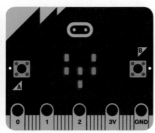

# 03 _ 벽돌 깨기 애니메이션 구현하기

여기서는 벽돌 깨기 애니메이션을 구현해 보도록 합니다. 먼저 움직이는 공을 그려보고, 다음은 벽돌을 추가해보고, 마지막으로 벽돌을 깨는 동작을 추가해봅니다.

## 03-1 움직이는 공 그려보기

여기서는 움직이는 공을 그려보도록 합니다.

**01** ⬡micro:bit 다음과 같이 예제를 작성합니다.

실습파일 : 349.py

```
01 : from microbit import *
02 :
03 : x =[0,1,2,3,4]
04 : y =[0,1,2,3,4]
05 : HIGH =9
06 : LOW =0
07 : DELAY =500
08 :
09 : BRICK_GAME =[
10 :      [0,0,0,0,0],
11 :      [0,0,0,0,0],
12 :      [0,0,0,0,0],
13 :      [0,0,0,0,0],
14 :      [0,0,1,0,0],
15 : ]
16 :
17 : def draw(pImage):
18 :      for n in range(0,5):
19 :              for m in range(0,5):
20 :                      if pImage[n][m]==1:
21 :                              display.set_pixel(x[m],y[n],HIGH)
22 :                      else:
23 :                              display.set_pixel(x[m],y[n],LOW)
24 :
25 : def erase(pImage):
26 :      for n in range(0,5):
27 :              for m in range(0,5):
```

```
28 :                        if pImage[n][m]==1:
29 :                            display.set_pixel(x[m],y[n],LOW)
30 :
31 : while True:
32 :     draw(BRICK_GAME)
```

**09~15** : BRICK_GAME 이차 목록을 선언한 후, 바닥에 공이 놓여 있는 모양에 맞게 LED를 켜거나 끌 수 있는 값으로 설
정합니다. 1로 설정된 부분은 LED가 켜지고 0으로 설정된 부분은 LED가 꺼집니다.

**32** : draw 함수를 호출하여 LED 디스플레이에 BRICK_GAME을 그립니다.

**02** 📩 을 눌러 마이크로비트로 다운로드합니다.

**03** 마이크로비트 보드의 디스플레이를 확인합니다. 다음과 같이 바닥에 LED가 하나 켜진 것을 확인합니다.

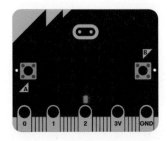

## 03-2 공 좌우로 움직이기

먼저 공을 좌우로 움직여 봅니다. 0.5 초 간격으로 움직이게 합니다.

**❶ 공 제어 함수 추가하기**

먼저 공을 움직이는 동작을 나타낼 ball_move 함수를 정의합니다.

**01** `micro:bit` 다음과 같이 예제를 수정합니다.

실습파일 : 350.py

```
01~29 : # 이전 예제와 같습니다.
30 :
31 : def ball_move():
32 :     return
33 :
34 : while True:
35 :     ball_move()
36 :
37 :     draw(BRICK_GAME)
```

**31, 32** : ball_move 함수를 정의합니다. 아무것도 하지 않고 빠져 나오는 빈 함수로 정의합니다.
**35**　　 : ball_move 함수를 호출합니다.

**02** 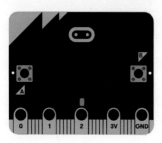 을 눌러 마이크로비트로 다운로드합니다.

**03** 마이크로비트 보드의 디스플레이를 확인합니다. 이전과 동작이 같습니다.

❷ 공 제어 변수 추가하기

다음은 공의 위치와 방향을 저장할 변수를 정의합니다.

**01** ⬡micro:bit 다음과 같이 예제를 수정합니다.

---
실습파일 : 351.py

```
01~29 : # 이전 예제와 같습니다.
30 :
31 : ball_x =2
32 : ball_y =4
33 : ball_x_dir =1
34 : ball_y_dir =1
35 : def ball_move():
36 :     return
37 :
38 : while True:
39 :     ball_move()
40 :
41 :     draw(BRICK_GAME)
```
---

**31** : 공의 최초 행 위치를 저장할 정수 변수 ball_x를 선언한 후 4로 초기화합니다.
**32** : 공의 최초 열 위치를 저장할 정수 변수 ball_y를 선언한 후 4로 초기화합니다.
**33** : 공이 좌우로 움직일 방향을 저장할 정수 변수 ball_x_dir을 선언한 후 1로 초기화합니다.
**34** : 공이 상하로 움직일 방향을 저장할 정수 변수 ball_y_dir을 선언한 후 1로 초기화합니다.

**02** 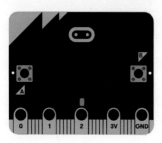 을 눌러 마이크로비트로 다운로드합니다.

**03** 마이크로비트 보드의 디스플레이를 확인합니다. 이전과 동작이 같습니다.

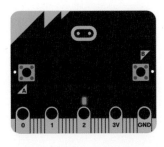

❸ 공 지우고 다시 그리기

공을 지우고 그리는 동작을 추가합니다.

**01** micro:bit 다음과 같이 예제를 작성합니다.

```
실습파일 : 352.py
01~29 : # 이전 예제와 같습니다.
30 :
31 : ball_x =2
32 : ball_y =4
33 : ball_x_dir =1
34 : ball_y_dir =1
35 : def ball_move():
36 :     BRICK_GAME[ball_y][ball_x]=0
37 :     BRICK_GAME[ball_y][ball_x]=1
38 :
39 : while True:
40 :     ball_move()
41 :
42 :     draw(BRICK_GAME)
```

**36** : 공을 움직이기 전에 현재 공의 위치 값에 해당하는 BRICK_GAME[ball_y][ball_x] 값을 0으로 설정하여 공을 지웁니다.
**37** : 변경된 공의 위치 값에 해당하는 BRICK_GAME[ball_y][ball_x] 값을 1로 설정하여 공의 위치를 변경합니다.

**02** 🔧 을 눌러 마이크로비트로 다운로드합니다.
**03** 마이크로비트 보드의 디스플레이를 확인합니다. 이전과 동작이 같습니다.

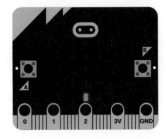

**❹ 공 오른쪽으로 움직이기**

공을 오른쪽으로 움직이는 동작을 추가합니다.

**01** ⊂◯⊃micro:bit 다음과 같이 예제를 작성합니다.

```
실습파일 : 353.py

01~29 : # 이전 예제와 같습니다.
30 :
31 : ball_x =2
32 : ball_y =4
33 : ball_x_dir =1
34 : ball_y_dir =1
35 : def ball_move():
36 :     BRICK_GAME[ball_y][ball_x]=0
37 :     ball_x =ball_x +ball_x_dir
38 :     BRICK_GAME[ball_y][ball_x]=1
39 :
40 : while True:
41 :     ball_move()
42 :
43 :     draw(BRICK_GAME)
```

**37** : ball_x 값에 ball_x_dir 값을 더해 공의 좌우 위치를 변경해 줍니다. ball_x_dir 값이 양수면 오른쪽으로 음수면 왼쪽으로 이동합니다.

**02** 🖫 을 눌러 마이크로비트로 다운로드합니다.

**03** 🖳 출력결과를 확인합니다. 오류가 발생합니다.

```
>>> Traceback (most recent call last):
  File "__main__", line 41, in <module>
  File "__main__", line 36, in ball_move
NameError: local variable referenced before assignment
```

37 번째 줄에서 NameError가 발생합니다. ball_x는 함수 바깥에서 선언된 변수로 전역변수라고 합니다. 파이썬에서는 전역변수는 어디에서나 읽을 수 있지만, 함수 안에서 전역변수에 새로운 값을 대입하는 것은 금지됩니다.

※ 전역변수는 어디에서나 읽을 수 있지만, 함수 안에서 전역변수에 새로운 값을 대입하는 것은 금지됩니다. 잠시 후 설명할 global 문을 사용하면 예외적으로 가능해집니다.

**❺ 전역 변수 쓰기 오류 처리하기**

여기서는 이전에 발생한 전역 변수 쓰기 오류를 처리해봅니다.

**01** 🔵micro:bit 다음과 같이 예제를 수정합니다.

```
01~29 : # 이전 예제와 같습니다.
30 :
31 : ball_x =2
32 : ball_y =4
33 : ball_x_dir =1
34 : ball_y_dir =1
35 : def ball_move():
36 :     global ball_x
37 :     BRICK_GAME[ball_y][ball_x]=0
38 :     ball_x =ball_x +ball_x_dir
39 :     BRICK_GAME[ball_y][ball_x]=1
40 :
41 : while True:
42 :     ball_move()
43 :
44 :     draw(BRICK_GAME)
```

**36** : ball_x가 전역변수라고 선언합니다. global은 파이썬 쉘에게 전역변수라고 알려주는 것입니다. 전역변수는 함수 밖에서 선언된 변수입니다. 파이썬의 경우 함수 안에서 전역변수는 읽을 수는 있지만 쓸 수는 없습니다. 쓸 수 있는 변수는 지역변수입니다. 따라서 쓰려고 하면 파이썬 쉘은 지역 변수라고 간주합니다. 38번째 줄에서 ball_x에 쓰고 있습니다.

**02** 🔘 을 눌러 마이크로비트로 다운로드합니다.

**03** 🔲 출력결과를 확인합니다. 공이 빠르게 오른쪽으로 움직인 후, 다음과 같은 오류가 발생합니다.

```
>>> Traceback (most recent call last):
  File "__main__", line 42, in <module>
  File "__main__", line 39, in ball_move
IndexError: list index out of range
```

ball_x 변수 값이 1씩 증가하면서 목록의 범위를 벗어나는 순간에 IndexError가 발생하면서 프로그램의 수행이 멈추게 됩니다.

**❻ 목록 색인 오류 처리하기**

여기서는 이전에 발생한 목록 색인 오류를 처리해봅니다.

**01** 🔵micro:bit 다음과 같이 예제를 작성합니다.

```
01~29 : # 이전 예제와 같습니다.
30 :
31 : ball_x =2
32 : ball_y =4
```

```
33 : ball_x_dir =1
34 : ball_y_dir =1
35 : def ball_move():
36 :     global ball_x
37 :     BRICK_GAME[ball_y][ball_x]=0
38 :     ball_x =ball_x +ball_x_dir
39 :     if ball_x >=4:
40 :             ball_x =4
41 :     BRICK_GAME[ball_y][ball_x]=1
42 :
43 : while True:
44 :     ball_move()
45 :
46 :     draw(BRICK_GAME)
```

**39, 40** : ball_x 값이 4보다 크거나 같으면, 즉 공이 오른쪽 벽에 부닥치면 ball_x 값을 4로 설정합니다.

**02** 🅰 을 눌러 마이크로비트로 다운로드합니다.

**03** 마이크로비트 보드의 디스플레이를 확인합니다. 공이 빠르게 오른쪽으로
움직인 후, 오른쪽 끝에서 멈춥니다.

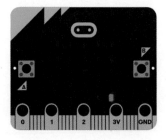

**❼ 공 방향 왼쪽으로 바꾸기**

여기서는 공이 벽에 닿은 후 왼쪽으로 움직이는 방향을 바꾸는 동작을 추가합니다.

**01** ▣micro:bit 다음과 같이 예제를 작성합니다.

실습파일 : 356.py

```
01~29 : # 이전 예제와 같습니다.
30 :
31 : ball_x =2
32 : ball_y =4
33 : ball_x_dir =1
34 : ball_y_dir =1
35 : def ball_move():
36 :     global ball_x
37 :     BRICK_GAME[ball_y][ball_x]=0
38 :     ball_x =ball_x +ball_x_dir
39 :     if ball_x >=4:
40 :             ball_x =4
41 :             ball_x_dir =-ball_x_dir
```

```
42 :        BRICK_GAME[ball_y][ball_x]=1
43 :
44 : while True:
45 :        ball_move()
46 :
47 :        draw(BRICK_GAME)
```

**39** : ball_x 값이 4보다 크거나 같으면. 즉 공이 오른쪽 벽에 부닥치면
**40** : ball_x 값을 4로 설정하고
**41** : 공의 방향을 바꿉니다.

**02** 🔧 을 눌러 마이크로비트로 다운로드합니다.

**03** 📟 출력결과를 확인합니다.

```
>>> Traceback (most recent call last):
  File "__main__", line 45, in <module>
  File "__main__", line 38, in ball move
NameError: local variable referenced before assignment
```

41번째 줄에서 NameError가 발생합니다. ball_x_dir은 함수 바깥에서 선언된 변수로 전역변수입니다. 파이썬에서는 전역변수는 어디에서나 읽을 수 있지만. 함수 안에서 전역변수에 새로운 값을 대입하는 것은 금지됩니다.

※ 전역변수는 어디에서나 읽을 수 있지만. 함수 안에서 전역변수에 새로운 값을 대입하는 것은 금지됩니다. 잠시 후 설명할 global 문을 사용하면 예외적으로 가능해집니다.

❽ 전역 변수 쓰기 오류 처리하기

여기서는 이전에 발생한 전역 변수 쓰기 오류를 처리해봅니다.

**01** ▣micro:bit 다음과 같이 예제를 작성합니다.

실습파일 : 357.py

```
01~29 : # 이전 예제와 같습니다.
30 :
31 : ball_x =2
32 : ball_y =4
33 : ball_x_dir =1
34 : ball_y_dir =1
35 : def ball_move():
36 :        global ball_x
37 :        global ball_x_dir
38 :        BRICK_GAME[ball_y][ball_x]=0
39 :        ball_x =ball_x +ball_x_dir
40 :        if ball_x >=4:
41 :                ball_x =4
42 :                ball_x_dir =~ball_x_dir
```

```
43 :      BRICK_GAME[ball_y][ball_x]=1
44 :
45 : while True:
46 :      ball_move()
47 :
48 :      draw(BRICK_GAME)
```

**37** : ball_x_dir가 전역변수라고 선언합니다. global은 파이썬 쉘에게 전역변수라고 알려주는 것입니다. 전역변수는 함수 밖에서 선언된 변수입니다. 파이썬의 경우 함수 안에서 전역변수는 읽을 수는 있지만 쓸 수는 없습니다. 쓸 수 있는 변수는 지역변수입니다. 따라서 쓰려고 하면 파이썬 쉘은 지역 변수라고 간주합니다. 42번째 줄에서 ball_x_dir에 쓰고 있습니다.

**02** ⬛ 을 눌러 마이크로비트로 다운로드합니다.

**03** 🏃 출력결과를 확인합니다. 공이 빠르게 왼쪽으로 움직이면서, 다음과 같은 오류가 발생합니다.

```
>>> Traceback (most recent call last):
  File "__main__", line 46, in <module>
  File "__main__", line 43, in ball_move
IndexError: list index out of range
```

ball_x 변수 값이 1씩 감소하면서 목록의 범위를 벗어나는 순간에 IndexError가 발생하면서 프로그램의 수행이 멈추게 됩니다.

**❾ 목록 색인 오류 처리하기**

여기서는 이전에 발생한 목록 색인 오류를 처리해봅니다.

**01** ⬛micro:bit 다음과 같이 예제를 작성합니다.

실습파일 : 358.py

```
01~29 : # 이전 예제와 같습니다.
30 :
31 : ball_x =2
32 : ball_y =4
33 : ball_x_dir =1
34 : ball_y_dir =1
35 : def ball_move():
36 :      global ball_x
37 :      global ball_x_dir
38 :      BRICK_GAME[ball_y][ball_x]=0
39 :      ball_x =ball_x +ball_x_dir
40 :      if ball_x >=4:
41 :              ball_x =4
42 :              ball_x_dir =-ball_x_dir
43 :      if ball_x <=0:
44 :              ball_x =0
```

```
45 :        BRICK_GAME[ball_y][ball_x]=1
46 :
47 : while True:
48 :        ball_move()
49 :
50 :        draw(BRICK_GAME)
```

**04** : ball_x 값이 0보다 작거나 같으면, 즉 공이 왼쪽 벽에 부딪치면 ball_x 값을 0으로 설정합니다.

**02** 🔧 을 눌러 마이크로비트로 다운로드합니다.

**03** 마이크로비트 보드의 디스플레이를 확인합니다. 공이 빠르게 왼쪽으로 움직인 후, 왼쪽 끝에서 멈춥니다.

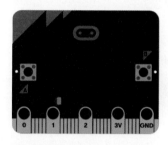

❿ 공 방향 오른쪽으로 바꾸기

여기서는 공이 벽에 닿은 후 오른쪽으로 움직이는 방향을 바꾸는 동작을 추가합니다.

**01** ⚫ micro:bit 다음과 같이 예제를 작성합니다.

실습파일 : 359.py

```
01~29 : # 이전 예제와 같습니다.
30 :
31 : ball_x =2
32 : ball_y =4
33 : ball_x_dir =1
34 : ball_y_dir =1
35 : def ball_move():
36 :        global ball_x
37 :        global ball_x_dir
38 :        BRICK_GAME[ball_y][ball_x]=0
39 :        ball_x =ball_x +ball_x_dir
40 :        if ball_x >=4:
41 :                ball_x =4
42 :                ball_x_dir =-ball_x_dir
43 :        if ball_x <=0:
44 :                ball_x =0
45 :                ball_x_dir =-ball_x_dir
46 :        BRICK_GAME[ball_y][ball_x]=1
```

```
47 :
48 : while True:
49 :     ball_move()
50 :
51 :     draw(BRICK_GAME)
```

**43** : ball_x 값이 0보다 작거나 같으면, 즉 공이 왼쪽 벽에 부닥치면
**44** : ball_x 값을 0으로 설정하고
**45** : 공의 방향을 바꿉니다.

**02.** 🔛 을 눌러 마이크로비트로 다운로드합니다.

**03.** 마이크로비트 보드의 디스플레이를 확인합니다. 공이 좌우로 움직입니다. 그러나 너무 빠릅니다.

   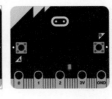 

❶ 속도 줄이기

여기서는 공의 움직이는 속도를 줄여봅니다.

**01.** ⬮⬮micro:bit 다음과 같이 예제를 수정합니다.

실습파일 : 360.py
```
48 : while True:
49 :     ball_move()
50 :
51 :     draw(BRICK_GAME)
52 :     sleep(DELAY)
```

**52** : sleep 함수를 호출하여 DELAY 밀리 초만큼 기다립니다. DELAY는 앞에서 500으로 정의되어 있습니다.

**02.** 🔛 을 눌러 마이크로비트로 다운로드합니다.

**03.** 마이크로비트 보드의 디스플레이를 확인합니다. 공이 좌우로 0.5초 간격으로 움직입니다.

## 03-3 공 상하로 움직이기

공을 상하로 움직여 봅니다.

**01** `⊙micro:bit` 다음과 같이 예제를 작성합니다.

```
실습파일 : 360_2.py

35 : def ball_move():
36 :     global ball_x
37 :     global ball_x_dir
38 :     global ball_y
39 :     global ball_y_dir
40 :     BRICK_GAME[ball_y][ball_x]=0
41 :     ball_x =ball_x +ball_x_dir
42 :     if ball_x >=4:
43 :             ball_x =4
44 :             ball_x_dir =-ball_x_dir
45 :     if ball_x <=0:
46 :             ball_x =0
47 :             ball_x_dir =-ball_x_dir
48 :     ball_y =ball_y +ball_y_dir
49 :     if ball_y >=4:
50 :             ball_y =4
51 :             ball_y_dir =-ball_y_dir
52 :     if ball_y <=0:
53 :             ball_y =0
54 :             ball_y_dir =-ball_y_dir
55 :     BRICK_GAME[ball_y][ball_x]=1
```

**48** : ball_y 값에 ball_y_dir 값을 더해 공의 상하 위치를 변경해 줍니다. ball_y_dir 값이 양수면 아래쪽으로 음수면 위쪽으로 이동합니다.

**49~51** : ball_y 값이 4보다 크거나 같으면, 즉 공이 아래쪽 벽에 부닥치면 ball_y 값을 4로 설정하고 공의 방향을 바꿉니다.

**52~55** : ball_y 값이 0보다 작거나 같으면, 즉 공이 위쪽 벽에 부닥치면 ball_y 값을 0으로 설정하고 공의 방향을 바꿉니다.

**02** 🔽 을 눌러 마이크로비트로 다운로드합니다.

**03** 마이크로비트 보드의 디스플레이를 확인합니다. 공이 상하로도 움직입니다.

 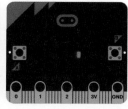 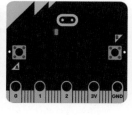 

## 03-4 벽돌 추가하기

이번엔 게임 화면 윗부분에 벽돌을 추가해봅니다.

**01** ⊂●micro:bit 다음과 같이 예제를 작성합니다.

실습파일 : 361.py

```
09 : BRICK_GAME =[
10 :     [1,1,1,1,1],
11 :     [1,1,1,1,1],
12 :     [0,0,0,0,0],
13 :     [0,0,0,0,0],
14 :     [0,0,1,0,0],
15 : ]
```

**10, 11** : 벽돌이 놓일 위치의 값을 1로 설정합니다.

**02** ⬇ 을 눌러 마이크로비트로 다운로드합니다.

**03** 마이크로비트 보드의 디스플레이를 확인합니다. 위쪽 2줄에 벽돌이 표시되는 것을 볼 수 있습니다.

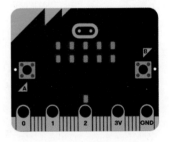

## 03-5 위 방향 벽돌 깨기

여기서는 공이 바로 위의 벽돌에 부닥쳤을 때 벽돌이 깨지는 동작을 추가합니다.

**01** ⊂●micro:bit 다음과 같이 예제를 작성합니다.

실습파일 : 362.py

```
35 : def ball_move():
36 :     global ball_x
37 :     global ball_x_dir
38 :     global ball_y
39 :     global ball_y_dir
40 :     BRICK_GAME[ball_y][ball_x]=0
41 :     ball_x =ball_x +ball_x_dir
42 :     if ball_x >=4:
43 :             ball_x =4
44 :             ball_x_dir =-ball_x_dir
45 :     if ball_x <=0:
46 :             ball_x =0
```

```
47 :            ball_x_dir =-ball_x_dir
48 :        ball_y =ball_y +ball_y_dir
49 :        if ball_y >=4:
50 :                ball_y =4
51 :                ball_y_dir =-ball_y_dir
52 :        if ball_y <=0:
53 :                ball_y =0
54 :                ball_y_dir =-ball_y_dir
55 :        BRICK_GAME[ball_y][ball_x]=1
56 :
57 :        if BRICK_GAME[ball_y +ball_y_dir][ball_x]==1:
58 :                BRICK_GAME[ball_y +ball_y_dir][ball_x]=0
59 :                ball_y_dir =-ball_y_dir
```

**57** : 공의 바로 위의 위치에 벽돌이 있으면
**58** : 해당 벽돌의 값을 0으로 설정하고
**59** : 상하에 대한 공의 방향을 반대로 바꿉니다.

**02** 🔽 을 눌러 마이크로비트로 다운로드합니다.

**03** 마이크로비트 보드의 디스플레이를 확인합니다. 공이 벽돌 바로 아래 도
달하면 바로 위에 있는 벽돌이 사라지는 것을 확인합니다.

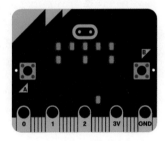

## 03-6 대각선 방향 벽돌 깨기

여기서는 공이 대각선 방향의 벽돌에 부닥쳤을 때 벽돌이 깨지는 동작을 추가합니다.

**01** ⬛micro:bit 다음과 같이 예제를 작성합니다.

실습파일 : 363.py

```
35 : def ball_move():
36 :     global ball_x
37 :     global ball_x_dir
38 :     global ball_y
39 :     global ball_y_dir
40 :     BRICK_GAME[ball_y][ball_x]=0
41 :     ball_x =ball_x +ball_x_dir
```

```
42 :    if ball_x >=4:
43 :            ball_x =4
44 :            ball_x_dir =-ball_x_dir
45 :    if ball_x <=0:
46 :            ball_x =0
47 :            ball_x_dir =-ball_x_dir
48 : ball_y =ball_y +ball_y_dir
49 :    if ball_y >=4:
50 :            ball_y =4
51 :            ball_y_dir =-ball_y_dir
52 :    if ball_y <=0:
53 :            ball_y =0
54 :            ball_y_dir =-ball_y_dir
55 : BRICK_GAME[ball_y][ball_x]=1
56 :
57 :    if BRICK_GAME[ball_y +ball_y_dir][ball_x]==1:
58 :            BRICK_GAME[ball_y +ball_y_dir][ball_x]=0
59 :            ball_y_dir =-ball_y_dir
60 :    elif BRICK_GAME[ball_y +ball_y_dir][ball_x +ball_x_dir]==1:
61 :            BRICK_GAME[ball_y +ball_y_dir][ball_x +ball_x_dir]=0
62 :            ball_y_dir =-ball_y_dir
63 :            ball_x_dir =-ball_x_dir
```

**60**　: 공이 대각선 방향 바로 다음 위치에 벽돌이 있으면
**61**　: 해당 벽돌의 값을 0으로 설정하고
**62, 63** : 상하좌우에 대한 공의 방향을 반대로 바꿉니다.

**02** 📥 을 눌러 마이크로비트로 다운로드합니다.

**03** 마이크로비트 보드의 디스플레이를 확인합니다. 공이 대각선 방향으로 벽돌 바로 전 위치에 도달하면 해당 벽돌이 사라지는 것을 확인합니다.

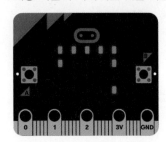

## 03-7 전체 소스 확인하기

이상의 예제를 정리하면 다음과 같습니다.

```python
01 : from microbit import *
02 :
03 : x =[0,1,2,3,4]
04 : y =[0,1,2,3,4]
05 : HIGH =9
06 : LOW =0
07 : DELAY =500
08 :
09 : BRICK_GAME =[
10 :     [1,1,1,1,1],
11 :     [1,1,1,1,1],
12 :     [0,0,0,0,0],
13 :     [0,0,0,0,0],
14 :     [0,0,1,0,0],
15 : ]
16 :
17 : def draw(pImage):
18 :     for n in range(0,5):
19 :             for m in range(0,5):
20 :                     if pImage[n][m]==1:
21 :                             display.set_pixel(x[m],y[n],HIGH)
22 :                     else:
23 :                             display.set_pixel(x[m],y[n],LOW)
24 :
25 : def erase(pImage):
26 :     for n in range(0,5):
27 :             for m in range(0,5):
28 :                     if pImage[n][m]==1:
29 :                             display.set_pixel(x[m],y[n],LOW)
30 :
31 : ball_x =2
32 : ball_y =4
33 : ball_x_dir =1
34 : ball_y_dir =1
35 : def ball_move():
36 :     global ball_x
37 :     global ball_x_dir
38 :     global ball_y
39 :     global ball_y_dir
40 :     BRICK_GAME[ball_y][ball_x]=0
41 :     ball_x =ball_x +ball_x_dir
```

```
42 :    if ball_x >=4:
43 :            ball_x =4
44 :            ball_x_dir =-ball_x_dir
45 :    if ball_x <=0:
46 :            ball_x =0
47 :            ball_x_dir =-ball_x_dir
48 :    ball_y =ball_y +ball_y_dir
49 :    if ball_y >=4:
50 :            ball_y =4
51 :            ball_y_dir =-ball_y_dir
52 :    if ball_y <=0:
53 :            ball_y =0
54 :            ball_y_dir =-ball_y_dir
55 :    BRICK_GAME[ball_y][ball_x]=1
56 :
57 :    if BRICK_GAME[ball_y +ball_y_dir][ball_x]==1:
58 :            BRICK_GAME[ball_y +ball_y_dir][ball_x]=0
59 :            ball_y_dir =-ball_y_dir
60 :    elif BRICK_GAME[ball_y +ball_y_dir][ball_x +ball_x_dir]==1:
61 :            BRICK_GAME[ball_y +ball_y_dir][ball_x +ball_x_dir]=0
62 :            ball_y_dir =-ball_y_dir
63 :            ball_x_dir =-ball_x_dir
64 :
65 : while True:
66 :    ball_move()
67 :
68 :    draw(BRICK_GAME)
69 :    sleep(DELAY)
```

이상에서 벽돌 깨기 애니메이션을 구현해 보았습니다.

# 04 _ 벽돌 깨기 애니메이션 클래스 적용하기

여기서는 이전에 작성한 함수 기반의 벽돌 깨기 애니메이션을 클래스로 정리해 봅니다.

## 04-1 클래스 정의하기

앞에서 작성한 예제에서 draw, erase 함수는 마이크로비트 디스플레이에 그림을 그리거나 지우기 위한 함수입니다. 여기서는 이 두 함수를 묶어 DisplayImage 클래스로 정의해 봅니다.

**01** ◎ micro:bit 다음과 같이 예제를 작성합니다.

**실습파일 : 367.py**

```
01 : from microbit import *
02 :
03 : x =[0,1,2,3,4]
04 : y =[0,1,2,3,4]
05 : HIGH =9
06 : LOW =0
07 : DELAY =500
08 :
09 : class DisplayImage:
10 :     def __init__(self,pImage):
11 :             self.image = pImage
12 :
13 :     def draw(self):
14 :             for n in range(0,5):
15 :                     for m in range(0,5):
16 :                             if self.image[n][m]==1:
17 :                                     display.set_pixel(x[m],y[n],HIGH)
18 :                             else:
19 :                                     display.set_pixel(x[m],y[n],LOW)
20 :
21 :     def erase(self):
22 :             for n in range(0,5):
23 :                     for m in range(0,5):
24 :                             if self.image[n][m]==1:
```

```
25 :                                    display.set_pixel(x[m],y[n],LOW)
26 :
27 : BRICK_GAME =[
28 :      [0,0,0,0,0],
29 :      [0,0,0,0,0],
30 :      [0,0,0,0,0],
31 :      [0,0,0,0,0],
32 :      [0,0,1,0,0],
33 : ]
34 :
35 : brick_game = DisplayImage(BRICK_GAME)
36 :
37 : while True:
38 :      brick_game.draw()
```

**09** : 10~25줄을 하나로 묶어, DisplayImage 클래스로 정의합니다. 이 클래스는 11줄에 있는 self.image 변수와 13, 21줄에 정의된 draw, erase 함수를 하나로 묶는 역할을 합니다.

**10** : __init__ 함수를 정의합니다. 클래스를 정의할 때 클래스 변수인 객체를 초기화하는 함수로 반드시 정의해 주도록 합니다. 35줄은 클래스 형태의 변수인 객체를 생성하는 부분인데, 이 부분에서 __init__ 함수가 호출되면서 객체를 초기화하게 됩니다. 1번째 매개변수는 self로 해 주어야 합니다. 2번째 매개변수는 35줄에서 2번째 인자로 넘겨주는 BRICK_GAME 목록을 받기 위한 역할을 합니다.

**11** : 객체 생성 시 필요한 속성은 __init__ 함수 내에서 self 키워드에 붙여 선언해 줍니다. 여기서는 image 변수가 DisplayImage 객체의 하위 변수가 됩니다.

**13** : draw 함수를 정의합니다. 첫번째 매개변수는 self로 해 주어야 합니다.

**16** : 객체 하위 변수인 self.image를 사용합니다.

**21** : erase 함수를 정의합니다. 첫번째 매개변수는 self로 해 주어야 합니다.

**24** : 객체 하위 변수인 self.image를 사용합니다.

**35** : DisplayImage 클래스 형태의 변수인 객체를 생성하는 부분입니다. 이 부분에서 10줄에서 정의된 __init__ 함수가 호출되면서 객체를 초기화하게 됩니다. 생성된 객체는 self.image 하위 변수로 구성됩니다.

**38** : brick_game 객체에 대해 draw 함수를 호출합니다.

※ 클래스 형태의 변수를 일반적으로 객체라고 합니다. 객체는 확장된 변수의 형태로 이해할 수 있습니다. 객체는 self로 시작하는 하위 변수의 집합인 상위 변수입니다.

**02** 을 눌러 마이크로비트로 다운로드합니다.

**03** 마이크로비트 보드의 디스플레이를 확인합니다. 다음과 같이 바닥에 LED가 하나 켜진 것을 확인합니다.

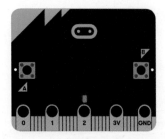

## 04-2 공 좌우로 움직이기

여기서는 앞에서 정의한 ball_move 함수를 포함하는 Ball 클래스를 정의해 봅니다.

### ❶ 공 제어 클래스 추가하기

먼저 공을 움직이는 동작을 나타낼 Ball 클래스를 정의합니다.

**01** ⬡micro:bit 다음과 같이 예제를 수정합니다.

```
실습파일 : 369.py

01~07 : # 이전 예제와 같습니다.
08 :
09 : class Ball:
10 :     def move(self):
11 :             return
12 :
13 : class DisplayImage:
14 :     def __init__(self,pImage):
15 :             self.image = pImage
16 :             self.ball = Ball()
17 :
18~40 : # 이전 예제와 같습니다.
41 :
42 : while True:
43 :     brick_game.ball.move()
44 :
45 :     brick_game.draw()
```

**09** : Ball 클래스를 정의합니다. Ball 클래스는 10번째 줄에 move 함수를 하위 동작으로 포함합니다.

**10** : move 함수를 정의합니다. 첫 번째 매개변수는 self로 해 주어야 합니다. 아무것도 하지 않고 빠져 나오는 빈 함수로 정의합니다.

**43** : ball_move 함수를 호출합니다.

**02** 🔒 을 눌러 마이크로비트로 다운로드합니다.

**03** 마이크로비트 보드의 디스플레이를 확인합니다. 이전과 동작이 같습니다.

### ❷ 공 제어 멤버 변수 추가하기

다음은 Ball 클래스 내에 공의 위치와 방향을 저장할 멤버 변수를 정의합니다.

**01** ⬡micro:bit 다음과 같이 예제를 수정합니다.

실습파일 : 370.py

```
01~07 : # 이전 예제와 같습니다.
08 :
09 : class Ball:
10 :     def __init__(self):
11 :             self.x =2
12 :             self.y =4
13 :             self.x_dir =1
14 :             self.y_dir =1
15 :
16 :     def move(self):
17 :             return
18 :
19~51 : # 이전 예제와 같습니다.
```

**10** : __init__ 함수를 정의합니다. 클래스를 정의할 때 클래스 변수인 객체를 초기화하는 함수로 반드시 정의해 주도록 합니다. 1번째 매개변수는 self로 해 주어야 합니다.

**11~14** : 객체 생성 시 필요한 속성은 __init__ 함수 내에서 self 키워드에 붙여 선언해 줍니다. 여기서는 x, y, x_dir, y_dir 변수가 Ball 객체의 하위 변수가 됩니다.

**11** : 공의 최초 행 위치를 저장할 멤버 변수 x를 선언한 후 4로 초기화합니다.

**12** : 공의 최초 열 위치를 저장할 멤버 변수 y를 선언한 후 4로 초기화합니다.

**13** : 공이 좌우로 움직일 방향을 저장할 멤버 변수 x_dir을 선언한 후 1로 초기화합니다.

**14** : 공이 상하로 움직일 방향을 저장할 멤버 변수 y_dir을 선언한 후 1로 초기화합니다.

**02** 🔧 을 눌러 마이크로비트로 다운로드합니다.

**03** 마이크로비트 보드의 디스플레이를 확인합니다. 이전과 동작이 같습니다.

❸ 공 지우고 다시 그리기

공을 지우고 그리는 동작을 추가합니다.

**01** ⬡micro:bit 다음과 같이 예제를 작성합니다.

실습파일 : 371.py

```
01~07 : # 이전 예제와 같습니다.
08 :
9  : class Ball:
10 :     def __init__(self,pImage):
11 :             self.x =2
12 :             self.y =4
13 :             self.x_dir =1
14 :             self.y_dir =1
```

```
15 :              self.image = pImage
16 :
17 :      def move(self):
18 :              self.image[self.y][self.x] =0
19 :              self.image[self.y][self.x] =1
20 :              return
21 :
22~54 : # 이전 예제와 같습니다.
```

**18** : 공을 움직이기 전에 현재 공의 위치 값에 해당하는 self.image[self.y][self.x] 값을 0으로 설정하여 공을 지웁니다.
**19** : 변경된 공의 위치 값에 해당하는 self.image[self.y][self.x] 값을 1로 설정하여 공의 위치를 변경합니다.

**02** 🔌 을 눌러 마이크로비트로 다운로드합니다.

**03** 마이크로비트 보드의 디스플레이를 확인합니다. 이전과 동작이 같습니다.

❹ 공 오른쪽으로 움직이기

공을 오른쪽으로 움직이는 동작을 추가합니다.

**01** ⚫micro:bit 다음과 같이 예제를 작성합니다.

**실습파일 : 372.py**

```
17 :      def move(self):
18 :              self.image[self.y][self.x] =0
19 :              self.x =self.x +self.x_dir
20 :              self.image[self.y][self.x] =1
21 :              return
```

**19** : self.x 값에 self.x_dir 값을 더해 공의 좌우 위치를 변경해 줍니다. self.x_dir 값이 양수면 오른쪽으로 음수면 왼쪽으로
      이동합니다.

**02** 🔌 을 눌러 마이크로비트로 다운로드합니다.

**03** 🖥 출력결과를 확인합니다. 공이 빠르게 오른쪽으로 움직인 후, 다음과 같은 오류가 발생합니다.

```
Traceback (most recent call last):
  File "__main__", line 53, in <module>
  File "__main__", line 20, in move
IndexError: list index out of range
```

self.x 변수 값이 1씩 증가하면서 목록의 범위를 벗어나는 순간에 IndexError가 발생하면서 프로그램의 수행
이 멈추게 됩니다.

**❺** 목록 색인 오류 처리하기

여기서는 이전에 발생한 목록 색인 오류를 처리해봅니다.

**01** ⊂◎⊃micro:bit 다음과 같이 예제를 작성합니다.

실습파일 : 372_2.py

```
17 :     def move(self):
18 :             self.image[self.y][self.x] =0
19 :             self.x =self.x +self.x_dir
20 :             if self.x >=4:
21 :                     self.x =4
22 :             self.image[self.y][self.x] =1
```

**20, 21** : self.x 값이 4보다 크거나 같으면, 즉 공이 오른쪽 벽에 부딪치면 self.x 값을 4로 설정합니다.

**02** 🅰 을 눌러 마이크로비트로 다운로드합니다.

**03** 마이크로비트 보드의 디스플레이를 확인합니다. 공이 빠르게 오른쪽으로 움직인 후, 오른쪽 끝에서 멈춥니다.

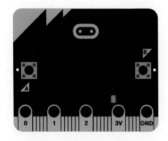

**❻** 공 방향 왼쪽으로 바꾸기

여기서는 공이 벽에 닿은 후 왼쪽으로 움직이는 방향을 바꾸는 동작을 추가합니다.

**01** ⊂◎⊃micro:bit 다음과 같이 예제를 작성합니다.

실습파일 : 373.py

```
17 :     def move(self):
18 :             self.image[self.y][self.x] =0
19 :             self.x =self.x +self.x_dir
20 :             if self.x >=4:
21 :                     self.x =4
22 :                     self.x_dir =-self.x_dir
23 :             self.image[self.y][self.x] =1
```

**20 :** self.x 값이 4보다 크거나 같으면, 즉 공이 오른쪽 벽에 부딪치면

**21 :** self.x 값을 4로 설정하고

**22 :** 공의 방향을 바꿉니다.

**02** 🖳 을 눌러 마이크로비트로 다운로드합니다.

**03** 🖳 출력결과를 확인합니다. 공이 빠르게 왼쪽으로 움직이면서, 다음과 같은 오류가 발생합니다.

```
>>> Traceback (most recent call last):
  File "__main__", line 55, in <module>
  File "__main__", line 23, in move
IndexError: list index out of range
```

self.x 변수 값이 1씩 감소하면서 목록의 범위를 벗어나는 순간에 IndexError가 발생하면서 프로그램의 수행이 멈추게 됩니다.

**❼ 목록 색인 오류 처리하기**

여기서는 이전에 발생한 목록 색인 오류를 처리해봅니다.

**01** ⬡micro:bit 다음과 같이 예제를 작성합니다.

**실습파일 : 374.py**

```
17 :     def move(self):
18 :             self.image[self.y][self.x] =0
19 :             self.x =self.x +self.x_dir
20 :             if self.x >=4:
21 :                     self.x =4
22 :                     self.x_dir =-self.x_dir
23 :             if self.x <=0:
24 :                     self.x =0
25 :             self.image[self.y][self.x] =1
```

**23, 24 :** self.x 변수 값이|x 값이 0보다 작거나 같으면, 즉 공이 왼쪽 벽에 부딪치면 self.x 값을 0으로 설정합니다.

**02** 🖳 을 눌러 마이크로비트로 다운로드합니다.

**03** 마이크로비트 보드의 디스플레이를 확인합니다. 공이 빠르게 왼쪽으로 움직인 후, 왼쪽 끝에서 멈춥니다.

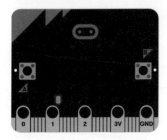

## ❽ 공 방향 오른쪽으로 바꾸기

여기서는 공이 벽에 닿은 후 오른쪽으로 움직이는 방향을 바꾸는 동작을 추가합니다.

**01** ⓒmicro:bit 다음과 같이 예제를 작성합니다.

```
실습파일 : 374_2.py

17 :     def move(self):
18 :             self.image[self.y][self.x] =0
19 :             self.x =self.x +self.x_dir
20 :             if self.x >=4:
21 :                     self.x =4
22 :                     self.x_dir =-self.x_dir
23 :             if self.x <=0:
24 :                     self.x =0
25 :                     self.x_dir =-self.x_dir
26 :             self.image[self.y][self.x] =1
```

**23** : self.x 값이 0보다 작거나 같으면, 즉 공이 왼쪽 벽에 부딪치면
**24** : self.x 값을 0으로 설정하고
**25** : 공의 방향을 바꿉니다.

**02** 🔧 을 눌러 마이크로비트로 다운로드합니다.
**03** 마이크로비트 보드의 디스플레이를 확인합니다. 공이 좌우로 움직입니다. 그러나 너무 빠릅니다.

## ❾ 속도 줄이기

여기서는 공의 움직이는 속도를 줄여봅니다.

**01** ⓒmicro:bit 다음과 같이 예제를 수정합니다.

```
실습파일 : 375.py

57 : while True:
58 :     brick_game.ball.move()
59 :
60 :     brick_game.draw()
61 :     sleep(DELAY)
```

**61** : sleep 함수를 호출하여 DELAY 밀리 초만큼 기다립니다. DELAY는 앞에서 500으로 정의되어 있습니다.

**02** 🖥 을 눌러 마이크로비트로 다운로드합니다.

**03** 마이크로비트 보드의 디스플레이를 확인합니다. 공이 좌우로 0.5초 간격으로 움직입니다.

## 04-3 공 상하로 움직이기

다음은 공을 상하로 움직여 봅니다.

**01** ⊂⊃micro:bit 다음과 같이 예제를 작성합니다.

```
실습파일 : 376.py

17 :      def move(self):
18 :              self.image[self.y][self.x] =0
19 :              self.x =self.x +self.x_dir
20 :              if self.x >=4:
21 :                      self.x =4
22 :                      self.x_dir =-self.x_dir
23 :              if self.x <=0:
24 :                      self.x =0
25 :                      self.x_dir =-self.x_dir
26 :              self.y =self.y +self.y_dir
27 :              if self.y >=4:
28 :                      self.y =4
29 :                      self.y_dir =-self.y_dir
30 :              if self.y <=0:
31 :                      self.y =0
32 :                      self.y_dir =-self.y_dir
33 :              self.image[self.y][self.x] =1
```

**26**　　: self.y 값에 self.y_dir 값을 더해 공의 상하 위치를 변경해 줍니다. self.y_dir 값이 양수면 아래쪽으로 음수면 위쪽으로 이동합니다.

**27~29** : self.y 값이 4보다 크거나 같으면, 즉 공이 아래쪽 벽에 부닥치면 self.y 값을 4로 설정하고 공의 방향을 바꿉니다.

**30~32** : ball_y 값이 0보다 작거나 같으면, 즉 공이 위쪽 벽에 부닥치면 ball_y 값을 0으로 설정하고 공의 방향을 바꿉니다.

**02** 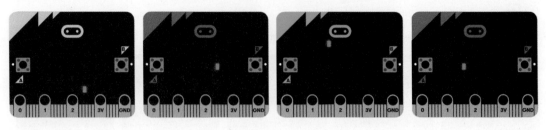 을 눌러 마이크로비트로 다운로드합니다.

**03** 마이크로비트 보드의 디스플레이를 확인합니다. 공이 상하로도 움직입니다.

## 04-4 벽돌 추가하기

이번엔 게임 화면 윗부분에 벽돌을 추가해봅니다.

**01** ⬚micro:bit 다음과 같이 예제를 작성합니다.

```
실습파일 : 377.py

54 : BRICK_GAME =[
55 :     [1,1,1,1,1],
56 :     [1,1,1,1,1],
57 :     [0,0,0,0,0],
58 :     [0,0,0,0,0],
59 :     [0,0,1,0,0],
60 : ]
```

**55, 56** : 벽돌이 놓일 위치의 값을 1로 설정합니다.

**02** 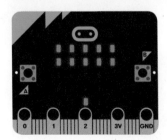 을 눌러 마이크로비트로 다운로드합니다.

**03** 마이크로비트 보드의 디스플레이를 확인합니다. 위쪽 2 줄에 벽돌이 표시되는 것을 볼 수 있습니다.

## 04-5 위 방향 벽돌 깨기

여기서는 공이 바로 위의 벽돌에 부딪쳤을 때 벽돌이 깨지는 동작을 추가합니다.

**01** ◎micro:bit 다음과 같이 예제를 작성합니다.

```
실습파일 : 377_2.py
17 :     def move(self):
18 :             self.image[self.y][self.x] =0
19 :             self.x =self.x +self.x_dir
20 :             if self.x >=4:
21 :                     self.x =4
22 :                     self.x_dir =-self.x_dir
23 :             if self.x <=0:
24 :                     self.x =0
25 :                     self.x_dir =-self.x_dir
26 :             self.y =self.y +self.y_dir
27 :             if self.y >=4:
28 :                     self.y =4
29 :                     self.y_dir =-self.y_dir
30 :             if self.y <=0:
31 :                     self.y =0
32 :                     self.y_dir =-self.y_dir
33 :             self.image[self.y][self.x] =1
34 :
35 :             if self.image[self.y +self.y_dir][self.x]==1:
36 :                     self.image[self.y +self.y_dir][self.x]=0
37 :                     self.y_dir =-self.y_dir
```

**35** : 공의 바로 위의 위치에 벽돌이 있으면
**36** : 해당 벽돌의 값을 0으로 설정하고
**37** : 상하에 대한 공의 방향을 반대로 바꿉니다.

**02** 🔽 을 눌러 마이크로비트로 다운로드합니다.

**03** 마이크로비트 보드의 디스플레이를 확인합니다. 공이 벽돌 바로 아래 도달하면 바로 위에 있는 벽돌이 사라지는 것을 확인합니다.

## 04-6 대각선 방향 벽돌 깨기

여기서는 공이 대각선 방향의 벽돌에 부닥쳤을 때 벽돌이 깨지는 동작을 추가합니다.

**01** ⬡micro:bit 다음과 같이 예제를 작성합니다.

실습파일 : 378.py

```
17 :     def move(self):
18 :         self.image[self.y][self.x] =0
19 :         self.x =self.x +self.x_dir
20 :         if self.x >=4:
21 :             self.x =4
22 :             self.x_dir =-self.x_dir
23 :         if self.x <=0:
24 :             self.x =0
25 :             self.x_dir =-self.x_dir
26 :         self.y =self.y +self.y_dir
27 :         if self.y >=4:
28 :             self.y =4
29 :             self.y_dir =-self.y_dir
30 :         if self.y <=0:
31 :             self.y =0
32 :             self.y_dir =-self.y_dir
33 :         self.image[self.y][self.x] =1
34 :
35 :         if self.image[self.y +self.y_dir][self.x]==1:
36 :             self.image[self.y +self.y_dir][self.x]=0
37 :             self.y_dir =-self.y_dir
38 :         elif self.image[self.y +self.y_dir][self.x +self.x_dir]==1:
39 :             self.image[self.y +self.y_dir][self.x +self.x_dir]=0
40 :             self.y_dir =-self.y_dir
41 :             self.x_dir =-self.x_dir
```

**38** : 공이 대각선 방향 바로 다음 위치에 벽돌이 있으면

**39** : 해당 벽돌의 값을 0으로 설정하고

**40, 41** : 상하좌우에 대한 공의 방향을 반대로 바꿉니다.

**02** 🅐 을 눌러 마이크로비트로 다운로드합니다.

**03** 마이크로비트 보드의 디스플레이를 확인합니다. 공이 대각선 방향으로 벽돌 바로 전 위치에 도달하면 해당 벽돌이 사라지는 것을 확인합니다.

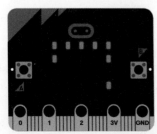

## 04-7 전체 소스 확인하기

이상의 예제를 정리하면 다음과 같습니다.

```python
01 : from microbit import *
02 :
03 : x =[0,1,2,3,4]
04 : y =[0,1,2,3,4]
05 : HIGH =9
06 : LOW =0
07 : DELAY =500
08 :
09 : class Ball:
10 :     def __init__(self,pImage):
11 :             self.x =2
12 :             self.y =4
13 :             self.x_dir =1
14 :             self.y_dir =1
15 :             self.image = pImage
16 :
17 :     def move(self):
18 :             self.image[self.y][self.x] =0
19 :             self.x =self.x +self.x_dir
20 :             if self.x >=4:
21 :                     self.x =4
22 :                     self.x_dir =-self.x_dir
23 :             if self.x <=0:
24 :                     self.x =0
25 :                     self.x_dir =-self.x_dir
26 :             self.y =self.y +self.y_dir
27 :             if self.y >=4:
28 :                     self.y =4
29 :                     self.y_dir =-self.y_dir
30 :             if self.y <=0:
31 :                     self.y =0
32 :                     self.y_dir =-self.y_dir
33 :             self.image[self.y][self.x] =1
34 :
35 :             if self.image[self.y +self.y_dir][self.x]==1:
36 :                     self.image[self.y +self.y_dir][self.x]=0
37 :                     self.y_dir =-self.y_dir
38 :             elif self.image[self.y +self.y_dir][self.x +self.x_dir]==1:
39 :                     self.image[self.y +self.y_dir][self.x +self.x_dir]=0
40 :                     self.y_dir =-self.y_dir
41 :                     self.x_dir =-self.x_dir
```

```
42 :
43 : class DisplayImage:
44 :     def __init__(self,pImage):
45 :             self.image = pImage
46 :             self.ball = Ball(pImage)
47 :
48 :     def draw(self):
49 :             for n in range(0,5):
50 :                     for m in range(0,5):
51 :                             if self.image[n][m]==1:
52 :                                     display.set_pixel(x[m],y[n],HIGH)
53 :                             else:
54 :                                     display.set_pixel(x[m],y[n],LOW)
55 :
56 :     def erase(self):
57 :             for n in range(0,5):
58 :                     for m in range(0,5):
59 :                             if self.image[n][m]==1:
60 :                                     display.set_pixel(x[m],y[n],LOW)
61 :
62 : BRICK_GAME =[
63 :     [1,1,1,1,1],
64 :     [1,1,1,1,1],
65 :     [0,0,0,0,0],
66 :     [0,0,0,0,0],
67 :     [0,0,1,0,0],
68 : ]
69 :
70 : brick_game = DisplayImage(BRICK_GAME)
71 :
72 : while True:
73 :     brick_game.ball.move()
74 :
75 :     brick_game.draw()
76 :     sleep(DELAY)
```

이상에서 클래스를 이용하여 벽돌 깨기 애니메이션을 구현해 보았습니다.

# APPENDIX
# 마이크로비트 라디오 통신 & 프로젝트

부록1에서는 마이크로비트 라디오 통신 라이브러리를 활용한 무선 통신 프로그래밍 방법과 라디오 통신 채팅 프로그래밍 방법을 익혀보고, 부록2에서는 가상 RC카, 완구 로봇 등 무선조정 마이크로비트 프로젝트를 수행하면서 파이썬 문법을 종합적으로 복습해본다. 부록에 관련된 자세한 내용은 PDF 파일로 무료 제공한다. PDF 파일 무료 다운로드는 4쪽을 참조합니다.

## APPENDIX_01 마이크로 비트 라디오 통신

마이크로비트 라디오 통신 라이브러리를 활용한 무선 통신 프로그래밍 방법, 라디오 통신 채팅 프로그래밍에 관한 자세한 내용은 PDF 파일로 제공됩니다. PDF 파일 무료 다운로드는 4쪽을 참조합니다.

### 01-1 라디오 통신 라이브러리

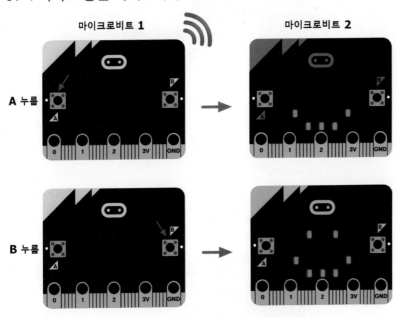

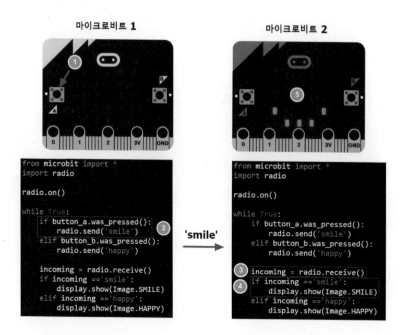

## 01-2 다중 입력 처리하기

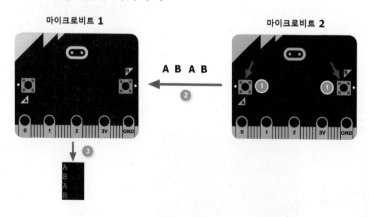

## 01-3 라디오 통신 채팅하기

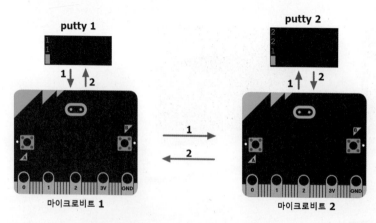

# APPENDIX_02 마이크로 비트 프로젝트

마이크로비트를 이용하여 가상 RC카를 조종하는 파이썬 프로그램 작성 방법과 마이크로비트의 가속도 센서를 이용한 로봇 무선 조종 프로그램 프로젝트에 관한 자세한 내용은 PDF 파일로 제공됩니다. PDF 파일 무료 다운로드는 4쪽을 참조합니다.

## 02-1 가상 RC카 프로젝트

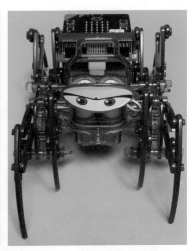

## 02-2 완구 무선조종 프로젝트

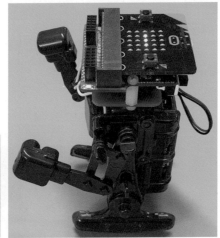

# 마이크로 비트

마이크로 비트 특장점

- 영국의 bbc방송사에서 제작
- 블록 및 자바스크립트, 파이썬, C언어 학습 가능
- ARM기반 프로세서로 초등부터 대학까지 SW교육 가능
- 센서와 연동한 다양한 프로젝트 가능

## 마이크로비트 파이썬 드론

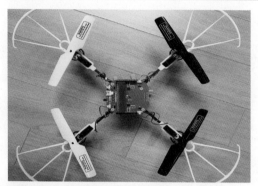

가격: 150,000원 (마이크로비트보드, 부가세 포함)

가격: 130,000원 (마이크로비트보드, 부가세 포함)

PID제어 부분 : 안전한모터속도와 PID제어코딩 가능

레고 프레임 : 여러 브릭으로 나만의 드론조립 가능

FC보드 부분 : 확장핀으로 센서를 활용한 다양한 프로젝트 가능

포장형태

7종의 무료제공 센서

- 드론 비행원리와 소프트웨어 원리를 이해
- 블록 코딩 및 파이썬을 이용하여 드론 직접 코딩
- DIY제품으로 드론 직접 조립
- 소스코드 및 교육자료 제공으로 손쉽게 학습 가능

- 7종의 센서 무상제공으로 교육확장 가능
- 조종기 또는 앱을 통한 조종 가능

## 마이크로 비트 코딩 로봇

마이크로비트 고양이 로봇

가격: 98,000원
(마이크로비트보드, 부가세 포함)

거미로봇

가격: 68,000원
(마이크로비트보드, 부가세 포함)

권투로봇

가격: 68,000원
(마이크로비트보드, 부가세 포함)

축구로봇

가격: 68,000원
(마이크로비트보드, 부가세 포함)

- 자체 제작된 코딩박스로 여러 로봇에 적용 가능
- 블록 코딩 및 파이썬을 이용하여 로봇 직접 코딩
- DIY제품으로 로봇 직접 조립
- 다양한 로봇으로 여러 프로젝트 가능

- 센서 추가로 교육확장 가능
- 앱을 통한 조종 가능
- 소스 및 교육자료 제공으로 손쉽게 학습 가능

Kocolabs
www.kocolabs.co.kr

본사 : 경기도 시흥시 경기과기대로 270, 제1중소기업관 312호
소비자 상담실 : ☎ 031-319-0768 ⓕ 031-8039-4023

Kocolabs

# IoT 제품

## IoT 드론

**가격: 120,000원** (보드 및 부가세포함)

- 드론 비행원리와 소프트웨어 원리를 이해
- 듀얼코어로 빠른 처리속도 가능
- 아두이노 C코딩 및 파이썬을 이용하여 드론 직접 코딩
- 소스코드 및 교육자료 제공으로 손쉽게 학습 가능
- 와이파이와 블루투스 내장으로 사물인터넷(IoT) 학습이 가능
- DIY제품으로 드론 직접 조립
- 조종기 또는 앱을 통한 조종 가능

## IoT 로봇

거미로봇

권투로봇

**가격: 58,000원** (보드 및 부가세포함)　　**가격: 58,000원** (보드 및 부가세포함)

- 자체 제작된 코딩박스로 여러 로봇에 적용 가능
- 아두이노 C 코딩 및 파이썬을 이용하여 로봇 직접 코딩
- DIY제품으로 로봇 직접 조립
- 다양한 로봇으로 여러 프로젝트 가능
- 센서 추가로 사물인터넷(IoT) 교육확장 가능
- 앱을 통한 조종 가능

## IoT 스마트 자동차

 +

- 서적이 있어 손쉽게 교육 및 학습이 가능
- 듀얼코어로 빠른 처리속도 가
- 아두이노 C코딩 및 파이썬을 이용한' 직접 코딩
- 와이파이와 블루투스 내장으로 사물인터넷(IoT) 학습이 가능
- DIY제품으로 자동차 직접 조립
- 조종기 또는 앱을 통한 조종 가능

**가격: 68,000원** (보드 및 부가세포함)

## 아두이노 키트 24종

**가격: 28,000원** (부가세포함, 서적 미포함)

## 사물인터넷 키트 30종

**가격: 52,000원** (부가세포함, 서적 미포함)

## 미세먼지 코딩 키트

- 소스코드 및 수업자료 제공

**가격: 29,800원** (부가세포함)

## 심장박동수 코딩 키트

- 소스코드 및 수업자료 제공

**가격: 35,000원** (부가세포함)